Hartmut Maier-Gerber

Morgenlese

täglich aus dem Neuen Testament

Basisfakten Verlag

Benutzte Bibelübersetzung:
Unrevidierte Elberfelder
Brockhaus Verlag, Stuttgart

2010 Basisfakten Verlag GmbH, Karlsbad
Druck: Schröter PrintMedia GmbH, Pforzheim
Cover: Fotostudio Schaudel, Karlsbad
ISBN: 978-3-940438-20-1

www.basisfakten.de

Lieber Bruder, liebe Schwester, lieber Freund!

Gott möchte sich jeden Morgen an Sie wenden. Dafür hat er uns sein Wort gegeben.

In diesem Buch habe ich für das ganze Jahr je ein Wort für jeden Tag aus dem Neuen Testament herausgesucht und kurz erklärt. Lesen Sie die zugehörige Seite, wenn möglich allmorgendlich. Was nicht gleich in Ihr Verständnis eingeht, lassen Sie einfach liegen bis zum nächsten Kontakt mit diesem Wort.

Gott sagt Ihnen viel durch sein Wort und hilft zum Wachstum im Glauben und in der Vorfreude auf das Ziel. Für kurzsichtige Leser haben wir große Druckbuchstaben verwandt.

In seiner Liebe verbunden grüßt Sie

Ihr

Hartmut Maier-Gerber

1. Januar

Johannes 3, 5 + 6
Jesus antwortete: „Wahrlich, wahrlich, ich sage dir: Es sei denn, dass jemand aus Wasser und aus Geist gezeugt werde, so kann er nicht in das Reich Gottes eingehen. Was aus dem Fleisch gezeugt ist, ist Fleisch, und was aus dem Geist gezeugt ist, ist Geist."

Hier spricht Jesus eindeutig aus, dass wir natürlichen Menschen aus dem Bereich des Wassers dieser Erde geschaffen sind. Er spricht aber von einer zweiten darauf folgenden Zeugung, der Zeugung durch den Geist. Wie verständlich wird uns, dass jeder, der nur aus dem Fleisch gezeugt ist, immer Fleisch bleibt und sterben muss. Wer jedoch aus dem Geist, dem Geiste Jesu nämlich, gezeugt ist, für immer Geist bleibt und durch Jesu Sterben den Tod hinter sich hat.

Wer also in dieser Teufelswelt an Jesus Christus glaubt, ist zwar unverändert aus dem Fleisch geboren, erhält jetzt aber durch seinen Glauben zusätzlich eine Zeugung aus Jesu Geist. Nun gibt es einen neuen und einen alten Menschen in uns. So genau stellt es die Bibel dar. Der alte Mensch wird sterben, der neue erlebt das, was die Menschen dieser Welt Tod nennen als eine Geburt ins Licht, also ins Vaterhaus.

Wenn Sie an Jesus Christus glauben, dann haben auch Sie ein solches Doppelleben in sich und den Tod hinter sich.

2. Januar

Johannes 3, 3
Jesus antwortete und sprach zu Nikodemus: „Wahrlich, wahrlich, ich sage dir: Es sei denn, dass jemand von oben her neu gezeugt werde, so kann er das Reich Gottes nicht sehen."

Wie schön, dass Jesus immer ganz klare Worte findet und selten etwas umschreibt. Lassen wir seine Worte in unser Herz eindringen, sie bringen uns Gottes Wahrheit.

Hier steht, dass jeder von oben her neu gezeugt werden muss durch Gottes Wort, der das Reich Gottes im Himmel und auf Erden erleben will.

Öffnen Sie Ihr Herz und gehen Sie täglich mit Gottes Wort um, dann ist die Neuzeugung greifbar nahe oder längst geschehen. Jubilieren Sie darüber, weil Sie dann zum Leib Jesu Christi, zu Gottes Familie und zu dem universumweiten Reich Gottes gehören.

Der Tod liegt dann hinter Ihnen. Vor Ihnen liegt nur noch unsagbare Freude. Je älter Sie werden, desto näher kommt das Freudenziel der Vollendung in Christus auf Sie zu!

3. Januar

Johannes 6, 51
„Ich bin das lebendige Brot, das aus dem Himmel herniedergekommen ist. Wenn jemand von diesem Brot isst, so wird er leben in Ewigkeit." (spricht Jesus)

Hier wird das Essen von Speise mit der Übernahme göttlichen Lebens, die eigentlich ein Zeugungsakt ist, verglichen. Zu jener Zeit war der Begriff ‚zeugen' und das Geschehen beim Entstehen neuen Lebens in einem Mutterleib dem allgemeinen Verständnis nicht genügend bekannt. Darum hat hier Jesus vom Essen lebendigen Brotes und an anderer Stelle vom Einhauchen göttlichen Lebens gesprochen.

Wir Gotteskinder wissen, dass hier Jesus verheißt, wer sich ihm öffnet und trotz unserer äußeren Gottferne dennoch im Glauben die Realität Jesu Christi erkennt, der wird vom Höchsten mit geistlichen Keimen aus dem auferstandenen Christus in ein neues Leben gezeugt.

Wenn Sie im Glauben sich an diesen Herrn hingeben, dann wird der Höchste diesen Zeugungsakt auch in Ihnen geschehen lassen und Sie werden – wenn Sie es nicht schon sind – zum Kind Gottes und Glied der Gottesfamilie.

4. Januar

Lukas 17, 3 + 4
„Habet acht auf euch selbst. Wenn dein Bruder sündigt, so weise ihn zurecht, und wenn er es bereut, so vergib ihm. Selbst wenn er siebenmal zu dir umkehrt und spricht: Ich bereue es, so sollst du ihm vergeben." (spricht Jesus)

Hier spricht Jesus Glaubende, also seine Leibesglieder an. Wie schön, dass wir genau solches auch tun dürfen, was Jesus täglich für uns tut. Auch wenn wir siebenmal oder siebenmal siebzigmal uns fehlverhalten: Sobald wir es bereuen, vergibt uns Jesus.

Behandeln Sie Ihren Bruder ebenso und Sie werden ein Zeugnis für Christus vor Engeln und Menschen sein. Durch uns soll die Liebe des Christus allen sichtbar werden.

Das ist dann ein Wachstumsakt des neuen inneren Menschen. Jetzt lebt er in Ihnen und Ihr geistliches Leben kann wachsen.

Haben Sie das auch schon erlebt?

5. Januar

Johannes 1, 12 + 13
So viele ihn aber aufnahmen, denen gab er das Recht, Kinder Gottes zu werden, denen, die an seinen Namen glauben, welche nicht aus dem Blut, noch aus dem Willen des Fleisches, noch aus dem Willen eines Mannes, sondern aus Gott gezeugt worden sind.

Kind des lebendigen Gottes zu sein, ist ein Realitätsfaktum ohnegleichen. Es entsteht, indem ich ihn als die Wirklichkeit dieser und aller weiteren Welten erkenne und mich unter Verzicht auf kümmerliche Egoismen im Glauben völlig an ihn hingebe.

Jetzt zieht er in mich ein, die Schrift sagt „wir werden aus Gott gezeugt", und gibt mir einen neuen inneren Menschen, der ganz realistisch Kind des Höchsten und nicht mehr Kind des irdischen Vaters ist.

Der äußere Mensch bleibt was er ist und muss sich diesem neuen Menschen unterordnen.

Wundern Sie sich nicht, wenn Ihr alter Mensch Ihrem neuen Menschen immer wieder sein Vorrecht nehmen will.

6. Januar

Johannes 6, 54
„Wer mein Fleisch isst und mein Blut trinkt, der hat ewiges Leben, und ich werde ihn auferstehen lassen am letzten Tag."
(spricht Jesus)

Hier wird die Vorstellung gefordert, dass wir durch das Essen seines Fleisches und das Trinken seines Blutes, also sinnbildlich durch Brot und Wein beim Abendmahl, sein unauflösliches Leben übernommen haben.

Wir ahnen neu, welche Bedeutung vor Engeln und Menschen das Essen des Abendmahles allein oder im Kreise anderer in Wirklichkeit hat.

Wer solches in vollem Glauben – also im Geiste neugezeugt – tut, der wird seinen letzten Tag als Geburt in Christo erleben und nicht Umkommen im Grab und in Verwesung.

Nur das sind wahre Realisten.

7. Januar

Johannes 14, 2
„In dem Hause meines Vaters sind viele Wohnungen. Wenn es nicht so wäre, würde ich euch gesagt haben, dass ich hingehe, euch eine Stätte zu bereiten." (spricht Jesus)

Wie schön, dass Jesus uns die ganz realistische Vorstellung vermittelt von einem Haus unseres Vaters in den unendlichen Himmeln. Selbstverständlich ist darin für jeden Glaubenden nicht nur ein Wohnrecht, sondern auch eine Wohnung.

Würde auch nur eine Wohnung fehlen, so drückt es Jesus hier aus, dann würde er sie sofort bereiten, damit jeder Glaubende seine Heimat im Vaterhaus weiß und sich darauf hin in zunehmender Freude bewegt.

Gewisseres und mehr Freude Bereitendes gibt es nicht. Jetzt sind Sie wahrer Zukunftsmensch.

Spüren Sie, wie die Freude in Ihnen wächst?

8. Januar

Johannes 17, 2
„Du hast deinem Sohn Gewalt gegeben über alles Fleisch, auf dass er allen, die du ihm gegeben hast, ewiges Leben gebe."
(spricht Jesus)

Es gibt keinerlei Zweifel: Jesus hat vom Vater Vollmacht bekommen über alle Menschen. Er soll zunächst sein Gottesleben denen geben, die der Vater als Erstlinge gezeugt und ihm genannt hat.

Erstling ist, wer im Worte Gottes den lebendigen Christus erkennt, in sich aufnimmt und so Gottesleben als zweite Natur in sich trägt.

Vermutlich gehören Sie dazu, sonst würden Sie dieses Buch nicht regelmäßig lesen und mit Freude das Ausgesagte übernehmen.

Wer Leben Gottes in sich trägt, hat einen neuen inneren Menschen in sich. So steht es geschrieben. Der Innere sollte dem Äußeren übergeordnet sein.

Glauben Sie dem Wort Gottes, dann sind auch Sie Kind Gottes.

9. Januar

Apostelgeschichte 20, 26 + 27
Deshalb bezeuge ich, Paulus, an dem heutigen Tage, dass ich rein bin von dem Blute aller; denn ich habe nicht gezögert, euch den ganzen Ratschluss Gottes zu verkündigen.

Welch belastender Gedanke, dass wir am Blut anderer schuldig sein könnten, weil wir nicht den ganzen Ratschluss Gottes weitergegeben haben.

Dabei stellt sich die Frage, ob ich selbst den ganzen Ratschluss Gottes erkannt habe.

Sein Zielvorhaben ist es, – nach klarem, mehrfachem Schriftzeugnis – das ganze Weltenall zum Leib Christi Jesu und zuletzt zu seinem Gottesleib werden zu lassen.

Haben Sie es so erkannt und könnten es nach eindeutigen Schriftaussagen bezeugen?

Wenn nicht, streben Sie danach, es ist die höchste denkbare Erkenntnis der Gotteswahrheit.

10. Januar

> **Römer 4, 3 + 4**
> **Abraham aber glaubte Gott, und das wurde ihm zur Gerechtigkeit gerechnet. Dem aber, der Leistung bringt, wird der Lohn nicht mehr nach Gnade zugerechnet, sondern nach dem Ergebnis seiner Leistung.**

Hier ist eine Zentralwahrheit allen Geschehens im Weltenall leicht fasslich ausgedrückt. Dennoch wird sie von den meisten Menschen nicht übernommen.

Lassen Sie das Folgende neu zu Ihrer tiefen Erkenntnis werden: Persönliche Leistung in diesem Leben zählt vor Gott nur, wenn sie seinem Namen gedient hat und nicht Ihrem eigenen Stolz oder persönlichem Erfolg.

Glaube hingegen, und alles, was durch Glauben geschieht, wird niemals meinem eigenen, alten Ich dienen, sondern immer dem Höchsten, der den Glauben mir geschenkt hat und durch ihn mich gewinnen will als Glied seines Geistleibes.

Glieder aber dienen immer dem Haupt und nicht sich selbst, und unser Haupt ist Jesus Christus.

11. Januar

Römer 6, 3 + 4
Wir sind auf den Tod Christi Jesu getauft und mit ihm begraben worden, auf dass auch wir, wie er auferweckt, in einem neuen Leben wandeln.

Die Taufe ist das äußere Zeichen, dass ich als ein Glied am Leibe des Christus mit in seinen irdischen Tod hineingenommen, mit ihm begraben, aber auch mitauferweckt und in sein neues geistliches Leben gezeugt bin. So das eindeutige Zeugnis in Gottes Wort.

Es ist unverständlich, dass wir die Bedeutung der Taufe herabgewürdigt haben als ein äußeres Zeichen des Aufgenommenwerdens in eine irdisch-kirchliche Organisation.

Diese oberflächliche Betrachtung ist zur Routine geworden, so dass wir sie meistens neugeborenen Kindern gewohnheitsgemäß zukommen lassen und damit zur frommen Sitte entwürdigen.

Möge Ihnen bewusst werden, dass Sie in ein neues Leben gezeugt sind durch den Glauben und somit auferweckt sind in das Sohnesleben wie Jesus.

Dann sind Sie wahrlich getauft.

12. Januar

Römer 8, 28
Wir wissen, dass denen, die Gott lieben, alle Dinge zum Guten mitwirken, denen, die nach Vorsatz berufen sind.

Gott hat sich vorgesetzt, alle, die sich ihm öffnen und ihn lieben, stets in allen Lebenssituationen zu begleiten und sie letztlich immer „zu Gutem" wirksam zu machen.

Die Frage, die in Ihnen aufkommt, mag sein: Liebe ich wirklich Gott oder ist es nur eine Gewohnheitsfrömmigkeit ohne echte Anteilnahme meines Herzens?

Dann aber sollten Sie sich vornehmen, ab heute diesen herrlichen, mit seinem Vaterherzen uns stets suchenden Gott zu lieben, sich ihm hinzugeben und im Glauben sich zum Kind dieses Vaters zeugen zu lassen.

Seien Sie sicher, wenn Sie sich mit ganzem Herzen hingeben, wird er es tun. Seine Liebe gibt sich jedem hin, der sie sucht und durch Jesus Christus Familienmitglied geworden ist.

13. Januar

Römer 13, 11 b + 12 a
Jetzt ist unsere Errettung näher als damals, als wir gläubig wurden. Die Nacht ist weit vorgerückt und der Tag ist nahe.

Biblische Errettung heißt, durch den Glauben Leben aus Gott in sich zu wissen, das nicht mehr sterben kann, wenn auch mein alter Mensch einmal das Leben aushaucht.

Die vergängliche Welt Satans, in der wir jetzt noch leben, bedeutet für meinen neuen Menschen immer Nacht und Vorfreude auf den Tag.

Darum sehnen wir uns nach dem Tagesanbruch, der nahe ist, womit Paulus hier unser irdisches Sterben, also die Geburt ins Licht der vollen Gliedschaft am Leibe Christi meint.

Wenn Sie lebendig im Glauben an Jesus Christus stehen, dann gewöhnen Sie Ihr Denken daran, dass der Tod hinter Ihnen liegt, in Christus geschehen ist, und dass Sterben Ihre ersehnte Geburt ins Licht bedeutet.

14. Januar

1. Korinther 2, 5
Unser Glaube beruht nicht auf Menschenweisheit, sondern auf Gottes Kraft.

Auch eine noch so gründliche Schulbildung und ein mehrjähriges Universitätsstudium schafft mir keinen echten Glauben. Vielfach erschweren mir solche äußeren Einflüsse menschlicher Weisheit sogar die Entfaltung wirklichen Glaubens an den noch unsichtbaren Gott.

Aber die unwiderstehliche Kraft Gottes bemüht sich um mein Herz und um den dort durch einen geistlichen Zeugungsakt entstehenden Glauben an die unsichtbare Wirklichkeit.

Bitten wir darum weniger um noch so hilfreiche menschliche Weisheit, sondern um die Dynamis (Kraft) Gottes, als echte Energiequelle meines neuen inneren Lebens, das jetzt über mein altes, äußeres Leben herrscht.

15. Januar

1. Korinther 6, 20
Ihr seid um einen teuren Preis erkauft worden.
Verherrlicht nun Gott in eurem Leibe.

An wen hat der Höchste für mich einen Preis bezahlt? Ohne Zweifel an den zeitlich begrenzten Herrn dieser sichtbaren Welt, an Satan. Wir befinden uns in seinem Machtbereich durch das Versagen von Adam und Eva.

Also bedarf es einer Befreiung, zu welcher unsere eigene Kraft nicht ausreicht. Genau diese Befreiung hat Jesus Christus für mich geleistet.

Darum hat der Höchste seinen Sohn als göttlichen Gesamtpreis hingegeben und Sie und mich damit freigekauft und in sein Gottesleben gezeugt.

Jetzt gehören Sie dem Höchsten und leben auf dieser Erde in großer Freude bis das, was man hier Sterben nennt, als Ihre eigentliche Geburt ins Licht geschieht.

16. Januar

1. Korinther 12, 19 + 20
Wenn aber alle Glieder des Leibes nur ein Glied wären, wo wäre der Leib? Nun aber sind der Glieder zwar viele, der Leib aber ist einer.

Es ist gut, sich bewusst zu machen, dass Gott das Ziel seiner Heilsabsichten innerhalb der Menschheit im Entstehen eines riesigen Geistleibes für seinen Sohn Jesus Christus dargestellt hat.

Daran sollen wir erkennen, dass Jesus Christus stets und in allen Dingen das Haupt ist, dass es aber die verschiedensten, ganz unterschiedlichen Aufgaben für fähig gemachte Glieder an diesem Leibe gibt.

So darf es uns nicht verwundern, dass echte Gläubige und damit Leibesglieder Christi Jesu völlig unterschiedlich in ihrem Glaubensleben geführt sein mögen, wenn sie nur stets dem einen Haupte, Jesus Christus, in großer Liebe und Hingabe dienen.

Gehören auch Sie zu diesen Gliedern? Man nennt das Heilsgewissheit. Wenn Sie es noch nicht wissen, dann strecken Sie sich danach aus.

Gott überhört Sie nicht!

17. Januar

1. Korinther 15, 51 + 52
Ich sage euch ein Geheimnis: Wir werden zwar nicht alle entschlafen, wir werden aber alle verwandelt werden, in einem Nu, in einem Augenblick, bei der letzten Posaune. Und die Toten werden auferweckt werden unverweslich.

Gottes Wort lässt uns Gläubige nicht im Unklaren über Belastendes oder Verherrlichendes, was uns bevorsteht. Die letzte Generation vor der Wiederkehr Jesu (wir wissen nie, ob das die unsrige ist) wird bei seinem Erscheinen eine Verwandlung in eine Geistleiblichkeit erleben in einem einzigen Augenblick.

Ebenso haben die zuvor im irdischen Leibe verstorbenen Gotteskinder ihre Verwandlung (Auferweckung) erlebt „in einem Nu".

Verkennen wir aber nicht, dass dies nur für Kinder des Höchsten, also für mit ganzem Herzen an Jesus Christus Glaubende gesagt ist. Sind Sie das? Wenn nicht, so können Sie es in diesem Augenblick werden.

Strecken Sie sich danach aus und rufen Sie ihn an im Gebet.

18. Januar

2. Korinther 1, 21 + 22
Der uns beständig macht in Christus, ist Gott.
Er hat uns auch versiegelt und hat den Geist
als Unterpfand in unsere Herzen gegeben.

Welcher Mut machende Trost wird uns hier mitgeteilt! Der lebendige Gott selbst hat uns als Glieder am Leibe seines Sohnes bereits mit unauflöslichem Leben beschenkt.

Als er unsere Offenheit und Zuwendung erkannte, erfüllte uns sein göttlicher Zeugungsakt ohne Verzug. Sein Heiliger Geist ist in unsere Herzen gegeben. Damit hat er uns für sich „versiegelt".

Können Sie das als Wirklichkeit nehmen? Dann gilt es auch Ihnen.

Jetzt sind wir Gläubigen für die Augen der riesigen Engelwelt schon alle Glieder des universumweiten Leibes Jesu Christi.

Wir brauchen Zeit, um diese noch unvorstellbare Wirklichkeit zu fassen, jeder für sich.

19. Januar

Galater 1, 8
Selbst wenn ein Engel aus dem Himmel euch etwas als Evangelium verkündigen würde, außer dem, was wir euch als Evangelium verkündigt haben, er sei verflucht.

Wie wichtig ist es, nicht zu vergessen, dass es Geisteswesen, mächtige und listige Engel gibt, die sich Satan, dem höchsten Finsternisengel, untergeordnet haben. Sie umgeben uns in dieser noch gottfernen Welt jeden Augenblick und versuchen, unser Denken und Handeln zu bestimmen.

Prüfen wir alle Einflüsse, die auf uns eindringen und manchmal wie eine Offenbarung erscheinen, ob sie biblisch belegt sind. Wenn nicht, dann müssen wir uns verschließen und nur für die Wahrheit aus Gottes Wort offen sein.

Es ist wichtig zu wissen, dass wir zwar immer von Gottes Schutzengeln umgeben sind, aber dennoch ständig Angriffsziel für die beherrschenden Engel dieser Finsterniswelt darstellen.

Halten Sie den Herrn fest in Ihrem Herzen, dann ist Ihr innerer Mensch unangreifbar.

20. Januar

> **Galater 5, 22**
> **Die Frucht des Geistes aber ist: Liebe, Freude, Friede, Langmut, Freundlichkeit, Güte, Treue, Sanftmut und Enthaltsamkeit. Wider solche gibt es kein Gesetz.**

Jeder Baum wird letztlich an seinen Früchten erkannt. Noch so schöne Blüten zuvor können uns irreführen. Erst die Frucht entscheidet über den Wert meines Lebens.

Hier sind die Früchte des Geistes wie die eines Baumes Gottes aufgezählt. Wir können sie nicht oft genug erkennen und sie uns ins Bewusstsein rufen.

Gegen diese Früchte gibt es kein Gebot, sie zu meiden, außer der Lüge Satans, sie als unwichtig und geringwertig zu achten.

Lassen Sie vielmehr unser Inneres eine Schale sein, in welcher alle diese Früchte von Gott stets nachgefüllt werden.

Jetzt können wir und unsere Umgebung sie genießen. Lesen Sie die oben aufgeführten Früchte noch einmal.

Prägen Sie sich alle ein!

21. Januar

Epheser 1, 3
Gepriesen sei der Gott und Vater unseres Herrn Jesus Christus, der uns gesegnet hat mit jeder geistlichen Segnung in den Himmeln in Christus, wie er uns auserwählt hat in ihm vor Grundlegung der Welt.

Ohne Jesus könnte keiner von uns Sohn oder Tochter Gottes sein, denn solche bedürfen eines Zeugungsaktes Gottes mit Samen, der den Tod hinter sich hat. Durch diesen Gottessamen bekommen Sie göttliches Leben geschenkt und werden Familienangehöriger des Höchsten.

Gott wollte aber mit Zeugungen in den Erstlingen der gefallenen Menschheit erst beginnen, nachdem er seinen göttlichen Samen in Jesus Christus durch den Tod gebracht hat. Jetzt haben alle neugezeugten Menschen den Tod hinter sich.

Gilt das auch für Sie? Ja, wenn Sie an Jesus Christus glauben und damit sein Leben in sich tragen. Dann haben auch Sie den Tod Jesu am Kreuz miterlitten, weil Sie als geistlicher Keim zu jener Zeit noch in ihm waren.

Dann gehen Sie jetzt der Geburt ins Licht entgegen, die Menschheit nennt es das Sterben im irdischen Leib.

22. Januar

> **Epheser 2, 1 + 2**
> **Wir waren einst tot in unseren Vergehungen und Sünden, in welchen wir ehemals wandelten nach dem Zeitlauf dieser Welt und nach dem Fürsten der Gewalt der Luft, des Geistes, der jetzt noch wirksam ist in den Söhnen des Ungehorsams.**

Gilt diese kühne Aussage auch für Sie? Dann waren Sie „einst tot" in herkömmlichem Vergehen und Sünden dieses Zeitlaufs. Sie haben aber durch den von Gott geschenkten Glauben an Jesus Christus neues Leben in ihr altes hinein aus ihm gewonnen.

Oder sind Sie noch in Ihrem alten Leben unter der Herrschaft des „Fürsten der Gewalt der Luft", der sehr wohl noch immer, ja immer mehr wirksam ist in den glaubensfernen Kindern dieser Welt?

Wenn Sie zu dieser großen Mehrheit der Menschheit noch gehören, dann können Sie jeden Augenblick, also auch heute, Ihre Position wechseln und durch den Glauben an Jesus Christus Leben aus ihm empfangen.

Entscheiden Sie sich!

23. Januar

Epheser 2, 19 + 20
Nun seid ihr nicht mehr Fremdlinge und ohne Bürgerrecht, sondern ihr seid Mitbürger der Heiligen und Familienangehörige Gottes, wo Jesus Christus selbst Eckstein ist.

Haben Sie diesen Schritt aus der Gottferne, also aus dem Machtbereich des Fürsten dieser Welt, in die Gottnähe der Zugehörigkeit zur Gemeinde Christi Jesu gefunden?

Dann haben Sie ein Bürgerrecht in dem Vaterhaus der Himmelswelt und sind im wahrsten Sinne des Wortes ein Familienmitglied Gottes, so wie es Jesus Christus als Erstling war und ist.

Jetzt sind Sie nicht mehr Fremdling für den Höchsten, sondern Vielgeliebter und können Gott zurücklieben mit allen Fasern Ihres Herzens.

Jetzt haben Sie durch Jesus Christus den Tod hinter sich und das Sterben ist für Sie der Höhepunkt Ihres Lebens, die Geburt ins Licht.

24. Januar

Epheser 4, 22 b – 24
Ihr aber habt abgelegt den alten Menschen. Ihr werdet erneuert in dem Geist eurer Gesinnung und habt angezogen den neuen Menschen, der wie Gott beschaffen ist in wahrhaftiger Gerechtigkeit und Heiligkeit.

So unverständlich das einem Außenstehenden klingen mag: Es gibt in jedem Gläubigen einen alten Menschen und einen neuen Menschen.

Solches gibt es nicht in dem ungläubigen, rein diesseits gebundenen Erdenbürger.

Der durch Jesus Christus zum Glauben Gekommene aber trägt in sich einen neuen Menschen, der die Erbmasse Gottes enthält in Form „wahrhaftiger Gerechtigkeit und Heiligkeit".

Dahin führt ein Zeugungsakt durch den Geist Gottes, den wir das Gläubigwerden nennen könnten.

Haben Sie ihn erlebt?

25. Januar

Epheser 6, 10 + 11
Brüder, seid stark in dem Herrn und in der Macht seiner Stärke. Zieht an die ganze Waffenrüstung Gottes, damit ihr zu bestehen vermögt wider die Listen des Teufels.

Vergessen wir nie, auch oder gerade wenn wir uns unserer Gotteskindschaft gewiss sind: Wir leben in Feindesland. Es bedarf einer „Waffenrüstung Gottes", um all den Finsternis-Feinden unserer Umgebung nicht zu unterliegen.

Gegen die unübertreffliche „List des Teufels" hilft nur die Macht der Stärke Gottes, die er uns durch Gottes Wort, Gebet und Gemeinschaft immer wieder neu vermittelt.

Wir können ohne Angst sein, sollten aber immer „stark sein im Herrn". Nichts hilft dazu mehr, als das Leben mit seinem Wort und in der Einheit mit ihm im Gebet.

Das nennt die Bibel „die Waffenrüstung Gottes". Durch sie sind Sie unverletzbar. Tragen Sie diese täglich, indem Sie im Glauben mit Gottes Wort, Gebet und Gemeinschaft mit Gleichgläubigen leben.

26. Januar

> **Philipper 2, 9 + 10**
> **Gott hat Jesus hoch erhoben und hat ihm einen Namen gegeben, der über jedem Namen ist, auf dass im Namen Jesu jedes Knie sich beuge, der Himmlischen und Irdischen und Unterirdischen.**

Hier ist ein Heilsziel genannt, das uns noch bevorsteht: Der Höchste hat Jesus mit seiner ganzen Gottesmacht erfüllt und ihn über alle Lebenden Himmels und der Erde und des Erdinnern gestellt.

Es werden sich in seinem Namen „alle Knie beugen" aller Licht- und Finsternisbereiche des gesamten Weltenalls.

Wie unfasslich, dass wir an seinem Christusleib durch den Glauben Glieder sind und einmal an dieser Herrschaft über alles Finstere und Lichte beteiligt sein werden.

Der Glaube ist das Geheimnis unserer Zugehörigkeit zum Geistleib des Christus. Pflegen Sie Ihren Glauben, lassen Sie ihn wachsen durch Gottes Wort, Gebet und Gemeinschaft.

27. Januar

Kolosser 2, 8
Sehet zu, dass nicht jemand euch als Beute wegführe durch die Philosophie und durch leere Verführung nach der Überlieferung der Menschen und nicht nach Christus.

Es ist gut, gewappnet zu sein, weil gerade solche Menschen, die an Jesus Christus glauben, immer Angriffsziel feindseliger Geisteswesen sind und diese stets um sich haben. Sie versuchen es, uns sich zur Beute zu machen.

Ihre Waffen können sehr begehrenswert erscheinen wie die Philosophie, reiner Sozialismus und scheinbare Nächstenhilfe. All das wird uns gelehrt, um uns an Christus vorbeizuführen, weil wir angeblich dann seiner nicht mehr bedürften.

Lassen Sie sich nicht verführen! Ohne Jesus Christus gibt es kein wahres Leben. Auch bewusste Nächstenliebe, Naturschönheits-Schwarm und religiöses Allgemeininteresse, aber ohne direkte Bindung an Jesus Christus, führen nicht zu seinem Herrlichkeitsziel.

Nur der Christusleib und alle seine Glieder haben einen vorbereiteten Platz im Vaterhaus.

28. Januar

1. Timotheus 1, 19
Kämpfe den guten Kampf, indem du Glauben bewahrst und ein gutes Gewissen, welches etliche von sich gestoßen und so, was den Glauben betrifft, Schiffbruch erlitten haben.

Wie gefährlich, dass man auch im Glauben „Schiffbruch erleiden" kann. Alles, was uns umgibt an gottfernen Mächten, möchte unseren Glauben zunehmend irrealistisch erscheinen lassen, weil die Wahrheiten dieser Welt jetzt Erstes und Letztes zu sein scheinen.

Der Glaube soll uns zur primitiven Kinderfantasie gemacht werden, über die man lächelt, weil sie nur schwache und törichte Menschen erfüllt.

Haben Sie den Glauben in seiner zentralen, alles übersteigenden Wertung richtig erkannt? Dann pflegen Sie ihn täglich weiter. Er schließt Ihnen die eigentliche Wirklichkeit in aller Pseudowirklichkeit der Sie umgebenden Welt ganz neu auf.

Der Glaube bezeugt Ihnen immer wieder, dass Sie in Christus ein „gutes Gewissen" haben dürfen, ja sollen, denn alle zurückliegende Sünde ist vergeben. Ein schlechtes Gewissen ist für das Gotteskind Verführung Satans.

Jesus Christus glaubend werden Sie so ein echter Realist!

29. Januar

Hebräer 1, 2 + 3
Gott hat den Sohn gesetzt zum Erben des Alls, durch den er auch die Äonen gemacht hat. Er ist der Abglanz seiner Herrlichkeit und der Abdruck seines Wesens, und er trägt das All durch das Wort seiner Macht.

Unsere kleine Erde ist von Millionen von Himmelskörpern umgeben. Nach meiner Schau sind sie wohl alle von himmlischen Geistwesen bewohnt. Gott hat „seinen Sohn zum Erben dieses gesamten Alls" gesetzt. Das ganze All soll einmal zum Gesamtleib des Christus und dann des Vaters werden, so steht es geschrieben.

Zum Erreichen dieses Zieles hat der Sohn Äonen, also Zeitalter, geschaffen und sich seine ‚Erstlinge' erwählt.

Wir sind noch mitten in diesem Zeitablauf des Heilshandelns Gottes durch den Sohn, der dieses Weltenall im Auftrag des Vaters auch erschuf.

Wie schön, als seine Leibesglieder zu wissen, dass der Christus „das All trägt durch das Wort seiner Macht".

Sind Sie schon Leibesglied oder nur Mensch, der ganz auf sich gestellt ist? Entscheiden Sie es jetzt, der Christus hört jedes Wort von Ihnen.

⟨><

30. Januar

Hebräer 10, 22
Lasst uns hinzutreten mit wahrhaftigem Herzen, in voller Gewissheit des Glaubens, die Herzen gereinigt vom bösen Gewissen, und den Leib gewaschen mit reinem Wasser.

Wenn Sie sich dazu entschieden haben, niemandem anderen als diesem Christus zu glauben, und ihn zu lieben und durch ihn den Vater, dann haben Sie ein „wahrhaftiges Herz" und sind „gereinigt vom bösen Gewissen".

Ja, Ihr Leib ist „gewaschen mit reinem Wasser", also in Gottes Augen geheiligt und von aller Vergangenheit gereinigt, auch wenn Sie altersschwach oder sogar krank wären. Geht es doch um einen inneren Wert und nicht um Ihr Äußeres.

Die Gewissheit des Glaubens an Jesus Christus ist die höchste Seligkeit, die man auf dieser gottfernen Erdoberfläche gewinnen kann. Sie macht uns zukunftsorientiert und gegenwartsunabhängig.

Nur der Glaube schafft uns ein wahrhaftiges Herz.

31. Januar

1. Petrus 1, 23
Ihr seid nicht neugezeugt durch verweslichen Samen, sondern durch unverweslichen Samen, durch das lebendige und bleibende Wort Gottes.

Im Griechischen ist der Begriff zeugen und gebären durch das gleiche Wort ausgedrückt. Darum übersetze ich lieber „neugezeugt" als ‚wiedergeboren'. Heißt doch gebären, neues Leben aus dem alten Leib ausstoßen, was erst bei unserem Sterben geschieht.

Noch ist das neue Leben in uns, weil es einen Zeugungsakt gegeben hat, der uns sozusagen schwanger mit Gott gemacht hat.

Wir sind also erfüllt mit neuem Leben durch einen Zeugungsakt Gottes in uns. Der Weg, auf dem das geschieht, ist immer der Glaube an alles, was uns Gottes Wort sagt.

Wie schön, dass wir die Worte der Bibel ganz praktisch und wörtlich übernehmen und verstehen dürfen.

Tun Sie das? Wenn nicht, dann lesen Sie ab heute jeden Tag zwei bis drei Kapitel im Neuen Testament und diese ausgewählten Schriftworte nach dem Frühstück.

1. Februar

Matthäus 6, 8
„Du aber, wenn du betest, so gehe in deine Kammer, schließe deine Tür und bete zu deinem Vater, der im Verborgenen ist, und dein Vater, der auch ins Verborgene sieht, wird es dir vergelten." (spricht Jesus)

Könnte uns deutlicher gesagt werden, dass unser Vater im Himmel für uns irdische Menschen verborgen ist, weil unsere Augen nur zwischen infrarot und ultraviolett sehen?

Die riesigen Lichtwellenbereiche diesseits und jenseits unserer schmalen Sichtbreite nehmen wir mit unseren Augen nicht wahr.

Darum sollten Sie erkennen, dass Sie immer umgeben sind von einer Wolke von Zeugen, also Engelwesen, so steht es geschrieben. Wir sind ein ‚theatron', also ein Schauspiel, das eine große Menge unsichtbarer Zuschauer hat.

Einer aber blickt immer auf uns und wendet sein Herz uns zu, der Vater selbst und der Sohn, unser Herr und Haupt, Jesus Christus. Darum können wir immer mit beiden sprechen. Die Bibel nennt dies Gebet.

2. Februar

Matthäus 18, 3 + 4
„Wahrlich, ich sage euch, wenn ihr nicht umkehrt und werdet wie die Kinder, so werdet ihr nicht in das Reich der Himmel eingehen. Nur wer sich selbst erniedrigt wie dieses Kind, ist groß im Reiche der Himmel." (spricht Jesus)

Ich bin immer wieder bewegt von den tiefen Wahrheiten, die Jesus in scheinbar nebensächlichen Sätzen aussprechen kann. Hier werden wir ermahnt, „umzukehren". Sind wir denn nicht auf dem richtigen Weg in unserem Leben, um die uns bekannten Wünsche des Vaters zu erfüllen?

Auch hier gilt es, so sagt es Jesus, wie ein Kind zu werden, das sich ganz an die Zuwendung zu Vater und Mutter hält und nichts anderes will, als ihren Liebesweisungen zu folgen. Diese väterlichen Weisungen erhalten wir durch innigen Umgang mit dem Wort Gottes, durch Liebeskontakt mit Vater und Sohn im Gebet und durch Gemeinschaft mit unseren Glaubensgeschwistern.

Das nennen die Menschen eine Erniedrigung, weil das eigene Ich nicht mehr im Vordergrund steht. Jesus aber sagt: Nur wenn du dich erniedrigen lässt, wirst du im Reich der Himmel groß sein.

Welches Umdenken haben wir nötig!

3. Februar

Lukas 9, 26
„Wer irgend sich meiner und meiner Worte schämt, dessen wird der Sohn des Menschen sich auch schämen, wenn er kommen wird in seiner Herrlichkeit und der Herrlichkeit des Vaters und der seiner heiligen Engel."
(spricht Jesus)

Auch hier weist Jesus auf geheime, aber zentrale Wahrheiten hin. Dem Höchsten in allem Verhalten zu gehorchen und Jesus als Haupt eines universalen Geistleibes stets zu achten und zu lieben, nimmt uns alle Ichhaftigkeit. Wie könnten wir uns einer solchen göttlichen Ewigkeits-Bestimmung schämen?

Manchmal meint unser altes Ich, wir müssten uns dennoch schämen, wenn wir uns öffentlich als Kinder Gottes auf dieser Erde bekennen.

Mögen wir es uns stets neu einprägen: Dass sich das alte Ich des Glaubens schämt, ist in Wirklichkeit ein Grund zu großer Freude, weil es ein Ausdruck göttlicher Wahrheit ist, die uns hierin bewusst wird.

Das neue Ich schämt sich nie, weil es keinen Stolz kennt und nur den Christus rühmt, von dem es ein winziger Teil ist.

4. Februar

> **Lukas 17, 24**
> **„Gleichwie der Blitz leuchtet von einem Ende unter dem Himmel bis zum anderen Ende, also wird der Sohn des Menschen sein an seinem Tage."** (spricht Jesus)

Wie schön, dass Jesus immer wieder ganz einfache Vergleiche für ganz zentrale Wahrheiten benutzt. Hier ist ausgesagt, dass der Sohn Gottes am Tage seiner Wiederkehr den ganzen von der Erde aus sichtbaren Himmel hell erleuchtet, so dass die Menschen ihre Augen verdecken wie bei einem Blitz.

Auf diesen Augenblick gehen wir zu. Einerlei, ob Sie und ich ihn noch hier erleben oder ob wir bereits beim Herrn sind und mit ihm auf die Erde zurückkehren als Glieder seines Leibes. Hauptsache ist, dass Sie und ich an alles glauben und danach leben, was Jesus gesagt und angekündigt hat und durch seinen Geist uns heute noch mitteilt.

Dann betreffen nämlich alle seine Worte auch Sie persönlich.

5. Februar

Matthäus 16, 25
„Denn wer irgend sein Leben erretten will, wird es verlieren. Wer aber irgend sein Leben verliert um meinetwillen, wird es finden."
(spricht Jesus)

Welches Leben ist wohl hier gemeint? Wenn ich es verlieren kann, dann muss es mein irdisches sein.

Für mich ist es wie ein Akt der Selbsterziehung, mein irdisches Leben als ohnehin vergänglich und zweitrangig zu sehen. Erstrangig hingegen ist ein neues inneres Leben aus Gott, welches durch sein Wort und den Glauben an ihn als höchste Realität in mir entstanden ist.

Üben Sie sich darin, Ihr Diesseitsleben zurückzustellen hinter der Vorfreude auf das unauflösliche, kommende Leben durch den Glauben an Jesus Christus und den Vater.

Durch einen göttlichen Zeugungsakt ist dieses Gottesleben heute schon in allen wirklich Glaubenden.

6. Februar

> **Johannes 7, 38 + 39 a**
> **„Wer an mich glaubt, gleichwie die Schrift gesagt hat, von dessen Leib werden Ströme lebendigen Wassers fließen."** (spricht Jesus)
> **Dies aber sagte er von dem Geist, welchen die an ihn Glaubenden empfangen sollten.**

Ein neues, für unsere physikalisch begrenzten Augen unsichtbares Phänomen wird hier von Jesus als Realität dargestellt: Wenn wir an ihn glauben, dann gehen Ströme des Lebens von uns aus auf unsere Familie, unsere Umgebung und auf alles Erleben.

So ist unser ganzes irdisches und erst recht alles kommende Leben total verändert durch einen einzigen, aber entscheidenden Glaubensschritt zu Christus hin. Er ist nämlich die Voraussetzung zur Neuzeugung von oben.

Haben Sie diesen Schritt bewusst getan? Dann lassen Sie sich nie vom alten Ich auf Seitenwege vermeintlicher Diesseits-Erfüllungen locken.

Nur wenn Sie jeder Tag bewusst dem ersehnten Ziele näher bringt, wird die wahre Freude schon hier immer größer.

7. Februar

Johannes 14, 3
„Wenn ich hingegangen bin und euch eine Stätte bereitet habe, dann komme ich wieder und werde euch zu mir nehmen, auf dass ihr seid wo ich bin." (spricht Jesus)

Hier spricht unser Haupt zu uns Glaubenden als seine Leibesglieder, die wir nach seiner Himmelfahrt noch in der Gottferne zurückgeblieben sind, und das bereits im dritten Jahrtausend.

Dieses Wort gilt aber unabhängig von aller Zeit, dass Jesus nämlich wiederkommt und jeden von uns zu seiner Zeit zu sich zieht. Jetzt werden wir immer sein, wo er ist, nämlich im Vaterhaus.

Dies gilt nur für seine Glaubenden. Wenn Sie bis jetzt nicht dazu gehören, können Sie das jeden Tag ändern, indem Sie sich Jesus zuwenden, ihn als die Wirklichkeit aller Wirklichkeiten beginnen zu erkennen und im Gebet ständig im Gespräch mit ihm bleiben.

Versuchen Sie es!

8. Februar

Johannes 17, 5
„Nun verherrliche du, Vater, mich bei dir selbst mit der Herrlichkeit, die ich bei dir hatte, ehe die Welt war." (spricht Jesus)

Mit welcher Vorfreude und inneren, seligen Gewissheit geht Jesus dem Ende seines gottfernen Weges über diese Erde entgegen, obwohl er weiß, dass es der Tod am Kreuz sein wird.

Er weiß aber, dass der Vater ihn nach drei Tagen aus dem Tode herausbefreit und ins Licht nimmt und alle Lebenskeime in ihm gleicherweise.

Einer dieser mitauferstandenen Keime in ihm hat mich in sein Leben gezeugt, als ich gläubig wurde.

So hat dieser neugezeugte innere Mensch in mir oder in Ihnen den Tod hinter sich und die Geburt ins Licht, – wir nennen es Sterben – vor sich, wenn meine äußere Hülle als alter Mensch beerdigt wird.

Können Sie solche Aussagen als eine der höchsten Wahrheiten übernehmen? Wenn ja, dann haben Sie bereits Leben aus Gott in sich.

9. Februar

Apostelgeschichte 24, 13 – 15
Paulus antwortet dem Landpfleger: „Ich bekenne, dass ich auf dem Wege, den viele eine Sekte nennen, dem Gott meiner Väter diene, indem ich allem glaube, was geschrieben steht, und die Hoffnung zu Gott habe, dass es eine Auferstehung der Gerechten und der Ungerechten geben wird."

Paulus bekennt hier, was auch wir als unser Bekenntnis übernehmen sollten: Ich will nichts anderes als meinem Vater dienen, indem ich ihm jedes Detail seines Wortes glaube.

Hierdurch wird mir und Ihnen gewiss, dass wir die Aufnahme in den Christusleib vor uns haben, während der Ungläubige in das Totenreich absinkt.

Verbringen Sie keine weitere Zeit im Ungewissen, was wohl aus Ihnen wird, wenn Sie hier die Augen schließen.

Glauben Sie! Das Schönste liegt immer vor uns und kommt immer näher, je älter wir werden, sofern wir von Herzen an Jesus Christus glauben.

10. Februar

Römer 4, 25
Wir glauben an den, welcher unserer Übertretungen wegen dahingegeben, und unserer Rechtfertigung wegen auferweckt worden ist.

Hier wird das korrekte Rechtsdenken des Vaters bezeugt. Unser sündhaftes Leben kann nichts anderes als das Todesurteil aus seinem Munde erwarten.

Seine Vaterliebe aber hat beschlossen, uns davor zu bewahren, indem er seinen Sohn Mensch werden ließ und um unserer Rechtfertigung wegen das Todesurteil über ihn genehmigte.

Jetzt kann Gott dem auferstandenen Leibe seines Sohnes Lebenskeime entnehmen, mit denen er künftig jeden Gläubigen in ein neues Leben zeugt.

Damit ist auch an jedem Neugezeugten die Todesstrafe bereits geschehen, ohne dass er sie erlebte, weil er ohne Bewußtsein noch Lebenskeim in Christus war.

Das ist ganz leicht verständlich. Lesen Sie es noch einmal und fassen Sie es im Glauben, dann geht Leben aus Gott in Sie ein.

⳨

11. Februar

Römer 6, 5 + 6 a
Wenn wir mit ihm einsgemacht worden sind in seinem Tod, so werden wir es auch in seiner Auferstehung sein, weil unser alter Mensch mitgekreuzigt worden ist.

Immer wieder lesen wir, dass wir seinen Tod miterlebt haben und darum auch seine Auferstehung an uns mitgeschehen ist, weil wir mit am Kreuz hingen. Wie ist solches verständlich?

Erlauben Sie mir, weil der Mensch Abbild Gottes ist, etwas ganz menschlich einfach darzustellen: Bevor ich meine fünf Kinder zeugte, waren sie als Samen in mir. Wäre ich kurz vor meiner Verehelichung im letzten Krieg gefallen, dann wären sie alle fünf mitgefallen und würden heute nicht existieren.

Genau dieses Abbild ist hier gemeint, denn solcherart waren wir als geistliche Lebenskeime in Christus Jesus. Darum ist sein Tod und seine Auferstehung und alles dazwischen Erlebte ein Geschehen, an dem wir als in ihm wohnende Samen Anteil hatten.

Jetzt gilt es, eine Neuzeugung durch diesen Lebenssamen über den Glauben an Jesus Christus zu erleben, und damit Teil seines Leibes und der Gottesfamilie zu werden.

12. Februar

> **Römer 8, 31 + 33**
> **Wenn Gott für uns ist, wer kann wider uns sein. Wer wird gegen Gottes Auserwählte Anklage erheben?**

Schöneres und Beruhigenderes kann uns kaum gesagt werden. Wir öffnen uns diesem Vatergott, dann zeugt er Gottesleben in uns und kein Feind im Universum kann uns dieses neue Leben mehr nehmen.

Sind wir doch durch Gottes Gerechtigkeit, die seit dem Kreuz von Golgatha für alle glaubenden Menschen Gültigkeit hat, für alle Zeiten der Gewalt Satans entzogen.

Es gibt niemanden und nichts mehr, was gegen unser neues Leben aus Gott Anklage erheben könnte. Übernehmen Sie diese Wahrheit in tiefem Glauben und Sie sind mit unauflöslichem Leben beschenkt.

Wenn Sie sich aber damit beschenkt wissen, dann geben Sie dieses Gottesleben durch Ihr Zeugnis weiter.

Jetzt sind Sie geistlich zeugungsfähig in anderen Menschen, die durch Sie zum Glauben finden. Dann handelt Gott durch Sie als einem Glied am Leibe des Christus.

Welche selige Berufung!

13. Februar

Römer 14, 7 + 8
Keiner von uns lebt sich selbst und keiner stirbt sich selbst. Leben wir, so leben wir dem Herrn, sterben wir, so sterben wir dem Herrn.

Solche Worte kann nur der an Gott und durch ihn an Jesus Christus Glaubende sagen. Denn der Ungläubige lebt sehr wohl sich selbst und stirbt sich selbst.

Von dem Glaubenden aber wird hier bezeugt, dass wir immer als geistliche Glieder seines Sohnesleibes durch unseren Glauben Teilhaber seines Sohneslebens sind.

Als solche vollenden wir auch unser irdisches Leben, die Menschen nennen es Sterben, um ins Vaterhaus als Kinder des Höchsten einzugehen.

Sind Sie sich dessen gewiss? Einfacher Glaube wird Ihnen Gewissheit schenken.

Je einfacher Sie denken, desto leichter verstehen Sie diese tiefste Wahrheit allen Erdenlebens.

14. Februar

> **1. Korinther 2, 7**
> **Wir reden Gottes Weisheit, die verborgen war in einem Geheimnis. Diese hat Gott zuvor bestimmt vor den Zeitaltern zu unserer Herrlichkeit.**

Wie viel Alltägliches, Diesseitiges, Vergängliches reden wir bis der Tag zu Ende ist. Gottes Weisheit reden können wir nur im Bezeugen der Geheimnisse, die uns Gottes Wort offenbart.

Dazu sollten wir immer neu erkennen, dass sein Wort längst vor dem Entstehen der Menschheit bestimmt war dazu, dass wir wahres Leben gewinnen durch einen Zeugunsakt des Höchsten in uns, der das Leben des Gottessohnes mit unserem neuen Leben eint.

Nur durch täglichen Umgang mit diesem Wort erlangen wir Gewissheit betreffend seine Ziele und Vollmacht, diese zu erreichen.

Bleibende Freude und Gewissheit unseres Heils ziehen in uns ein und verändern konstant unser Denken und Verhalten.

Jetzt ist in uns eine Neuzeugung geschehen durch seinen Geist in seinem Wort.

15. Februar

1. Korinther 7, 14
Der ungläubige Mann ist geheiligt durch seine Frau, und die ungläubige Frau ist geheiligt durch den gläubigen Mann, nun sind die Kinder heilig.

Hier offenbart Gott durch Paulus ein tiefes Geheimnis jeder Ehe:

Gibt es einen gläubigen Partner in der Ehe, der Leben aus Gott in sich hat, so ist der andere Teil dieser Ehe geheiligt, ja sogar die Kinder werden hier heilig genannt. Dabei ist die Voraussetzung persönlichen Glaubens dieser Familienmitglieder nicht erwähnt.

Also dürfen wir unterstellen, dass der Ehepartner oder die Kinder den Glauben eines einzigen Elternteiles als eine heimliche Heiligung übernehmen. Ob damit auch neues Leben verbunden ist, bleibt unerwähnt.

In jedem Fall aber spricht Gott hier von einer Heiligung, das heißt einem Beiseite-Genommensein für ein von Gott vorgesehenes Ziel.

Glauben Sie es einfach und freuen Sie sich darüber.

16. Februar

1. Korinther 12, 26 + 27
Wenn ein Glied leidet, so leiden alle Glieder mit. Wenn ein Glied verherrlicht wird, so freuen sich alle Glieder mit. Ihr seid Christi Leib und jeder ein Glied davon.

Wie schön, dass auch hier die Wahrheit in einem leicht fasslichen Abbild uns verständlich gemacht wird. Der Leib des Christus umfasst alle seine Glieder, also Gläubige aller Nationen und aller christozentrischen Kreise.

Auch wenn die geistliche Vollkommenheit in dieser oder jener Gemeinde noch nicht erreicht scheint, so ist die von Gott beabsichtigte Zusammenführung aller Gemeinden als Gesamtleib des Christus doch in geplanter Vollkommenheit zu erwarten.

Seien wir darum verständnisvoll auch für Glaubensrichtungen und geistliche Lebensformen, die nicht die unsrigen sind. Aggressive Auseinandersetzungen über Glaubensfragen können wir auf diesem Boden meist nicht gut heißen.

Versuchen auch Sie, die Einheit des Christus-Leibes mit all seinen Spezialorganen zu erkennen und zu respektieren, wenn nur stets Jesus als Haupt im Mittelpunkt steht und der Eingang in seinen Geistleib unter Verlust unseres alten Menschen erwartet wird.

17. Februar

1. Korinther 15, 53 + 54 b
Dieses Verwesliche muss Unverweslichkeit anziehen, und dieses Sterbliche muss Unsterblichkeit anziehen, dann ist das Wort erfüllt: „Verschlungen ist der Tod in Sieg".

Wie schön, dass die uns umgebende Pseudorealität in allen Stücken verweslich bzw. vergänglich ist, sei es Ihr Leib, Ihre Kleidung, Ihre Wohnung, Ihr Auto usw. Daran erkennen wir, dass es nicht die uns von Gott zugedachte, bleibende Umgebung ist.

Jetzt gilt es, die Unverweslichkeit und Unvergänglichkeit jener Geisteswelt, in die uns der Glaube versetzt, und die für unsere primitiven Augen noch unsichtbar ist, zu erkennen.

Dann wird sie zur eigentlichen, auf uns zukommenden Realität unseres wahren Lebens, in die wir durch den Glauben immer tiefer hineingelangen. In sie werden wir auch zu dem von Gott gegebenen Zeitpunkt hineinversetzt durch jenes Geschehen, das die Menschen Sterben nennen.

In Wirklichkeit aber ist es ein Geborenwerden ins Licht, also in die Welt Gottes.

Die größte Freude liegt also immer vor uns.

18. Februar

2. Korinther 2, 14
Gott aber sei Dank, der uns allezeit im Triumphzug umherführt in Christus und den Duft seiner Erkenntnis durch uns an jedem Ort offenbart.

Wenn Sie in dieses neue Leben bewusst durch Ihren Glauben Eingang gefunden haben, dann werden Sie von Christus wie ein Siegeszeichen umhergeführt.

Ihr Verhalten und Ihre Gespräche werden dann als ein „Duft seiner Erkenntnis" bezeichnet und Sie gehören zu der Darstellergruppe seiner Wahrheit vor der riesigen Engelwelt.

Das bezeugt Gottes Wort. Jetzt ist unser Leben in Wirklichkeit ein Schauspiel, die Bibel sagt ein ‚theatron', vor einer riesigen Zuschauerschaft aus der Menschen- und Engelwelt.

Je bewusster Sie sich dessen sind, desto bewusster werden Sie gottgemäß leben.

19. Februar

Galater 1, 11 + 12
Ich bezeuge zutiefst, Brüder, dass das Evangelium, welches von mir verkündigt worden ist, nicht menschengemäß ist. Ich habe es von keinem Menschen empfangen, sondern durch Offenbarung von Jesus Christus selbst.

Hier bezeugt Paulus wie durch einen heiligen Eid, dass seine uns mitgeteilten Glaubenswahrheiten nicht menschlichem Denken entsprungen sind, und dass er sie von keinem Menschen zuvor gleichermaßen gehört hat.

Obwohl er Jesus Christus im Fleische selbst nie erlebt hat, spricht er hier aus, dass alle seine Verkündigung eine Offenbarung ist, die ihm der auferstandene Christus geschenkt hat.

Lesen Sie also die Worte des Paulus als Wort des lebendigen Gottes.

Er, der Höchste, hat sich wenige Menschen, die ihm voll ergeben waren, ausgesucht und hat sie so inspiriert, dass genau das niedergeschrieben wurde, was er mitteilen, als Gotteswort über Jahrtausende erhalten und in alle Sprachen übersetzt haben wollte.

20. Februar

Galater 2, 7 + 8
Mir, Paulus, ist das Evangelium für die Nationen anvertraut, gleichwie Petrus das für Israel. Denn der, welcher in Petrus für das Apostelamt der Beschneidung gewirkt hat, hat in mir in Bezug auf die Nationen gewirkt.

Der lebendige Gott hat durch seinen Geist die allumfassende Wahrheit für die verschiedenen Teile der Welt an verschiedene Menschen wie Sprachrohre gegeben. Hier bezeichnet sich Paulus als für die Nationen bestimmt, während Petrus für Israel verkündigt.

Darum gibt es auch verschiedene geistliche Fakten wie etwa die Beschneidung oder die Taufe oder die Handauflegung als Elemente des Wirkens Gottes für die verschiedenen Gruppierungen innerhalb der Menschheit.

Möge auch uns klar werden, für welche Gruppe von Menschen wir eine Bestimmung Gottes zur Weitergabe seiner Wahrheiten haben.

Zählen Sie sich bereits zu solchen Beauftragten Gottes?

Vielleicht ab heute?

21. Februar

Epheser 6, 12
Unser Kampf ist nicht wider Fleisch und Blut, sondern wider die Fürsten, wider die Gewaltigen, wider die Weltbeherrscher dieser Finsternis, wider die geistlichen Mächte der Bosheit in den Himmeln.

Wie interessant, dass hier Paulus die verschiedenen Gruppierungen unserer gottfeindlichen Umgebung auf dieser Erdoberfläche benennt.

Gegen sie ist unser geistlicher Kampf gerichtet. Wir erkennen an dieser Aufzählung, dass es Weltbeherrscher dieser Erdoberfläche gibt, die hier Finsternis genannt ist.

Ebenso spricht er von „geistlichen Mächten der Bosheit in den Himmeln". Zunächst ist sehr wahrscheinlich der Lufthimmel um die Erde als Herrschergebiet dieser Mächte gemeint. Da hier Himmel in der Mehrzahl steht, könnten auch Außenbereiche der Himmelswelt als derzeitige Aufenthaltsorte gefallener Engelmächte gemeint sein.

Können wir kleinen Menschen gegen diese Mächte kämpfen? Ja, da der Christus in uns Wohnung genommen hat und wir Glaubenden somit Glieder seines Leibes sind.

Also, kämpfen Sie!

22. Februar

Philipper 2, 15 + 16 a
Ihr sollt sein wie unbescholtene Kinder Gottes inmitten eines verdrehten und verkehrten Geschlechts, unter welchen ihr scheint wie Lichter in der Welt und das Wort des Lebens darstellt.

Wie hilfreich, dass Gott seine Verkündiger, hier Paulus, immer wieder die Grundsituation darstellen lässt, in der wir leben. Es handelt sich bei der Menschheit um ein „verdrehtes und verkehrtes Geschlecht" unter der Herrschaft des Finsternisfürsten.

Wir aber leben unter ihnen als Kinder des Höchsten und scheinen für die umgebende Geisteswelt wie Lichter auf dieser Erde. Für sie stellen wir das Wort des Lebens sichtbar dar.

Können Sie sich auch in solche Tatsachen einfinden? Dann sind auch Sie ein „unbescholtenes Kind Gottes" im Geiste neugezeugt vom Höchsten. Auch zur geistlichen Zeugung bedarf es eines Samens. Den nimmt Gott aus Jesus Christus. Er hat den Tod erlitten und die Auferstehung erlebt.

Somit hat jeder Neugezeugte, auch Sie, wenn Sie glauben, den Tod hinter sich und den Einzug ins Vaterhaus vor sich.

23. Februar

Kolosser 2, 9 + 10
In Christus wohnt die ganze Fülle der Gottheit leibhaftig; und ihr seid vollendet in ihm, welcher das Haupt aller Fürsten und Gewaltigen ist.

Dass sich hier der Christus in seiner Gesamtheit identifiziert mit allen an ihn Glaubenden auf dieser Erde, dürfen wir daraus entnehmen, dass wir als gläubige Neugezeugte bereits Glieder dieses Christusleibes sind.

Jetzt gehören wir zur ganzen Fülle, die leibhaftig in Christus wohnt, und wir sind durch ihn bereits vollendet.

Jesus Christus dient als der Herr über alle Fürsten und Gewaltigen des Himmels, der Erde und aller Gottferne dem Höchsten, der am Ende aller Zeiten den dann vollendeten Christusleib als seinen Gottesleib übernehmen will, so lesen wir es in Gottes Wort.

Es ist nicht leicht, sich schon in diesem Leben in solche Vollendung hineinzuglauben.

Versuchen Sie es, Gottes Geist hilft Ihnen.

24. Februar

> **1. Timotheus 2, 5 + 4**
> **Gott ist einer, und einer Mittler zwischen Gott und den Menschen, der Mensch Christus Jesus, der sich selbst gab als Lösegeld für alle, denn Gott will, dass alle Menschen errettet werden und zur Erkenntnis der Wahrheit kommen.**

Das Wort Gottes wiederholt sich an vielen Stellen. Menschlich würde man sagen, das ist literarisch zu beanstanden. Von Gott her erkennen wir hingegen, dass wir nicht häufig genug diese Wahrheiten ins Herz gesagt bekommen können.

In obigem Wort ist Gottes Erlösungsziel klar ausgedrückt. Er gab Jesu Tod als „Lösegeld für alle". Nicht nur ein kleiner Teil der Menschen soll endgültig aus der Gottferne errettet werden, sondern „alle Menschen", jeder zu seiner Zeit. Er sagt deutlich hier, dass alle Menschen zur Erkenntnis der Wahrheit kommen werden.

Welch seliges Erkennen gerade für uns Erstlinge, so nennt die Schrift die Gläubigen dieses Zeitlaufs.

Gehören auch Sie zu den Erstlingen?

25. Februar

Hebräer 1, 13 + 14
Zu welchem der Engel hat er je gesagt: „Setze dich zu meiner Rechten, bis ich deine Feinde lege zum Schemel deiner Füße?" Sind sie nicht alle dienstbare Geister, ausgesandt zum Dienste derer, welche die Seligkeit ererben sollen?

Hier wird uns Klarheit geschenkt die Engelwelt betreffend in Gegenüberstellung zur Menschenwelt. Was uns mehrfach verheißen ist, dass Gott alle Feinde unter die Herrschaft des Christus mit seinen Leibesgliedern aus der Menschheit bringen wird, ist von keinem noch so heiligen und hohen Engelfürsten oder seinem riesigen Gefolge gesagt.

Wir gläubigen Menschen sind als dienstbare Geister, also Leibesglieder Christ Jesu ausgesandt, denen zu dienen, welche die Seligkeit ererben sollen.

Wer soll die Seligkeit ererben? Das ist zunächst die gesamte Menschheit dieser Erde. Welch unfassliches Vorrecht und heilige Bestimmung für Sie und mich. Wollen Sie das fassen?

Versuchen Sie es, der Geist Gottes hilft Ihnen, wenn Sie den Glauben als Basis Ihres Denkens übernehmen und nach den Anforderungen in Gottes Wort leben. Dann sind Sie Heilsinstrumente Gottes.

26. Februar

Hebräer 10, 25
Wir sollen unser Zusammenkommen nicht versäumen, wie es bei etlichen Sitte ist, sondern einander ermuntern, und das umso mehr, je mehr ihr den Tag herannahen seht.

Gerade die Erkenntnis der göttlichen Bestimmung für alle glaubenden Menschen lässt uns aufmerksam hinhören, wenn wir in Gottes Wort korrigiert werden.

Hier ist die Rede von dem Versäumen des Zusammenkommens Gläubiger unter seinem Wort. Vielmehr sollen wir uns gegenseitig ermuntern, uns dieser Bestimmung der Demonstration des Leibes des Christus vor Engeln und Menschen durch die sichtbare Gemeinschaft der Gläubigen nicht zu entziehen.

Außerdem sollen wir als Glieder am Leibe des Christus den Tag unserer Heimkehr ins Vaterhaus, also unseres irdischen Sterbens, und auch den Zeitpunkt der Wiederkehr des Gesamtchristus als Herrscher über diese Erde stets herannahen sehen. Ist Ihnen das bewusst, jeden Tag?

Dann leben Sie nicht wie blind vor sich hin, sondern in stetig wachsender Erwartung Ihrer glücklichen Heimkehr mit nachfolgender Wiederkehr in Christus.

Genauso steht es geschrieben.

27. Februar

1. Petrus 3, 7
Ihr Männer wohnet euren Frauen bei nach Erkenntnis als einem schwächeren Gefäß und gebet ihnen Ehre, denn auch sie sind Miterben der Gnade, auf dass eure Gebete nicht verhindert werden.

Wie wichtig ist es, dass Gott besonders unserem Fehlverhalten als Männer gegenüber unseren Frauen Beachtung schenkt. Wir sollen gerade unseren Partnerinnen Ehre geben und sie nicht gering achten.

Sie sind viel geliebtes Teil unseres ehelichen Gesamtleibes und darin Abbild unserer Stellung im Gesamtleib des Christus.

Wie wichtig ist mir, dass unsere Gebete in ihrer Erfüllung verhindert werden können, ganz besonders durch eine Missachtung dieser göttlichen Liebesweisung gegenüber unseren Frauen.

Gerade die Liebe Gottes in uns achtet den anderen stets höher als wir uns selbst. Dazu befähigt uns der Geist Gottes, weil wir Glieder des Gottesleibes sind.

Praktizieren Sie es!

28. Februar

> **1. Johannes 3, 2**
> **Geliebte, jetzt schon sind wir Kinder Gottes. Es ist aber noch nicht offenbar geworden, was wir einmal sein werden. Wir wissen aber, dass, wenn es offenbar geworden sein wird, wir ihm gleich sein werden, denn wir werden ihn sehen wie er ist.**

Hier ist dem Johannes eine der schönsten Zielsetzungen für Gotteskinder klar zur Aussage auferlegt. An keiner anderen Stelle ist so eindeutig erklärt, dass wir nach unserer Geburt ins Licht, diese Welt sagt nach dem Sterben, dem Gottessohn selbst „gleich sein werden" in aller ihm zugekommenen Herrlichkeit.

Allein „ihn zu sehen", so steht es hier, macht uns dann ihm gleich.

Sie sehen, was Ihnen entgeht, wenn Sie nicht in tiefem Glauben Kind Gottes und Glied am Leibe des Christus sind. Fehlt Ihnen diese klare Gewissheit noch, dann fassen Sie zu im lebendigen Glauben und genießen Sie Gottes Wort täglich und die Gemeinschaft mit Gleichgläubigen.

Die Freude und die Gewissheit werden immer größer.

29. Februar

2. Petrus 3, 13 + 15 a
Wir erwarten aber nach seiner Verheißung neue Himmel und eine neue Erde, in welchen Gerechtigkeit wohnt. Achtet die Langmut unseres Herrn für Errettung.

Wie dankbar dürfen wir sein, dass Gott uns durch sein Wort fast über alle seine Zukunftspläne Offenbarung schenkt. Hier ist nach dem Untergang dieser Erde im Anschluss an das Tausendjährige Reich von einer neuen Erde und einem neuen Himmel die Rede, in welcher nur Gerechtigkeit wohnt.

Dieser sichtbare Globus wird also einen Untergang erleben, eine Auflösung im Feuer nach Gottes Wort und es wird eine neue Erde und ein neuer sie umgebender Himmel entstehen.

Jetzt hat der Feind Gottes jedes Herrschaftsrecht verloren und ist besiegt durch den Christus ohne jede weitere Lebenschance.

Für uns bedarf es der Erkenntnis, wie langmütig und geduldig unser Gott ist, um ohne Rückhalt glauben zu können, dass der Höchste mit allen Feinden zurechtkommt, indem er sie durch den Christus vernichten lässt und danach erneuert.

1. März

Matthäus 6, 32 b + 33
„Euer himmlischer Vater weiß, was ihr hier alles bedürft. Trachtet aber zuerst nach dem Reich Gottes und nach seiner Gerechtigkeit, dann wird euch dies alles hinzugefügt werden."
(spricht Jesus)

Offensichtlich spricht Jesus hier Kinder Gottes an. Auf sie ist der Blick des Vaters gerichtet und er kennt ihre wirklichen Bedürfnisse. Dabei hält er sicherlich vieles für unnötig, was wir für wichtig erachten. Stattdessen fügt er hinzu, was er als wirklichen Bedarf erkennt.

Wir sollen also immer an „das Reich Gottes" in den Himmeln denken, in dem wir heute schon Bürger sind. Jetzt wird es uns auf dem Weg ins Vaterhaus an nichts geistlich Notwendigem mehr mangeln. Offenbar sind wir immer im Blick des Höchsten und umgeben von Schutzengeln.

Jeder echte, bleibende Schaden würde außerdem nicht nur uns, sondern dem Leibe des Christus zugefügt.

Mit Sicherheit achtet die Vaterliebe des Höchsten sehr genau auf uns und lässt uns alles zum Besten dienen. Sind Sie auch sein Kind? Wenn nicht, dann liefern Sie sich ihm im Gebet jetzt aus. Neuzeugung setzt immer Hingabe voraus.

2. März

> **Matthäus 18, 18**
> „Wahrlich ich sage euch: Was irgend ihr auf der Erde binden werdet, wird im Himmel gebunden sein, und was irgend ihr auf der Erde lösen werdet, wird im Himmel gelöst sein." (spricht Jesus)

Hier spricht Jesus uns Gläubige als die Glieder seines Leibes an.

Dabei gibt er uns die Zusage, dass alles, was wir auf Erden an ihn „binden" können, auch bei seiner Wiederkehr nicht mit dem Feind abgeurteilt werden wird.

Welch schöne Bestätigung, dass wir, wenn wir Gotteskinder sind, binden und lösen können. Beides wird von ihm übernommen, weil wir Glieder seines Leibes sind.

Verbreiten wir doch den hierdurch möglichen Segen an alle unsere Familienmitglieder und Menschen in unserer Umgebung, auch wenn sie noch nicht im Glauben stehen.

Lösen Sie Ihre Umwelt von falschen Bindungen an diese dämonische Umwelt und stellen Sie Bindungen her zum Christusleib. Der Himmel übernimmt Ihr Binden und Lösen.

Dies wird dann am Ende in den Betroffenen große Freude auslösen.

⋉

3. März

Lukas 10, 22
„Das All ist mir übergeben von meinem Vater. Niemand erkennt wirklich, wer der Sohn ist, als nur der Vater, und wer der Vater ist, als nur der Sohn, und wem irgend der Sohn ihn offenbaren will." (spricht Jesus)

Welche Bedeutung muss Jesus in den Augen und in dem Herzen des Höchsten haben und welche Liebe ihm stets zufließen, ist ihm doch das ganze All überlassen.

Darum kann keiner von uns voll einschätzen, welche überirdische Gewalt und Vollmacht damit dem Sohn überlassen ist, und auch nicht welche noch größere Macht und Heiligkeit den Vater kennzeichnen.

Das weiß nur der Sohn, der ihn von ganzem Herzen liebt und alle die, welchen es der Sohn mitteilt, weil sie Glieder seines Leibes sind.

Gehören Sie dazu? Dann können Sie jedem von Jesus gesprochenen Wort Glauben schenken und ihn als den Vollender aller Liebesabsichten erkennen. Jetzt gehören Sie als Leibesglied dem an, dem „das ganze All übergeben ist", es zu verwalten und zu vollenden.

Sind Sie sich dessen bewusst?

4. März

> **Lukas 17, 26 + 27 + 30**
> **„Gleichwie es in den Tagen Noahs geschah, also wird es auch sein in den Tagen des Sohnes des Menschen. Sie aßen, sie tranken, sie heirateten, bis zu dem Tage, da Noah in die Arche ging, und bis die Flut kam und alle umbrachte. Desgleichen wird es an dem Tage sein, an welchem der Sohn des Menschen geoffenbart wird."** (spricht Jesus)

Noah war der einzige Mensch, dem Gott geoffenbart hatte, dass er an einem bestimmten Tag durch eine Überflutung der ganzen Erdoberfläche die ganze seinerzeitige Menschheit dem Tode preisgeben möchte.

Auf diesen Tag konnte sich Noah vorbereiten, ja, sogar ein riesiges Schiff, die Arche, irgendwo auf einer grünen Wiese bauen. Welcher Spott hat ihn dabei von allen, die ihn umgaben, getroffen. (Werden nicht auch wir verspottet?)

Am Tage der dann eingetretenen Wasserkatastrophe war er und seine Familie allerdings die einzige kleine Schar von Überlebenden, mit denen Gott die neue Menschheit gründete.

In etwa vergleichbar wird es für die Gläubigen an Jesus Christus sein, an dem Tag, wenn er für alle sichtbar auf diese Erde in unbeschränkter Vollmacht wiederkehrt.

✝

5. März

Matthäus 5, 44
„Ich aber sage euch: Liebet eure Feinde, segnet, die euch fluchen, tut wohl denen, die euch hassen und betet für die, welche euch beleidigen und verfolgen, damit ihr Söhne eures Vaters in den Himmeln seid."
(spricht Jesus)

Hier zeigt uns Jesus, wie wir im Glauben Söhne unseres Vaters im Himmel werden. Kinder tragen die Erbanlagen ihres Vaters. So haben wir seine Gottesliebe übernommen, um sie in unserer Umgebung auszubreiten.

Dann macht es uns Freude, auch Menschen zu lieben, die hässlich gegen uns sind. Gerade dann erfüllt mich ein angenehmes Gefühl, wenn ich aggressive Gesprächspartner mit einem freundlichen Lächeln sozusagen abfedern kann.

Dann fällt es mir plötzlich leicht, innerlich Gedanken des Segens über den zu empfinden, der mich gerade angreift und verletzen will.

Versuchen Sie es, das Leben wird schöner und der Christus wirkt durch Sie, weil Sie Glied von Christi Geistleib geworden sind.

6. März

Johannes 8, 12
Wiederum redete Jesus zu ihnen und sprach: „Ich bin das Licht der Welt. Wer mir nachfolgt, der wird nicht in der Finsternis wandeln, sondern wird das Licht des Lebens haben."

Im Worte Gottes ist Licht immer das Zeichen der Gottesnähe und der Umgebung Jesu Christi.

So wird verständlich, dass wir, wenn wir diesem Gottessohn nachfolgen und schließlich Glied seines Leibes werden, „niemals in der Finsternis wandeln".

Wir Gotteskinder haben stattdessen, ja wir sind das Licht des Lebens und können schon in dieser finsteren Welt für uns Menschen unsichtbares Licht ausstrahlen.

Wie schön, dass auch Sie, wenn Sie das von Herzen glauben, zu diesen Lichtträgern gehören.

Wenn nicht, könnten Sie es heute noch werden, indem Sie glauben.

Entscheiden Sie sich in Ihrem Herzen.

7. März

Johannes 14, 6
Jesus spricht zu Thomas: „Ich bin der Weg und die Wahrheit und das Leben. Niemand kommt zum Vater als nur durch mich."

Hier verlangt Jesus von uns, zu erkennen, dass der Gottessohn – also er – die Wahrheit und das Leben in Person ist. Dabei entdecken wir neu, dass Wahrheit und Leben biblisch keine Prinzipien oder neutrale Begriffe, sondern eine lebendige Gottes-Person sind, nämlich Jesus.

Das gehört zu den tiefsten Geheimnissen in Gottes Wort, dass wir solche wichtigen Begriffe nicht versachlichen dürfen, sondern personifizieren müssen.

Erst dann können wir verstehen, dass wir nie zum Vater kommen werden, wenn wir nicht Jesus Christus als die verkörperte Wahrheit und als das Person gewordene Gottesleben erkannt und übernommen haben.

Genau darum sollten wir uns täglich neu bemühen. Wenn diese Wahrheit immer größer wird in uns, dann wohnt der Christus immer deutlicher in unserem Herzen und macht uns dabei zu Gliedern seines Leibes.

Versuchen auch Sie diesen Weg eines inneren Wachstums von Wahrheit und Leben.

8. März

Johannes 17, 9 + 10
„Ich bitte für die Glaubenden, nicht für die Welt bitte ich, sondern für die, welche du mir gegeben hast, denn sie sind dein, und ich bin in ihnen verherrlicht." (spricht Jesus)

Jesus spricht die Wahrheit immer wieder und in verschiedenster Weise aus. Auch hier trennt er Glaubende von solchen, die nur zu dieser Welt gehören.

Er möchte hier nur die ansprechen, die dem Worte Gottes geglaubt haben und dabei gezeugte Kinder Gottes geworden sind. Genau diese hat der Vater jetzt dem Sohn als Leibesglieder gegeben und verherrlicht sich in ihnen.

Welche Veränderung schafft der Glaube in uns? Er zeugt ein zweites Leben, das nicht mehr sterben kann, sondern ins Licht eingeht, wenn das alte Leben ausgehaucht wird.

Jetzt haben wir zwei Leben in uns, ein altes und ein neues, ein sterbliches und ein unsterbliches.

Haben Sie eine solche Gewissheit bereits in Ihrem Herzen? Wenn nicht, wird Gott sie Ihnen schenken, sobald Sie von ganzem Herzen glauben.

9. März

Apostelgeschichte 26, 8 + 23
Paulus spricht zu König Agrippa: „Warum wird es bei euch für etwas Unglaubliches gehalten, wenn Gott Tote auferweckt? Hat doch Christus als Erster durch Totenauferstehung seinem Volke und allen Nationen Licht verkündigt."

Hier betont Paulus, dass Jesus Christus als erster die Totenauferstehung praktiziert und sie allen Menschen seiner dortigen Umgebung sichtbar gemacht hat.

Dass diese Auferstehung für uns Glaubende zentrale Bedeutung hat, verstehen wir erst, wenn wir erkennen, dass wir durch den Glauben eine Neuzeugung erleben mit einem göttlichen Samen, der aus Jesus Christus stammt, in ihm durch den Tod gegangen und mit ihm auferstanden ist.

Jetzt hat Gott einen dieser unzähligen Lebenskeime, die in Jesus sind, entnommen und damit hat der Vater Sie in sein Gottesleben gezeugt, wenn Sie glauben.

Eigentlich ist solche Neuzeugung für jeden verständlich, wenn wir diese Zeugung im Geist so ernst nehmen wie die Zeugung im Fleisch. Dann lernen wir zu fassen, dass der Glaube an Jesus Christus das Zeichen solcher Neuzeugung im Geiste ist und von ganzem Herzen angestrebt werden sollte, wenn wir ewiges Leben erhoffen.

10. März

Römer 4, 5
Dem aber, der nicht mehr auf Leistung setzt, sondern an den glaubt, der den Gottlosen rechtfertigt, dem wird sein Glaube angerechnet zur Gerechtigkeit.

Ich habe lange gebraucht, bis ich aus Gottes Wort erkannte, dass menschliche Leistung stets meine Person, also mein altes Wesen gebraucht, um zu gelingen. Erst im Laufe der Zeit entdeckte ich, dass Gott nicht meine persönliche Leistung sucht und anregen will, sondern die Hingabe an ihn im Glauben.

Jetzt werden wir durch seinen uns zufließenden Geist befähigt zu einem Auswirken von Aktivität, die der Glaube in mir hervorbringt. Jetzt erbringe ich keine persönliche Leistung mehr, auch bei intensivstem Handeln, sondern ich wirke meinen Glauben aus im Verstehen seines Wortes und in Liebe zu jedem Nächsten.

Das erst wird angerechnet als Glaube in Gerechtigkeit, so drückt es obiges Wort aus.

Versuchen Sie, diesen Unterschied von eigenem und hingegebenem Handeln zu erkennen. Dann werden Sie ein brauchbares Werkzeug für Gott als Organ am Leib des Christus.

11. März

Römer 6, 7 + 8
Wer gestorben ist, ist gerechtfertigt von der Sünde. Sind wir aber mit Christus gestorben, so werden wir auch mit ihm leben.

Der Tod rechtfertigt oder entfernt uns zwar von aller diesseitigen Sünde, nimmt uns aber das Leben im Licht. Ohne den Glauben ist darum jeder Gestorbene zwar vor dem Gesetz durch das Eingehen in das Reich des Todes gerechtfertigt, aber im Finsternisbereich Satans gebunden.

Haben wir aber vor unserem Sterben Jesus Christus im Glauben angenommen, so haben wir sein Leben übernommen durch einen neuen, geistlichen Zeugungsakt.

Jetzt sind wir nicht nur Kinder Gottes, sondern auch am Kreuzestod Jesu Christi beteiligt, denn wir waren als Gotteskeime noch in ihm als er starb.

Somit sind wir mit ihm gestorben, mit ihm auferstanden und jetzt erst durch den Glauben mit einem Lebenskeim aus ihm in das neue Gottesleben gezeugt.

Versuchen Sie das zu verstehen und Sie entdecken die Quelle allen göttlichen Lebens.

12. März

Römer 8, 38
Nichts kann uns scheiden von der Liebe Gottes, die in Christus Jesus ist, weder Tod noch Leben, weder Engel noch Fürstentümer, weder Höhe noch Tiefe.

Auch diese Wahrheit sollten wir immer im Herzen behalten: Die „Liebe Gottes ist in Christus Jesus." Von ihr kann uns Gläubige nichts scheiden, ob wir leben oder sterben, ob Lichtengel oder Finsternisengel, Himmelshöhe oder Erdentiefe uns umgeben.

Wie diesseitige Menschen, die durch Satans Erbmasse vergiftet sind, dennoch zurückfinden in die reine Liebe Gottes und von der Erbmasse Satans befreit werden können, ist in obiger Bibelstelle noch nicht ausgedrückt.

Dies geschieht durch eine Neuzeugung mit einem Lebenskeim, der in Christus durch den Tod gegangen und mit ihm auferstanden ist, so steht es geschrieben.

Möge Ihnen diese Grundwahrheit immer mehr die wichtigste Aussage Gottes in Ihrem Leben werden.

13. März

Römer 14, 17
Das Reich Gottes ist nicht Essen und Trinken, sondern Gerechtigkeit und Frieden und Freude im Heiligen Geist. Denn wer darin dem Christus dient, ist Gott wohlgefällig und vor den Menschen bewahrt.

Eigentlich müsste man sagen, das Reich Gottes ist nicht von dieser Welt, sonst würden „Essen und Trinken" dazugehören. Vielmehr sind die Zeichen der Zugehörigkeit zum Reich Gottes „Frieden und Freude" in meinem Herzen und die Gewissheit der „Gerechtigkeit" durch meinen Glauben an Gott.

Jetzt dienen wir nicht nur dem Christus mit unserem Leben im Glauben, sondern wir wurden sogar ein Teil seines Leibes und damit seines Lebens.

Wie selbstverständlich sind wir dabei dem Höchsten wohlgefällig und er bewahrt uns vor einer Gefährdung dieses neuen Menschen auf Erden, auch wenn der alte Mensch einmal stirbt.

Ob Sie am Ende Ihres Erdenlebens den Tod zu erwarten haben oder durch die Innewohnung des neuen Menschen das Leben im himmlischen Vaterhaus gesichert haben, das entscheidet die Anwesenheit oder Abwesenheit des Glaubens und damit Jesu Christi in Ihnen.

14. März

1. Korinther 2, 10
Uns hat Gott sich geoffenbart durch seinen Geist, der alles erforscht, auch die Tiefen Gottes, auf dass wir die Dinge kennen, die uns von Gott geschenkt sind.

Wie oft hören wir, dass Gott und die ganze Himmelswelt vor uns verborgen ist und den meisten Menschen gar nicht gewiss ist, dass es diese überhaupt gibt.

Wir aber, die wir dem Worte Gottes glauben, haben durch den Geist Gottes geistlichen Einblick in die Himmelswelt und sind uns ihrer Realität bewusster als der ganzen Pseudorealität unserer irdischen Umwelt.

Jetzt beginnen wir zunehmend die Dinge zu erkennen, die uns heute schon von Gott geschenkt sind und auch die, in welche wir mit Sicherheit nach dem Sterben, also nach der Geburt ins Licht, hineinversetzt werden.

Wir haben immer Grund zu unbeschreiblicher Vorfreude.

15. März

1. Korinther 8, 6
Für uns gibt es nur einen Gott, den Vater, aus dem das All ist, und wir sind für ihn; und einen Herrn, Jesus Christus, durch den das All gebildet wurde, und wir sind durch ihn.

Immer wieder wurde in unserer Vergangenheit von vielen Göttern berichtet, die diese Welt des Sichtbaren gemacht hätten und beherrschen würden. Wir Glaubende aber wissen, dass sich hier nur für eine gewisse Zeit gefallene Engelfürsten unter der Oberherrschaft Satans als Götter dieser Erde darstellen und anbeten lassen.

Für uns dem Worte Gottes Glaubende gibt es nur einen Gott, aus dem alles Leben kommt. Es gibt auch nur einen wirklichen Herrn, Jesus Christus, durch den das Weltenall mit allen Himmelskörpern im Auftrag des Höchsten entstand und durch den auch der Mensch als Abbild Gottes und nach seinem Willen geschaffen wurde.

Wie wir wissen, hat er sich auch des Menschen neu angenommen, weil das erste Menschenpaar durch Satan verführt und in die Gottferne gelenkt wurde.

Jetzt zeugt der Höchste Menschen neu, die sich im Glauben ihm hingeben. Ihnen schenkt er als Kinder Gottes sein göttliches Leben, nachdem Jesus durch seinen Tod diesen Weg eröffnet hat.

⳨

16. März

1. Korinther 13, 5 b + 7 + 8 a
Die Liebe lässt sich nicht erbittern. Sie rechnet Böses nicht zu, sie erträgt alles, sie glaubt alles, sie hofft alles, sie erduldet alles. Die Liebe vergeht nimmer.

Wenn Sie diese Stelle mit offenem Herzen lesen, dann erkennen Sie, dass solche Liebe im normalen Menschen nicht zu finden ist. Sie ist hier beschrieben als tiefstes Kennzeichen des Wesens Gottes und seines Sohnes Jesus Christus.

Der Höchste lässt sich also nie erbittern und er will letztlich Böses ausschalten, weswegen er den Sohn ans Kreuz gehen ließ und uns nach dessen Auferstehung mit Lebenskeimen aus ihm neuzeugte.

Jetzt kann Gott alles noch so Hässliche der Menschheit ertragen und Böses erdulden, ja seine Liebe vergeht nie, weil er weiß, dass er alles gefallene Menschenleben beenden und mit einem göttlichen Samen aus Jesus neuzeugen kann und wird.

Wer sich ihm schon heute hingibt, erhält als einer der Erstlinge göttliches Leben, das in Christus bereits durch den Tod gegangen ist.

Praktizieren auch Sie diese Hingabe in jedem Gebet?

⸺ ✝ ⸺

17. März

Galater 2, 16 a + 20 a
Wir aber wissen, dass der Mensch nicht aus Gesetzeswerken gerechtfertigt wird, sondern nur durch den Glauben an Jesus Christus. Ich bin mit Christus gekreuzigt, und nicht mehr lebe ich, sondern Christus lebt in mir.

Hier spricht ein Mensch, der durch den Glauben an Jesus Christus erkannt hat, dass er nicht mehr nur als das ehemalige gottferne Wesen existiert, sondern dass er von einem Lebenskeim aus Jesus in ein neues Leben gezeugt ist und somit ganz realistisch mit Jesus Christus gekreuzigt wurde.

Jetzt liegt der Tod hinter ihm. Sind Sie ein solcher Mensch?

Wundern wir uns nicht, dass es zutiefst immer die gleiche Wahrheit ist, die in verschiedenster Weise in seinem Wort ausgesprochen und in unser Herz versenkt wird!

Leben auch Sie in dieser Wahrheit? Dann werden Sie sich ihrer täglich neu bewusst und Sie praktizieren sie täglich als Glied am Leibe des Christus!

Nur durch den Glauben sind Sie jetzt ein Stück von ihm.

18. März

Galater 2, 21
Ich mache die Gnade Gottes nicht ungültig, denn wenn Gerechtigkeit durch Gesetz kommt, dann ist Christus umsonst gestorben.

Das Gesetz wurde von Mose gegeben zusammen mit der Aussage, dass nur der, welcher alle Teile dieses Gesetzes erfüllt, vor Gott gerecht ist. Genau das vermag aber kein einziger Mensch. Also kann wirkliche Gerechtigkeit nie durch dieses unerfüllbare Gesetz eintreten.

Jetzt wissen wir, dass nur der Tod und die Auferstehung Jesu Christi Gerechtigkeit zur nachträglichen Gesetzeserfüllung schenken kann, indem wir von einem seiner Lebenskeime in ein neues Leben gezeugt werden.

Nur so kann unser altes Leben ruhig vergehen, weil das neue für alle Zeiten im Vaterhaus weiter besteht.

Haben Sie dieses neue Leben? Sie können nur ja sagen, wenn Sie von ganzem Herzen Jesus Christus und seinen Tod am Kreuz als die Realität übernommen haben.

Dann weicht jede Todesfurcht und die Freude unauflöslichen Lebens erfüllt Sie.

19. März

Galater 3, 22
Die Schrift aber hat alles unter die Sünde eingeschlossen, auf dass die Verheißung aus Glauben an Jesus Christus denen gegeben würde, die da glauben.

Wieder betont das Wort Gottes hier, dass alle Menschen mit all ihrem Tun durch die Verführung Satans „unter die Sünde eingeschlossen sind". Wiederum ist jedoch ausgedrückt, dass der Glaube an Jesus Christus uns an seiner Gottesgerechtigkeit durch seinen Tod und seine Auferstehung teilhaben lässt und uns jedem Gericht entzieht.

Wieder gilt es, das neue Leben durch den Glauben an Jesus Christus in uns Gestalt gewinnen zu lassen.

Dazu sollten wir jeden Tag mit diesen beglückenden Wahrheiten umgehen und sie in Gebet und Gemeinschaft sichtbar und hörbar machen.

Tun Sie das? Versuchen Sie es. Gott wird Ihnen dabei helfen.

20. März

Epheser 1, 5 + 6
Der Höchste hat uns zuvor bestimmt zur Sohnschaft durch Jesus Christus für sich selbst nach dem Wohlgefallen seines Willens zum Preise der Herrlichkeit seiner Gnade, worin er uns begnadigt hat in dem Geliebten.

Lesen Sie diesen Satz zwei bis drei mal. Er sagt das Beglückendste aus, was einem Menschen, Mann oder Frau, gesagt werden kann: Sie sind „zuvorbestimmt zur Sohnschaft". Nur so hat es dem Willen des Höchsten wohlgefallen, und nur das ist der Inhalt seiner Herrlichkeit durch Gnade. Übernehmen Sie diese Zuvorbestimmung auch für sich, indem Ihr Glaube jeden Tag lebendiger wird und damit auch die ihn verursachende Realität des Heils, das der Höchste für Sie bereitet hat.

Jetzt hat Ihr Leben göttlichen Glanz trotz aller menschlichen Schwäche. Jetzt ist Ihr neuer innerer Mensch bereits auf der Zielstrecke zum Vaterhaus im Himmel, während Ihr alter Mensch auf seine Auflösung zugeht.

Identifizieren Sie sich stets nur mit dem neuen gottgezeugten Leben in Ihnen. Es kann sich nicht von Gott sondern, also nicht sündigen. Der alte Mensch sondert sich immer, also sündigt immer neu, lassen Sie ihn nicht herrschen in sich!

21. März

Epheser 1, 9 + 10
Er hat uns kundgetan das Geheimnis seines Willens nach seinem Wohlgefallen, das er sich vorgesetzt hat in sich selbst für die Verwaltung der Fülle aller Zeiten: Das ganze All unter einem Haupt zusammenzubringen in dem Christus.

Welch beglückende Erkenntnis, zu wissen, dass der Höchste für „die Verwaltung der Fülle aller Zeiten" sich ein geheimes Ziel vorgesetzt hat. Er wird es mit Bestimmtheit erreichen: Durch Jesus Christus soll das ganze All unter ihm als Haupt in einem allumfassenden Gottesleib zusammen gebracht werden.

Dann wird es keine Finsternis mehr geben und keine Sünde, also keine Sonderung von Gott und damit von diesem Leib. Das Böse wird untergegangen sein, vernichtet.

Wir kleinen Menschlein als Erstlinge des Glaubens in der uns umgebenden Gottferne dieser Welt dürfen durch totale Hingabe an ihn teilhaben an solcher Zielerreichung.

Können Sie das fassen? Versuchen Sie es, dann hat Gottes Geist seine Wirkung in Ihnen entfaltet.

22. März

> **Epheser 1, 11 + 12**
> **Wir haben in Christus ein Erbteil erlangt, die wir zuvorbestimmt sind nach dem Vorsatz dessen, der alles wirkt nach dem Rat seines Willens, damit wir zum Preis seiner Herrlichkeit seien, weil wir zuvor auf den Christus gehofft haben.**

Ja, Sie haben richtig gelesen. Wir können ein göttliches „Erbteil erlangen" durch den Glauben. Er macht uns zu Menschen, die zuvorbestimmt sind, als Leibesglieder Christi zum „Preise seiner Herrlichkeit" beizutragen.

Noch erleben wir sichtbar in diesem irdischen Leben nichts von solchem Erbteil Gottes.

Wir haben aber die lebendige Hoffnung auf die Identifizierung mit dem Christus in uns. Gott hat uns Glaubende in ein neues Leben gezeugt und damit bereits heute unsichtbar für uns und unsere Umgebung zu Gliedern des Christus-Leibes gemacht.

Wenn Sie das glauben können, dann ist es das Zeichen neuen Gotteslebens in Ihnen. Prüfen Sie sich und bitten Sie Gott um Klarheit und Wachstum.

23. März

Epheser 2, 1 + 2
Wir waren einst tot in unseren Vergehungen und Sünden, in welchen wir ehemals wandelten gemäß dem Zeitlauf dieser Welt und des Fürsten der Gewalt der Luft, des Geistes, der jetzt noch wirksam ist in den Söhnen des Ungehorsams.

Nicht oft genug kann uns bewusst werden, dass wir ehemals ohne biblischen Glauben vor Gott „tot waren" in „Sünden und Vergehungen". Wir wandelten verführt und gezwungen gemäß dem Zeitlauf dieser gottfernen Welt.

Der Geist der Gottesfeindschaft lebte durch Satan in uns, so wie er jetzt noch in allen Ungläubigen machtvoll existiert und sie betrügt, als ob sie in Freiheit wandeln würden.

Wie wichtig ist es, von Zeit zu Zeit zu erkennen, aus welcher düsteren Vergangenheit wir in die lichte Gegenwart unseres Glaubens und in die strahlende Hoffnung unseres Weges ins Vaterhaus versetzt worden sind.

Dann fließt unser Dank über.

24. März

Epheser 6, 14 – 16
Steht nun, eure Lenden umgürtet mit Wahrheit, angetan mit dem Brustharnisch der Gerechtigkeit, beschuht an den Füßen mit der Bereitschaft des Evangeliums des Friedens, habt über allem den Schild des Glaubens, mit dem ihr alle feurigen Pfeile des Bösen auslöschen könnt.

Diese Aussage des Geistes Gottes durch Paulus ermahnt uns dringend, nie ohne den „Schild des Glaubens" unseren Weg zu gehen, da wir immer den „feurigen Pfeilen" Satans und seines Gefolges ausgesetzt sind. Wir aber dürfen davon ausgehen, dass wir einen geistlichen „Brustharnisch" haben durch die uns geschenkte Gerechtigkeit Gottes, und dass wir ausgestattet sind mit den Schuhen des Evangeliums in der ständigen Gewissheit des Friedens.

Vergessen Sie nie, dass wir trotz aller Freude und allem Frieden tiefen Glaubens noch immer in einer Feindeswelt leben, die uns aber durch den Schutz von Gottes Engeln nur soweit erreichen darf, wie es Gott zu seiner Verherrlichung zuvorbestimmt hat.

Danken Sie täglich, dass Sie Tag und Nacht von Schutzengeln umgeben sind, die alles Schadende abwehren, was Gott nicht bewußt genehmigt hat.

⊱

25. März

Philipper 3, 10 + 11
Ich will Christus erkennen und die Kraft seiner Auferstehung und die Gemeinschaft seiner Leiden, indem ich seinem Tode gleichgestaltet werde, ob ich auf irgend eine Weise hingelangen möge zur Ausauferstehung aus Toten.

Jeden Tag ringen wir neu im Lesen von Gottes Wort und im Gebet um die Kraft der Auferstehungsgewissheit trotz aller uns zukommenden Leiden und Krankheiten.

Wir sollen „seinem Tode gleichgestaltet" werden, weil wir Glieder dieses Christusleibes sind, der hingeschlachtet wurde. Aber er ist auch auferstanden aus den Toten und wir als Lebenskeime in ihm gleichermaßen.

Darum haben wir den Tod hinter uns und stets die Geburt ins Licht mit der Aufnahme ins Vaterhaus vor uns. Das Herrlichkeitsziel, hier „Ausauferstehung" genannt, rückt jeden Tag näher und damit ist die Vorfreude immer größer je älter oder kränker wir werden.

Sind Sie sich dessen bewusst, dann ist jeder Lebensüberdruss und alle Angst dahin.

26. März

> **Kolosser 2, 19**
> **Haltet das Haupt fest, aus welchem der ganze Leib durch Gelenke und Bänder funktionsfähig wird und das Wachstum Gottes wächst.**

Immer wieder bin ich erstaunt, an wie vielen Stellen Gottes Wort von dem Leib des Christus spricht, an dem wir Gläubigen Glied sind. Auch dieser Geistleib, der in dem irdischen Leib abgeschattet ist, hat Organe, „Gelenke und Bänder", welche uns zu gottgewolltem Handeln fähig machen.

Außerdem „wächst dieser Leib das Wachstum Gottes" nicht zuletzt durch unsere Verkündigung des Evangeliums und durch unser Vorleben der Christusnähe im Alltag.

Wir bekommen ein neues heiliges Selbstbewusstsein, wenn solche Leibesgewissheit in allem Empfinden die Innewohnung Jesu Christi in uns bestätigt.

Jetzt handelt nicht mehr mein altes Ich, sondern der Wille Gottes in mir. Ihr Leben und Leiden bekommt eine höhere Dimension allein im Glauben an Jesus Christus.

Eifern Sie diesem Ziel immer nach.

27. März

1. Timotheus 3, 16
Groß ist das Geheimnis der Gottseligkeit: Gott ist geoffenbart worden im Fleisch, gerechtfertigt im Geist, gesehen von den Engeln, gepredigt unter den Nationen, geglaubt in der Welt, aufgenommen in Herrlichkeit.

Welche Dimension der Wirklichkeit Gottes leuchtet uns hier auf! Er offenbart seinen Willen sogar in unserem Fleisch. Er hat uns im Geiste durch den Glauben gerechtfertigt und uns nun zu einem Schauspiel vor der Zuschauerschaft gefallener und nicht gefallener Engel gemacht.

Jetzt ist unser Leben unter den Nationen eine Predigt Gottes, eine Demonstration des Glaubens auch in der noch auferlegten Gottferne und in der nie bezweifelten Hoffnung auf die Herrlichkeit, auf die wir zugehen.

Mit Recht wird auch biblisch an anderer Stelle von einem Schauspiel gesprochen, indem wir Gottes Macht und Ziele vor irdischen und überirdischen Augen demonstrieren.

28. März

Hebräer 2, 10
Es war Gottes Absicht, um deswillen das All und durch den das All ist, damit er viele Söhne zur Herrlichkeit führen könne, den Urheber ihrer Errettung durch Leiden vollkommen zu machen.

Das ganze Weltenall bedarf des Heilshandelns Gottes. Durch einen Schöpfungsakt ist es entstanden und zum Teil abgefallen von ihm. Er will in diesem Weltenall durch die Lebenskeime seines Sohnes nunmehr einen Zeugungsakt ermöglichen, durch den viele Söhne und Töchter in seine Herrlichkeit versetzt werden, und sie alle durch Teilnahme an den Leiden Christi Jesu vollkommen werden.

Jetzt kann er alles Alte, von ihm Abgefallene vernichten und daraus Neues, Bleibendes zeugen. Aus Schöpfung wird Zeugung.

Warum immer Leiden auf dem Weg zum Heil uns verordnet sind, ist ein tiefes Geheimnis, das sich uns erst bei unserem Einzug ins Vaterhaus voll offenbart. Haben Sie den Unterschied vom Schöpfungshandeln Gottes zum Zeugungsgeschehen erkannt? Dann ahnen Sie auch, ob Sie als glaubender Mensch gezeugtes Gotteskind oder als noch ungläubiger Mensch ein geschaffenes und von Gott abgefallenes Wesen sind.

29. März

Hebräer 11, 1 + 3
Der Glaube ist eine Verwirklichung dessen, was man hofft, ein Überführtsein von Dingen, die man nicht sieht. Alles, was man sieht, ist durch Gottes Wort und nicht aus Sichtbarem entstanden.

Wir können die Bedeutung des Glaubens nicht oft genug vor Augen gestellt bekommen. Unsere Hoffnung wird verwirklicht durch den Glauben. Er überführt unseren Unglauben immer wieder und weist hin auf die heiligen Realitäten, die unsere irdischen Augen noch nicht sehen können.

Allerdings ist auch alles, was man sieht, durch Gottes Wort als ein Abbild und eine Vorausdarstellung entstanden und bezeugt uns den Schöpfer.

Die unfassliche Schönheit der Natur, in der wir leben vom Frühjahr bis zum Winter, lässt uns die Herrlichkeit und Kreativität des Höchsten und seines Sohnes ahnen.

Wir wollen nicht ruhen, bis wir uns des neuen Gotteslebens durch den Glauben und durch den ihm folgenden göttlichen Zeugungsakt gewiss sind.

Versuchen Sie es täglich, dann wird die Freude immer größer!

30. März

> **1. Petrus 4, 1 + 2**
> **Da nun Christus für uns im Fleisch gelitten hat, so wappnet auch ihr euch mit demselben Sinn; denn wer im Fleisch gelitten hat, ruht von der Sünde, um die noch übrige Zeit dem Willen Gottes zu leben.**

Es ist unübersehbar, dass Gottes Geist uns in seinem Wort immer wieder von den Leiden des Christus Zeugnis gibt und uns darauf verweist, dass auch wir uns mit der gleichen Leidensbereitschaft beschenken lassen sollen wie sie Christus hatte. Durch Ertragen von Leiden ist uns ein Ruhen von der Sünde geschenkt.

Schon hierdurch ist ein im Glauben bestandener Leidensweg meistens bereits ein Weg aus der irdischen Sündenumgebung in das göttliche Vaterhaus. Gerade in Tagen des Leidens wollen wir vermehrt dem Willen Gottes leben.

Versuchen wir alles uns zukommende Leiden zunächst einmal als ein Geschenk Gottes mit dem Ziel der Zubereitung für den Einzug ins Vaterhaus zu erkennen.

Dann hat der Feind seine Absichten bereits verspielt und wir praktizieren volle Hingabe an den Willen des Höchsten, der uns immer nur vollenden und zum Glied am Geistleib seines Sohnes machen will.

⸻ ✡ ⸻

31. März

1. Johannes 3, 9
Jeder, der von Gott gezeugt ist, tut nicht Sünde, denn sein Same bleibt in ihm und er kann gar nicht sündigen, weil er von Gott gezeugt ist.

Sündigen heißt, sich von Gott sondern. Wer von Gott neugezeugt ist, kann sich von ihm gar nicht mehr sondern, also nicht sündigen, weil die göttliche Erbmasse in unserem neuen inneren Menschen sich von Gott nicht mehr trennen kann.

Allerdings haben wir noch den alten, abgefallenen Menschen, der gar nicht anders kann als sündigen, und der solches eigenwillig stets versucht, wenn er auch nur vorübergehend unser Tun und Lassen bestimmt.

So ist es das tägliche Gebet eines Gottesmenschen, dass er auch an diesem Tag den Störungsversuch des alten Menschen stets abweisen und die neue Gottesnatur herrschen lassen kann.

Beobachten Sie sich immer, damit Sie das Alte und das Neue in sich erkennen und bewusst lenken können.

Am Steuer Ihres inneren und Ihres äußeren Menschen sitzen Sie immer selbst! Nehmen Sie die Verantwortung wahr.

⳨

1. April

Matthäus 7, 7 + 8 a
„Bittet, und es wird euch gegeben werden. Suchet, und ihr werdet finden. Klopfet an, und es wird euch aufgetan werden. Denn jeder Bittende empfängt und jeder Suchende findet." (spricht Jesus)

Welch unfassliche Zusage aus dem Munde des Sohnes Gottes. Unsere Gebetsbitten werden also mit Sicherheit nicht überhört, weil „jeder Bittende empfängt." Es wird allerdings nicht immer alles, was er erbeten hat, ihm zuteil werden. Auch unklare Aussagen im Worte Gottes oder uns unverständliche Geschehnisse in unserem Umfeld dürfen als Frage an unseren Herrn gerichtet werden. Er wird in jedem Fall auf irgend eine Weise antworten.

Was es zu lernen gilt, ist seine Antwort zu erkennen. Er spricht meistens nicht in Worten zu uns, sondern in Bibelstellen, Erlebnissen oder Erkenntnissen, die es als Antwort zu entdecken gilt. Darum sollen wir wachsen im inneren, vertraulichen Umgang mit unserem Herrn und Haupt. Die Nervenbahnen innerhalb seines Geistleibes senden ihre Mitteilungen meistens in verschiedener Weise. Darum gilt es, hellhörig und hellsichtig in unserem Empfinden für die Antworten unseres Hauptes zu werden.

Lernen Sie aus jeder kleinen Erfahrung und danken Sie Ihrem Herrn für jede gewonnene neue Erkenntnis seiner Geheimsprache mit jedem seiner Glieder.

༄

2. April

Matthäus 18, 20
„Wo zwei oder drei versammelt sind in meinem Namen, da bin ich in ihrer Mitte." (spricht Jesus)

Versammelt zu zweit oder zu dritt oder auch in größerem Kreise sind Alltagsmenschen recht oft. Selten aber können sie behaupten, dass es in seinem Namen geschehe. Darum ist in dieser Aussage Jesu eine Begegnung von Leibesgliedern gemeint in der Absicht, dass man gemeinsam auf ihn hören will. Ein noch so kurzes Gebet am Anfang und am Schluss fährt augenblicklich die geistliche Antenne aus und lässt die auszutauschenden Gedanken und eventuellen Entscheidungen unter der Beteiligung unseres Herrn und Hauptes geschehen.

Sich dabei klar zu machen, dass der Christus nicht aus dem Himmel herab hören oder kommen muss, um sich jetzt an dem Gespräch zu beteiligen, sondern dass er in uns lebt und sich darum ohne jeglichen Zeitverzug einbringt in die Begegnung und in die Gespräche, das hilft uns sehr. So werden wir in allem Denken und Handeln je länger je mehr Glieder eines unsichtbaren Geistleibes und Ausführende des Willens unseres Hauptes.

Beten wir täglich darum, dass diese wunderbare Realität uns immer bewusster wird.

3. April

Lukas 11, 13
„Wenn ihr, die ihr böse seid, euren Kindern gute Gaben zu geben wisset, wieviel mehr wird der Vater, der vom Himmel ist, den Heiligen Geist geben denen, die ihn bitten."
(spricht Jesus)

Hier spricht der noch auf Erden im Irdischen lebende Jesus keine neugezeugten Kinder Gottes an, da Neuzeugung erst durch den Höchsten nach dem Tod und der Auferstehung Jesu beginnt. Gott will jeden Glaubenden, den er ab Jesu Himmelfahrt annimmt, mit einem Lebenskeim aus seinem auferstandenen Sohn in ein neues Leben zeugen. Dann hat auch der neugezeugte Gläubige schon auf Erden den Tod hinter sich, selbst wenn er stirbt. Er wird bei seinem irdischen Lebensende die Geburt in den Leib des Christus erleben. Hier aber spricht Jesus noch zu seinen irdischen Lebzeiten zu Menschen, die ihn hören und erkennen wollen, obwohl sie noch keine Neuzeugung erlebt haben.

Auch diesen sagt er zu, das „der Vater im Himmel seinen Heiligen Geist gibt jedem, der ihn bittet", und so liegt Heiliger Geist sogar auf Glaubenden, die noch keine Neuzeugung erlebt haben.

Bitten Sie also um Heiligen Geist und er wird Ihnen nicht versagt. Sie müssen nur lernen, mit ihm und durch ihn zu leben.

4. April

> **Lukas 18, 7 + 8**
> **„Sollte Gott aber nicht das Recht seiner Auserwählten ausführen, die Tag und Nacht zu ihm schreien? Ist er in Bezug auf sie etwa langsam?"** (spricht Jesus)

Mit dieser Fragestellung will Jesus es als selbstverständlich darstellen, dass die Gebetsbitten seiner Auserwählten gehört und in seinem übergeordneten Sinn beantwortet werden. Hier wird sogar verneint, dass Gott mit seiner Antwort langsam sei und somit belastende Wartezeiten entstehen.

Es gilt in unserem Gespräch mit Gott, wir nennen es Gebet, eine Vertrautheit zu gewinnen, die uns fähig macht, auch an kleinsten Anzeichen unseres weiteren Tageslebens ihn in seiner Zuwendung zu erkennen. Dabei gilt es, sich stets bewußt zu sein, dass der Christus in uns in unseren tiefsten Gebeten mit dem Vater spricht.

Sind wir Glieder seines Leibes, dann ist es immer ein Teil des Sohnes, der sich in allen unseren Bitten und Dankeserklärungen dem vielgeliebten Vater zuwendet.

Versuchen wir Gotteskinder also, uns der Innewohnung des Sohnes und unserer Identität mit ihm gerade in unseren Gebeten immer neu bewußt zu werden.

ᚼ

5. April

Johannes 3, 16
„Denn also hat Gott die Welt geliebt, dass er seinen einzig gezeugten Sohn gab, auf dass jeder, der an ihn glaubt, nicht verloren gehe, sondern ewiges Leben habe." (spricht Jesus)

Hier sind drei Dinge ausgesagt: Erstens liebt Gott die Menschen von ganzem Herzen. Als sie in ihrer Entscheidungsfreiheit sich für die Einordnung in Satans Finsternisreich entschieden, hat er zweitens das einzig von ihm gezeugte göttliche Lebewesen, Jesus Christus, geopfert, auf dass er drittens jeden, der an dieses Opfer glaubt, nicht dem Tod überlasse, sondern in das gleiche göttliche Leben zeuge.

Wie bewegend, die ganze Heilsgeschichte unseres herrlichen Vatergottes in einem Satz zu erkennen. Wir können nicht oft genug dieses Liebeshandeln Gottes fortsetzen, indem wir Gläubigen als Glieder am Leibe des Christus diese Freudenbotschaft weitersagen und vorleben. Wir sind dabei in ständiger Gewissheit, dass wir unterwegs zum Vaterhaus sind und niemals dem Tod ausgeliefert sein werden. Ihn haben wir in Christus unbewusst miterlitten, aber auch die Auferstehung miterlebt.

Wenn Sie das fassen können, dann haben auch Sie den Geist Gottes in sich.

6. April

Johannes 8,38, 44 a + 47
„Ich rede was ich bei meinem Vater gesehen habe. Ihr aber seid aus dem Vater, dem Teufel, und die Begierden dieses Vaters wollt ihr tun. Wer aus Gott ist, hört die Worte Gottes."
(spricht Jesus)

Jesus begegnet während seines Erdenlebens immer wieder ungläubigen und aggressiven Kritikern. Ihnen bezeugt er hier eindeutig, dass er einen Vater hat, der Herr des Lebens und des Lichtes ist, und dass die ungläubigen Zuhörer den Teufel zum Vater haben und seine gottwidrigen Begierden ausüben.

Offenbar ist schon das Hören und Verstehen des Wortes Gottes unter uns Menschen ein Zeichen dafür, dass der Hörende von Gott dazu befähigt und wohl einer der Auserwählten ist. Dies drückt unser Herr im letzten Satz eindeutig aus: „Wer aus Gott ist, hört die Worte Gottes".

Hören Sie seine Worte? Dass Sie diese Tageslese regelmäßig studieren, spricht dafür, dass Sie das Wort Gottes hören und verstehen. Dies wäre das Zeichen, dass auch Sie „aus Gott sind".

Werden Sie sich dessen bewusst und vertiefen Sie sich in diese Wahrheit. Es geht dabei um eine unvorstellbar schöne Zukunft und dann liegt der Tod hinter Ihnen.

7. April

Johannes 14, 23
„Wenn jemand mich liebt, so wird er mein Wort halten, und mein Vater wird ihn lieben, und wir werden zu ihm kommen und Wohnung bei ihm machen." (spricht Jesus)

Hier ist eine wichtige Voraussetzung von Jesus selbst benannt, nämlich unsere Liebe zu Vater und Sohn. Sie führt zu der klaren Erkenntnis der Gegenliebe von Gott zu uns Gläubigen. Wie schön, dass Jesus gleich die Folge erklärt: Vater und Sohn werden im Geiste zu den Liebenden kommen und der Sohn wird in ihnen Wohnung nehmen.

Mir sind solche Worte dann besonders wichtig, wenn sie aus dem Munde des Sohnes selbst kommen. Nehmen auch Sie diese Aussage zu Herzen und erwarten Sie die göttliche Liebe als ständiges Geschenk des Himmels.

Dann werden auch Sie dem Höchsten stets zuliebe leben und Ihr Sterben wird nicht Ihr Tod, sondern Ihr Eingang in den Leib des Christus sein.

Gibt es größere Vorfreude auf dieser düsteren Erde?

8. April

Johannes 17, 11
„Ich bin nicht mehr in der Welt, aber diese (die an mich glauben) **sind in der Welt. Ich komme zu dir, heiliger Vater! Bewahre sie in deinem Namen, den du mir gegeben hast, auf dass sie eins seien, gleichwie wir."** (spricht Jesus)

Hier spricht unser Herr mit dem Vater. Wir, die wir an ihn glauben, werden von ihm benannt als solche, die zunächst in dieser Welt zurückbleiben. Aber nur für sehr begrenzte Zeit.

Uns betreffend bittet der Sohn den Vater, dass er uns umgebe mit seiner Macht und seinem Leben. Wir sollen mit ihm und mit allen Glaubenden eins sein im Herzen und in der sehnsüchtigen Erwartung der vor uns liegenden Geburt ins Licht des Christusleibes im Augenblick unseres irdischen Sterbens.

Sicher hat der Höchste diese Bitte seines Sohnes erfüllt und wird damit auch Sie und mich segnen. Nun dürfen Sie sich täglich einprägen: Das Schönste liegt immer vor mir, und was immer mir begegnet, die Vorfreude darauf wird mich nie verlassen.

9. April

Römer 1, 12
Ich will mit euch getröstet werden, ein jeder durch den Glauben, der in dem anderen ist, sowohl euren als meinen.

Auch Paulus, der in einer engen Herzensverbindung mit unserem Herrn und Haupt und mit dem Vater im Himmel stand, erbittet sich Trost durch den ihm und uns geschenkten Glauben. Offenbar bedurfte er durch sein anstrengendes und gefährliches Leben ständiger Ermunterung und immer währenden Trostes.

Dabei ist der Glaube, den wir in unserem Bruder oder in unserer Schwester erkennen, für uns ein Mittel des Trostes. Damit wird die Gemeinschaft im Geiste für Gläubige eine der wichtigsten Lebenshilfen gerade auf einem düsteren Lebensweg durch diese gottferne, finstere Welt.

Da wir das Ziel kennen, nämlich den Eingang ins Vaterhaus, und da wir Gotteskinder den Tod hinter uns haben, ist es eine wichtige Bestätigung unserer Auserwählung, wenn wir uns dies täglich gegenseitig vor Augen stellen.

Dazu ist auch dieses Buch als eine Morgenlese entstanden. Lesen Sie diese täglich, auch wenn grundsätzliche Aussagen darin sich in verschiedener Form immer wiederholen. So tut es Gottes Wort auch.

10. April

> **Römer 4, 7 + 8**
> **Glückselig die, deren Gesetzlosigkeit vergeben, und deren Sünden bedeckt sind. Glückselig der Mann, dem der Herr Sünde gewiss nicht mehr zurechnet.**

Paulus setzt hier den Maßstab für echte Glückseligkeit. Wir alle haben die Gesetze Gottes für gering geachtet und uns gedankenlos mit Sünden belastet, bis die Erkenntnis der Wahrheit durch den Geist Gottes in uns aufwachte. Jetzt vollendet sich die Glückseligkeit in der Gewissheit, dass der Höchste dieses fast beliebig hohe Maß an Sünde jedes Einzelnen vergibt.

Dabei sollten wir nicht vergessen, dass sich in solcher raschen Sündenvergebung kein Geringachten von Vergehen ausdrückt, vielmehr hat der Höchste mit dem Leben seines geliebten Sohnes dafür bezahlt. Er hat ihn zum Menschen gemacht und durch den Tod gehen lassen. Nach der ihm dann von seinem Vater zuteil gewordenen Auferstehung stehen jetzt Lebenskeime zur Verfügung, die den Tod bereits erlitten haben und mit denen der Vater uns in ein neues Leben zeugen will, das keinen Tod mehr kennt.

Wie ernst hat Gott vor den Augen der riesigen Engelwelt und Finsterniswelt unsere Sünde genommen und sie mit dem Tod seines Sohnes bezahlt.

11. April

Römer 6, 11
Haltet euch, ihr an Christus Gläubigen, der Sünde für tot, Gott aber lebend in Christus.

Hier ist klar ausgedrückt, dass wir an Christus Glaubenden mit ihm einsgemacht sind und daher nicht mehr sündigen können, denn sündigen heißt ‚sich sondern'. Als Glied am Leibe des Christus kann ich mich von ihm nicht mehr sondern, sonst würde ihm ein Glied fehlen.

Unser alter Mensch aber, den wir noch in uns haben, der kann sehr wohl noch neben dem neugezeugten sündigen. Darum muss er sich dem neuen Menschen stets unterordnen und seine Fähigkeit zum Sündigen durch Gehorsam bedecken.

Möge Gott Ihnen und mir schenken, dass in mir immer der neue Mensch herrscht und nicht der alte.

Wer allerdings noch keinen neuen Menschen hat, der muss sich im Glauben danach ausstrecken, damit er der Sünde entkommt.

Wer sich Gott bewusst öffnet und hingibt, in dem wird er sein unvergängliches Gottesleben neu zeugen.

Zögern Sie nicht, es geht um alles!

12. April

> **Römer 10, 4**
> **Denn Christus ist des Gesetzes Ende, jedem Glaubenden zur Gerechtigkeit.**

Das Gesetz entstand, um den diesseitigen Menschen, der durch das einverleibte Erbe Satans stets sündenverbunden bleibt, durch sein gesetzmäßiges Verhalten fähig zu machen zu einer bleibenden Gerechtigkeit im Diesseits. Dazu aber waren wir mit unserem alten Menschen unfähig.

Darum hat Gott einen neuen Menschen in uns gezeugt und damit die Erbanlagen Gottes und Jesu Christi in uns Wohnung nehmen lassen. Jetzt haben wir einen neuen Menschen mit der Genetik Gottes in uns, der sich daher nicht mehr von dem Höchsten sondern kann, und somit die Gerechtigkeit Gottes als neue Natur in sich trägt.

Ohne eine Neuzeugung von oben ist unser alter Mensch durch die Erbmasse Satans nie sündlos. Darum wird er, wenn wir sterben, vergehen. Der neue Mensch in uns aber wird diesen Augenblick des Sterbens als Geburt ins Licht erleben und als Glied am Leibe Christi ins himmlische Vaterhaus einziehen.

Wenn Sie sich dessen im Glauben gewiss sind und bleiben, dann leben Sie unbewußt gottgemäß und immer in unfasslicher Vorfreude.

13. April

Römer 14, 22
Hast du Glauben, habe ihn für dich selbst vor Gott. Glückselig, wer sich selbst nicht richtet in dem, was er gutheißt.

Der Glaube an die Wirklichkeit Gottes und die Verlässlichkeit aller seiner Aussagen in der Bibel ist ein Geschenk des Höchsten. Wir sollten diesen Glauben pflegen und täglich mehr durch Umgang mit der Bibel zum Wachstum führen.

Dann werden wir neue Maßstäbe gewinnen und das gutheißen, was Jesus Christus uns mitgeteilt und vorgelebt hat.

Jetzt eröffnet der Glaube uns die eigentliche Wirklichkeit der Himmelswelt und lässt uns Fremdlinge in dieser Erdenwelt werden. Schöneres kann uns nicht geschenkt werden. Dann sind wir wahre Familienangehörige Gottes und schon heute in Christus beheimatet in seinem Vaterhaus.

Jetzt werden wir nur gutheißen, was dem Höchsten, seinem Gotteswort und seinen Heilsabsichten an dem ganzen Universum dient. Das alleine ist das Ziel echten Glaubens.

14. April

> **1. Korinther 2, 14**
> **Der seelische Mensch nimmt die Mitteilungen des Geistes Gottes nicht an, denn sie sind ihm eine Torheit und er kann sie nicht erkennen.**

Dass Paulus hier vom „seelischen Menschen" spricht, der die „Mitteilungen Gottes" gar nicht verstehen kann, weist uns darauf hin, dass es außer dem seelischen, alten Menschen einen geistlichen, neuen Menschen in uns gibt. Dieser wird erst durch den Glauben gezeugt und verbindet uns mit Gottes Geist.

Nun gilt es für den, der im Glauben die beiden Naturen in sich weiß, stets Sorge zu tragen, dass der geistliche Teil in ihm, der von Gott in ein göttliches Leben gezeugt wurde, die Führung in allem Denken und Handeln übernimmt und behält. Was also die Seele als Torheit bezeichnet, kann dem neugezeugten Geistesmenschen in uns die eigentliche Wahrheit und Wirklichkeit sein.

Haben Sie diesen Unterschied in sich zwischen einem seelischen und einem geistlichen Menschen schon erkannt? Der Glaube wird den geistlichen Teil in Ihnen entfalten und zu einem göttlichen Wachstum führen. Leben Sie mit dem Worte Gottes als Nahrung dieses neuen geistlichen Menschen. Der seelische Mensch wird sich ihm anschließen, wenn Ihr Wille ihn lenkt. Handeln Sie, träumen Sie nicht. Träume lenkt Satan am ehesten.

15. April

1. Korinther 8, 12
Wenn ihr gegen die Brüder sündigt und ihr schwaches Gewissen verletzt, so sündigt ihr gegen Christus.

Wie schön, so klar ausgesagt zu sehen, dass alle echten Brüder im Glauben gleichfalls Glieder am Leibe des Christus sind wie wir.

Wenn wir daher durch unser Fehlverhalten Brüder oder Schwestern verletzten, so mangelt es in uns an der Liebe gegen den Christus.

Gotteskinder können nichts Verwerflicheres tun, als die Einheit des Leibes Christi zu stören und dem Haupte damit Schmerz zu bereiten.

Wie wichtig ist es, zu erkennen, dass unser Leib als Abbild ganz verschiedene Glieder hat. Auch der Leib des Christus kann sich nach diesem Abbild unter dem gleichen Haupte völlig verschieden, aber immer vom Haupte geführt darstellen. Nur auf diesem Weg können wir die wirkliche Liebe zu allen Heiligen praktizieren.

Verschiedenheit des Glaubens unter dem gleichen Haupte ist gottgewollt. Der Christus hat viele Glieder mit ganz verschiedenen Funktionen. Hüten Sie sich vor erzwungener Einseitigkeit und falschen Vorstellungen.

16. April

1. Korinther 13, 10
Wenn aber das Vollkommene gekommen sein wird, so wird das, was stückweise ist, weggetan werden.

Dieses Wort hat eine augenblickliche und eine zukünftige Bedeutung. Jetzt gilt, dass alle Lebensprinzipien dessen, der zum lebendigen Glauben gekommen ist, sich ändern, weil sie nur „stückweise" Wahrheit waren.

Weiter gilt, dass bei der Wiederkehr Jesu in der Gesamtheit seines Leibes „das Vollkommene" für alle sichtbar erscheint und „das Stückweise" des Unglaubens und der Gottferne verschwindet.

Satan selbst und sein Heer wird zu Beginn des vor uns liegenden tausendjährigen Reiches, so berichtet es Gottes Wort, ins Innere der Erde verbannt und der Christus wird über die ganze Erde herrschen.

Welche Gewissheit des Heils!

Werden Sie durch den Glauben vollkommen und lassen Sie alles Stückwerk des alten Menschen sterben.

17. April

2. Korinther 3, 11
Wenn das Gesetz, das hinweggetan werden sollte, mit Herrlichkeit eingeführt wurde, wieviel mehr wird das Bleibende in Herrlichkeit bestehen.

Vor dem Kommen Jesu war das vom Höchsten verfügte Gesetz die Richtschnur des Verhaltens aller Menschen, die Gott gefallen wollten. Wenn auch dabei schon Gottnähe empfunden werden konnte, so wurde das Gesetz dennoch hinweggetan, weil es zutiefst für nicht neugezeugte Menschen unerfüllbar war.

Jetzt hat Gott durch Jesus Christus und durch seinen Tod und die Auferstehung seines Leibes Menschen ohne Gesetz zum Teil seines Gottesleibes gemacht. Nun erfüllen sie das Gesetz in Gestalt der ‚Zehn Gebote' in ihrem Verhalten als Folge ihrer Neuzeugung.

Dass wir darum auf immer mehr Herrlichkeit zugehen und unser Glaube auch ohne Gesetzesauflage die Lebensfülle des Christus tief in uns hinein gezeugt hat, das wird uns immer mehr gewiss, je bewusster wir den Weg des Glaubens gehen.

Welches Wunder göttlichen Lebens in mir!

18. April

> **2. Korinther 3, 17 + 18**
> **Wo der Geist des Herrn ist, da ist Freiheit. Wir alle aber schauen mit aufgedecktem Angesicht die Herrlichkeit des Herrn, und wir werden verwandelt in dasselbe Bild von Herrlichkeit zu Herrlichkeit durch den Geist des Herrn.**

Der Geist des Herrn ist frei von jeder Gefahr der Sünde – also der Sonderung von Gott – und des Irrtums. Wer daher freiwillig unter seiner Leitung steht, lebt stets in der Freiheit auch von frommen äußeren Zwängen. Wir Gläubigen dürfen die Herrlichkeit des Herrn ohne Einschränkung im Geiste schauen, ja, wir werden in sie hineinversetzt im Umgang mit Gottes Wort und aller Lebensfülle, die dabei in uns einzieht. Das aber ist ein Wandern zu immer mehr Herrlichkeit für unseren neuen inneren Menschen.

Dass dabei der alte, noch von Satan infizierte seelische Mensch stets heimlichen Widerstand zu leisten versucht, ist unvermeidlich. Ihm zu widerstehen, müssen wir lernen. Dabei gilt es, sein Wirken und egozentrisches Wollen immer rascher zu erkennen und zu dämpfen.

Die Seele lässt sich gewinnen für Christus, wenn unser Geist sie stets beaufsichtigt und lenkt. So wird der neugezeugte Mensch Gottes in uns Herr unseres gesamten Verhaltens. Gehen Sie an die Arbeit!

19. April

Galater 3, 13
Christus hat uns losgekauft von dem Fluch des Gesetzes, indem er ein Fluch für uns geworden ist, denn es steht geschrieben: Verflucht ist jeder, der am Kreuz hängt.

„Loskauf" ist nur erforderlich, wenn uns jemand aus einem fremden Besitz befreien will. Hier hat „der Fluch" eines Mosaischen Gesetzes uns Gesetzesbrecher unter die Herrschaft Satans gebracht seit Adams Ungehorsam.

Jetzt aber ist Jesus Christus in unsere Schuld mit eingetreten, also Mensch geworden, und er ist durch seinen Kreuzestod stellvertretender Träger unserer Todes-Verurteilung. Seine Auferstehung aber macht ihn zum Spender von geistlichem Samen, der den Tod hinter sich hat, und durch den wir vom Höchsten in ein neues Leben gezeugt werden können. Wir müssen uns Gott allerdings für diesen Zeugungsakt im Glauben uneingeschränkt überlassen.

So genau dürfen wir dieses Wort verstehen. Der neue Mensch in uns hat also den Tod hinter sich und ist damit endgültig freigekauft von dem Fluch des Gesetzes. Wenn Sie das erfasst haben, verlässt Sie nie ein tiefes Glück über den unbewußt erfahrenen Zeugungsakt, und Sie freuen sich stets auf die Geburt ins Licht, was die Ungläubigen Sterben nennen.

20. April

> **Galater 3, 25**
> **Da aber der Glaube gekommen ist, sind wir nicht mehr unter einem Zuchtmeister; denn ihr alle seid Söhne Gottes durch den Glauben an** (in) **Christus Jesus.**

Hier wird von dem Geheimnis des Glaubens gesprochen. Der Glaube ist nämlich das erkennbare Anzeichen unserer Zugehörigkeit zu dem Leibe des Christus und damit der Kindschaft Gottes.

Damit sind wir Familienangehörige des Höchsten, soweit es unseren neuen Menschen betrifft. Das Gesetz lenkt und beurteilt uns nicht mehr, sondern die Liebe Gottes und die Unterordnung unter das Haupt Christus. Nun hat Gott den neuen Menschen in uns gezeugt.

Noch gibt es den alten Menschen in uns, so sagt es die Bibel. Er ist noch der Sünde verhaftet und sollte nicht mehr herrschen dürfen in uns. Er stirbt mit, wenn unser irdischer Leib aushaucht. Nur die gereinigte Seele wird übernommen vom neuen Menschen.

Versuchen Sie stets die Unterschiedlichkeit im Denken und Handeln des alten und des neuen Menschen zu erkennen und zugunsten des neuen Menschen zu lenken.

21. April

Epheser 1, 13
Ihr habt auf den Christus gehofft, nachdem ihr das Wort der Wahrheit gehört habt, das Evangelium eures Heils, in welchem ihr auch versiegelt worden seid mit dem Heiligen Geist der Verheißung, nachdem ihr geglaubt habt.

Sobald wir das Wort der Wahrheit, die Bibel, im Glauben aufgenommen und damit auf die Gliedschaft am Leibe des Christus gehofft haben, sind wir versiegelt mit dem Heiligen Geist der Verheißung.

Versiegelung heißt, unlösbar mit dieser neuen Wahrheit verbunden zu sein, da es keinem Finsternisfürsten gelingen kann, dieses Siegel zu brechen. Es drückt den Anspruch Gottes auf uns aus und ist die Vorstufe zu der von ihm geplanten Neuzeugung.

Nur wir selbst können Schaden setzen, wenn der Glaube in uns wankt und der alte Mensch die Neuzeugung blockiert.

Somit ist es das höchste Ziel Ihres Lebens, den Glauben stets zu vertiefen, das Siegel zu bewahren und uns der Gliedschaft am Leibe des Christus bewußt zu werden.

Dieses Ziel ist so herrlich und göttlich, dass es unvorstellbar für uns Menschen ist.

22. April

Epheser 1, 19 + 20 a
Ihr sollt wissen, wie überschwänglich groß seine Kraft an uns, den Glaubenden, ist nach der Wirksamkeit der Macht seiner Stärke, in welcher er gewirkt hat in dem Christus.

Der Höchste weist uns durch Paulus in diesem Wort auf die alles übersteigende Dynamis (Kraft) des Höchsten hin, die in uns Glaubenden wirkt.

Er bezeichnet solche Wirksamkeit als den Übertrag der „Macht seiner Stärke", wie er sie seinem Sohne erteilt und jetzt uns als den Gliedern des Sohnesleibes mit zufließen lässt.

Wir sollen es wissen, dass die Kraft Gottes an und in uns Gotteskindern überschwänglich groß ist. Wir sind zu funktionsfähigen Gliedern seines Leibes geworden und Gottes Heilshandeln an dem ganzen Universum soll durch diesen Christusleib geschehen.

So ist unser irdisches Leben eine Zu- und Vorbereitung auf kommende weltallweite Aufgaben des Christus.

23. April

Epheser 6, 17 + 18
Nehmt auch den Helm des Heils und das Schwert des Geistes, welches Gottes Wort ist, zu aller Zeit betend mit allem Gebet und Flehen in dem Geist, wachet in allem Anhalten und Flehen für alle Heiligen.

Auch an dieser Stelle, wie aus zahlreichen anderen Schriftstellen, müssen wir entnehmen, dass wir in einem geistlichen Kampf stehen, in welchem wir eines Helmes und eines Schwertes des Geistes Gottes bedürfen.

Wir leben nie in wirklichem Frieden auf dieser Erde, denn wir sind in Feindesland.

Wären wir nicht durch Schutzengel im Auftrag des Höchsten bewacht, so würden wir leiblich nicht lange überleben. Dennoch sind wir aufgefordert, anhaltend zu flehen für den Schutz aller Heiligen und auch um unsere eigene Bewahrung.

Vergessen Sie nie, dass Sie als Glaubender ohne solchen Schutz und ohne Gottes Dynamis verloren wären gegenüber Satans irdischer Macht.

Als Glieder seines Leibes aber sind wir unveränderbar Teile des Christus und damit unüberwindbar auch für den stärksten Feind.

∝

24. April

> **Philipper 3, 14**
> **Eines ist mir wichtig: Ich vergesse, was dahinten ist, und strecke mich aus nach dem, was vorne ist, und ich jage, indem ich das Ziel anschaue, hin zu dem Kampfpreis der Berufung Gottes in Christus Jesus nach oben.**

Diese Schriftstelle bewegt mich jedes Mal. Mein Blick ist stets auf das Ziel gerichtet. Die Vorfreude darauf, es zu erreichen, lässt mich alle Not dieses Weges durch die finstere Welt Satans vergessen. Auch das vor mir liegende Endstück fürchte ich nicht mehr.

Es gibt einen Kampfpreis für alle Christusgläubigen dieser Erde, die unumstößliche Berufung Gottes, als Leibesglied des Gottessohnes im Vaterhaus Wohnung zu beziehen.

Dem Höchsten dürfen wir als solche Glieder des Geistleibes Christi zur Verfügung stehen, um die noch offenen Heilsziele für eine ganze Geisteswelt und Menschenwelt zu erreichen.

Versuchen Sie, diese Dimension höchster Aufgabenstellungen zu erahnen und lassen Sie sich in aller Bedrängnis dieses Erdenlebens darauf in Christo vorbereiten.

25. April

Kolosser 3, 3
Ihr seid gestorben, und euer (neues) **Leben ist verborgen mit dem Christus in Gott.**

Hier lesen Sie eine der Grundwahrheiten der Bibel.

Unser neues Leben ist mitgestorben in Christus, ist mitauferstanden und hat schon jetzt seine eigentliche Heimat „mit dem Christus in Gott", befindet sich aber auch in jedem von uns Gotteskindern. Der alte Mensch in uns ist geistlich tot, auch wenn unser Leib noch existiert bis zu seinem Ableben.

Für menschliche Augen ist unser neugezeugtes Leben als Leibesglied des Christus noch verborgen und optisch nicht sichtbar.

Sichtbar für alle gefallenen Engel und alle Menschen wird unser neues Leben erst, wenn wir nach unserem nur irdisch-körperlichen Sterben als unsterbliche Leibesglieder Jesu mit unserem Haupte zur Herrschaft über diese Erde bei seinem Wiederkommen für alle erkennbar erscheinen.

Schöneres und Beglückenderes als die von Gott garantierte Glaubenserwartung kann von niemand erdacht werden. Geben Sie sich ihm hin, gewinnen Sie tiefen Glauben für die göttlichen Wirklichkeiten und Sie gehören auch zu den glücklichsten Menschen dieser Erde.

26. April

1. Timotheus 4, 16
Habe acht auf dich selbst und auf die Lehre; beharre auf diese Dinge, denn wenn du dieses tust, so wirst du sowohl dich selbst erretten, als auch die, welche dich hören.

Hier sind wir aufgefordert, zunächst Acht zu haben auf uns selbst. Nichts anderes als der Heilige Geist Gottes soll uns lenken dürfen und sein Gotteswort alle notwendige Information liefern.

Daraus wird eine Erkenntnis, die hier Lehre genannt ist, von der wir keinen Zentimeter abrücken sollen. Allein durch diese Treue werden wir die Errettung unserer eigenen Person und auch all derer, denen wir Gottes Wort weitergaben, sicherstellen.

Ist mit dem Achthaben auf mich selbst wohl der alte oder der neue Mensch in mir gemeint? Ich vermute, Paulus spricht hier den alten Menschen in Timotheus an. Er soll sich dem neuen, der ja von Gott gezeugt ist und sich von Gott gar nicht sondert, also nicht sündigen kann, stets unterordnen.

Wenn Paulus sagt, Timotheus solle sich selbst erretten, dann errettet hier der neue Mensch in mir den alten Menschen in mir.

Lassen Sie sich von Paulus gleichermaßen ansprechen.

27. April

Hebräer 2, 14 b + 15
Jesus Christus hat durch den (seinen) Tod den zunichte gemacht, der die Macht des Todes hat, den Teufel, und hat alle die befreit, welche durch Todesfurcht das ganze Leben hindurch der Knechtschaft unterworfen waren.

Hier wird Gottes Wort verständlicher, wenn wir erkennen, dass Jesu Tod gemeint ist, durch welchen der Höchste dem Teufel die Macht genommen hat.

Nur einer wurde aus diesem Tod befreit und hat ihn damit für uns alle überwunden, Gottes Sohn.

Alle aber, die jetzt durch einen Lebenskeim aus Christus in ein neues Leben im Glauben gezeugt werden, haben gleichfalls den Tod hinter sich.

Sie sollten als Gotteskinder alle Todesfurcht abgelegt haben. Durch große Vorfreude auf das bereits erlangte Gottesleben sind sie der Knechtschaft Satans für immer entgangen.

Prüfen Sie sich, ob Sie wirklich alle Angst vor dem Sterben überwunden und in eine Vorfreude verwandelt haben, weil für Sie das Sterben jetzt die Geburt ins Licht ist.

28. April

Hebräer 11, 6
Ohne Glauben ist es unmöglich, Gott wohlzugefallen, denn wer Gott nahen will, muss glauben, dass er existiert, und denen, die ihn suchen, ein Belohner ist.

Welche zentrale Bedeutung der Glaube hat, ist hier unübersehbar ausgedrückt. Unser Glaube ist ein Erkennen der Wirklichkeit, ohne welche wir Gott nicht ernst nehmen und ihm dadurch auch nicht nahe kommen können.

Nur der Glaube führt uns zur unumstößlichen Wahrheit, dass Gott all denen, die ihn als Realität erkennen und ihm immer näher kommen wollen, ein übermenschlicher Belohner ist.

Prüfen und mehren Sie diesen Glauben als die höchste Wirklichkeit Ihres Herzens. Dann wird alles Irdische vergängliche Pseudo-Wahrheit und nur unser Glaube ist der Zugang zu Gottes wirklicher Wahrheit.

Wie verständlich also, dass wir „ohne Glauben Gott nie wohlgefallen können".

29. April

1. Petrus 4, 13
Insoweit ihr der Leiden des Christus teilhaftig seid, freut euch, auf dass ihr auch in der Offenbarung seiner Herrlichkeit mit Frohlocken euch freut.

Eigentlich ist es verständlich, dass wir als Glieder des Leibes Christi nicht nur an seiner Herrlichkeit, sondern auch an seinen irdischen Leiden beteiligt sind. Wenn wir unsere Leiden des Leibes und der Seele als Leiden des Christus erkennen, dann tragen wir sie mit Zuversicht, ja mit Vorfreude auf die Wiedererstattung, die uns verheißen ist.

Das Maß dieser Erstattung ist nicht nur gleich dem Maß unserer erlittenen Leiden, sondern es ist ein tausendfaches Übermaß an uns zukommender Freude und Herrlichkeit.

In obigem Vers wird hier sogar von Frohlocken gesprochen, das durch die Leiden des Christus in uns entsteht. Welches Geheimnis sich hinter dieser Wiedererstattung der Leiden verbirgt, ist uns noch nicht offenbart. Anscheinend gibt es ein Gesamtmaß der Christusleiden, das noch nicht erreicht ist, und in das unsere Leiden als Glieder des Christusleibes mit einbezogen werden.

Erleben Sie diese neue geheime Freude!

30. April

1. Johannes 4, 1 a + 2 b
Geliebte, glaubt nicht jedem Geist, sondern prüft die Geister, ob sie aus Gott sind. Jeder Geist, der Jesus Christus im Fleisch gekommen bekennt, ist aus Gott.

Wir sind umgeben von jeder Menge Geisteswesen. Es gibt an jeder Stelle dem Höchsten ergebene und es gibt gefallene Engel. Je wissender und geschulter wir in den Gegebenheiten dieser Welt sind, desto schwerer kann es sein, die gefallenen Engel als mitunter schöngeistige Beherrscher dieser Erde von den Geistesmitteilungen Gottes und ihren Geistesmitteilungen zu unterscheiden.

Darum wird hier das entscheidende Kennzeichen genannt, das uns immer den Geist unseres Vatergottes erkennen lässt: Das Benennen des Gottessohnes Jesus Christus, der ins Fleisch gekommen und dort gestorben, aber auch auferstanden ist und von Gott zurück geholt wurde. Das ist der göttliche Geist, der solches Erkennen als Glauben in mir wirkt und bezeugt.

Ohne Jesus Christus gibt es also keinen Glauben als Zeugnis der Wahrheit und neuen Lebens. Nehmen Sie ihn auf in Ihr Herz und werden Sie Teil seines Leibes.

Dann ist unvergängliches Leben gesichert und der Tod flieht vor Ihnen.

1. Mai

Matthäus 7, 11
„Wenn nun ihr, die ihr böse seid, euren Kindern gute Gaben zu geben wisst, wieviel mehr wird euer Vater, der in den Himmeln ist, Gutes geben denen, die ihn bitten." (spricht Jesus)

Hier spricht Jesus eine tiefe Wahrheit dieser gefallenen Welt aus. Wir sind von Geburt an böse. Durch das erste Menschenpaar, Adam und Eva, konnte sich der Fürst der Finsternis mit seiner dämonischen Erbmasse in uns Menschen so einbringen, dass wir seine Innewohnung in uns von Generation zu Generation vererben.

Nur aus diesem Grund kann Jesus aussprechen „ihr, die ihr böse seid". Auch Erkenntnis Gottes und fromme Tagesgepflogenheiten befreien uns nicht von dieser teuflischen Erbmasse.

Genau aus diesem Grund hat der Höchste den Sohn durch die gleiche menschliche Tiefe gehen und ihn nach seiner Kreuzigung auferstehen lassen. Jetzt kann er mit seinem geistlichen Samen, der den Tod hinter sich hat, in uns neues Leben zeugen durch den Glauben. Jetzt trägt unser neugezeugter innerer Mensch Gottes geistliche Erbgene in sich. Welches Wunder!

Ist Ihnen das bewusst?

2. Mai

> **Matthäus 20, 26 b – 28**
> **„Wer irgend unter euch groß werden will, soll zunächst euer Diener sein, und wer irgend unter euch der Erste sein will, soll jetzt euer Knecht sein; gleichwie der Sohn des Menschen nicht gekommen ist, um bedient zu werden, sondern um zu dienen, und sein Leben zu geben als Lösegeld für viele."** (spricht Jesus)

Für unseren neugezeugten inneren Menschen ändern sich alle Zielsetzungen. Es gilt an jeder Stelle und in jeder Situation des Lebens, diese uns innewohnende Gottesliebe, die uns neugezeugt hat und jetzt uns innewohnt, sichtbar werden zu lassen.

Wir wollen niemals egoistisch über andere herrschen, sondern ihnen dienen. Selbst der Sohn des Höchsten wollte nicht bedient werden, sondern wollte allen erkennbar anderen dienen. Denken wir nur an die Fußwaschung, die er demonstrativ an den Jüngern praktizierte.

Die Hingabe seines Lebens als dem zu jener Zeit einzig gezeugten Sohn des Höchsten wurde durch seine Auferstehung der Kaufpreis für alle, die an ihn glauben. Sie werden durch den aus ihm stammenden göttlichen Samen, der den Tod hinter sich hat, in ein neues Leben gezeugt, das den Tod nie wieder erlebt.

3. Mai

Lukas 11, 13
„Wenn nun ihr, die ihr böse seid, euren Kindern gute Gaben zu geben wisst, wieviel mehr wird der Vater, der im Himmel ist, den Heiligen Geist geben denen, die ihn bitten."
(spricht Jesus)

Hier spricht Jesus aus, dass der Vater im Himmel seinen Geist denen gibt, die ihn lieben. Daran erkennen wir, wie wichtig der Höchste die Herzenssehnsucht und Willensentscheidung jedes Einzelnen von uns nimmt.

Er verschenkt seinen Geist auch an solche, die noch keine Neuzeugung erlebt haben. Das wird uns im ganzen Alten Testament ersichtlich, denn zu jener Zeit gab es noch keine Neuzeugung.

Der Höchste begann erst Menschen in sein Leben zu zeugen, als er göttlichen Samen aus dem auferstandenen Gottessohn verfügbar hatte. Jetzt erst sind die von ihm Gezeugten nicht nur seine Kinder, sondern haben auch den Tod hinter sich, weil sie als göttlicher Same in dem Christus mit am Kreuz hingen.

Wenn Sie das bewusst erfassen, dann sind Sie echtes Glied am Leibe Christi und wahrhaftiges Kind Gottes.

4. Mai

> **Lukas 20, 35 + 36**
> **„Die aber würdig geachtet werden, der kommenden Weltzeit teilhaftig zu sein und der Auferstehung aus den Toten, werden dann nicht mehr heiraten. Dann können sie auch nicht mehr sterben und sind Engeln gleich. Sie sind Söhne Gottes, da sie Söhne der Auferstehung sind."** (spricht Jesus)

Jesus spricht hier deutlich aus, dass es nach unserer Auferstehung aus diesem irdischen Leben kein Heiraten mehr gibt. Offenbar sind Mann und Frau in der himmlischen Welt nicht unterschieden. In dieser Hinsicht sind sie Engeln gleich. Darum kann der Herr sie auch alle „Söhne Gottes" nennen.

An dieser Stelle kann Jesus nur diejenigen meinen, die schon in ihrem irdischen Leben eine innere Neuzeugung erleben und damit einen neuen inneren Menschen erhalten. Von ihnen spricht er als von denjenigen, die würdig geachtet werden, der kommenden Herrlichkeit teilhaftig zu werden.

Wir haben immer wieder Grund zu unbegrenzter Vorfreude, weil sein Kreuzestod schon unser Tod war, die wir als geistliche Samen bereits in ihm mitexistierten.

5. Mai

Johannes 4, 34
„Meine Speise ist, dass ich den Willen dessen tue, der mich gesandt hat und sein Werk vollbringe." (spricht Jesus)

Was unser Herr und Haupt immer ausspricht, sollte auch eine Aussage von uns allen sein. Speise ist die Voraussetzung zum irdischen Leben. Ebenso ist die Ausübung göttlichen Willens und das Vollbringen seines uns aufgetragenen Werkes unser wichtigster täglicher Auftrag.

Selbst die Gründung einer noch so großen Familie oder einer irdischen Firma oder die Ausübung eines wichtigen Berufes kann nie der wichtigste göttliche Auftrag für jeden Einzelnen von uns sein.

Der Höchste hat oft Aufträge in das Leben von seinen Gotteskindern gelegt, die zwar weniger erkennbar für die Umgebung, aber für ihn zielorientiert sind. Diese zu erkennen bedarf es des Heiligen Geistes. Fragen Sie darum täglich, so wie ich es auch tue, welcher Auftrag für den jeweiligen Tag seinem Willen entspricht. Mitunter ist es nur ein wichtiges Gebet oder ein Telefonanruf oder ein Gespräch, das unser Herr durch uns geschehen lassen will.

Versuchen Sie mit ihm ständig in Kontakt zu bleiben, dann wird Ihr Leben erfüllt.

6. Mai

Johannes 8, 51
„Wahrlich, wahrlich, ich sage euch: Wenn jemand mein Wort bewahren wird, so wird er den Tod nicht sehen ewiglich." (spricht Jesus)

Wo Jesus seine Worte mit „wahrlich, wahrlich" beginnt, kündigt er eine grundsätzliche Aussage an. Hier ermahnt er uns, das uns von ihm überlieferte Wort zu „bewahren".

Was heißt bewahren? Täglich Umgang mit seinem Wort, also der Bibel, zu pflegen und wichtige Aussagen stets gegenwärtig zu haben, das ist sicherlich sein hier gemeinter Auftrag. Dies erreichen wir nur, wenn wir mit diesem Wort täglich umgehen, am besten stets zur gleichen Zeit und in gleichem Umfang.

Folge solcher konsequenten Verbindung mit Jesu Aussagen ist, dass jeder, der sich daran hält, den Tod nicht sehen wird in alle Ewigkeit. Das ist hier ausgedrückt.

Der Tod ist eine Person und ein Zustand in der Gottferne. Beides wird uns niemals begegnen, wenn wir durch Hingabe an unseren Vater im Himmel eine Neuzeugung erlebt haben und seine Kinder geworden sind.

Halten Sie sich daran und Ihr Leben wird reich an wirklicher Freude.

7. Mai

Johannes 14, 26
„Der Fürsprecher aber, der Heilige Geist, welchen der Vater senden wird in meinem Namen, jener wird euch alles lehren und euch an alles erinnern, was ich euch gesagt habe."
(spricht Jesus)

Unser Erinnerungsvermögen ist begrenzt und wird desto eingeschränkter, je älter wir werden. Der von Gott gesandte Heilige Geist, der in uns Wohnung genommen hat, der wird im richtigen Augenblick uns an das richtige Wort erinnern und lebendig erhalten, was uns von Jesus und dem Höchsten selbst gesagt ist.

Solche Erinnerung erfüllt uns mit dem Leben aus Gott und dem immer neuen Erkennen, dass wir noch in der Gottferne und noch in der Umgebung finsterer Mächte auf dieser Erdoberfläche unser vergängliches Leben fristen. Wir sind allerdings stets unterwegs zum Höhepunkt.

Wirkliches Leben existiert nur im Licht des neuen inneren Menschen, der durch den Glauben in uns zu seiner Zeit neugezeugt wurde.

Dann nimmt unser alter Mensch immer ab, die Seele wird gereinigt und wechselt zur gottgewollten Zeit in den neuen geistlichen Menschen über. Wir gehen in das Vaterhaus ein. Darauf freuen wir uns zu jeder Stunde des Tages.

∝

8. Mai

Johannes 17, 14 + 15
„Ich habe den Glaubenden dein Wort gegeben, und die Welt hat sie gehasst, weil sie nicht von der Welt sind, gleichwie ich nicht von der Welt bin. Nimm sie nicht von der Welt weg, aber bewahre sie vor dem Bösen." (spricht Jesus)

Wieder erkennen wir an Jesu Reden, dass sein Wort zum wirklichen Eingang in unser Herz des Glaubens bedarf. Haben wir solchen Glauben, der alles uns überlieferte Gotteswort als tägliche Speise empfängt? Wenn nicht, wollen wir ab heute täglich darum bitten.

Wir dürfen uns nicht wundern, wenn uns Glaubende diese Welt verachtet, teilweise sogar hasst, weil wir nach ihrer Meinung dumme Schwärmer und keine Diesseits-Realisten sind.

Wir wissen allerdings, dass die eigentliche Wahrheit und Wirklichkeit nur von dem Glaubenden erkannt und weitergegeben werden kann. Jesu Wunsch ist hier, dass wir noch als Zeugen für ihn in dieser Welt bleiben sollen, dass wir aber vor allen Angriffen des Feindes bewahrt bleiben, selbst wenn er körperliche Leiden uns aufbürdet.

Das gilt es zu wissen, halten Sie es fest.

9. Mai

Römer 1, 16
Ich schäme mich des Evangeliums nicht, denn es ist Gottes Kraft zum Heil jedem Glaubenden.

Die Aussagen der Bibel sind über die Jahrhunderte hinweg bei der Mehrheit der Menschen so entwertet, dass man sich ihrer schämt, wenn man sie ausspricht. Darum bedarf es immer neu unseres inneren Willens, in Gottes Wort seine ewige Kraft zu erkennen und sie auch weiterzugeben.

Ja, es gilt zu zeigen, dass der Glaube an Jesus Christus und damit an Gottes Wort das höchste Heil ist, das wir überhaupt kennen. Je mehr wir selbst von diesem Heil erlebt haben und durch den täglichen Umgang mit Gottes Wort stetig vermehren, desto überzeugender können wir solche Aussagen machen, selbst wenn man uns dafür belächelt.

So ist es unser Auftrag, diese Frohbotschaft zu verbreiten, denn die Weitergabe des uns geschenkten neuen Gotteslebens geschieht in dieser Weltzeit nach Gottes Willen durch uns Glaubende.

Damit werden Sie zu einem vom Höchsten beauftragten zeugungsfähigen Lebensvermittler. Nutzen Sie diese göttliche Fähigkeit.

10. Mai

> **Römer 4, 20 – 22**
> **Abraham zweifelte nicht an der Verheißung Gottes durch Unglauben, sondern wurde gestärkt im Glauben, indem er Gott die Ehre gab und der vollen Gewissheit war, dass Gott das, was er verheißen hat, auch zu tun vermag. Das ist ihm zur Gerechtigkeit gerechnet worden.**

Abraham hatte noch kein neues Leben aus Gott in sich, denn Jesus war ja noch nicht Mensch geworden und gestorben. Somit stand dem Höchsten noch kein göttlicher Same zu Verfügung, der den irdischen Tod hinter sich und die Auferstehung erlebt hatte. Dennoch zweifelte Abraham nicht an Gottes Verheißungen durch Unglauben, sondern war der vollen Gewissheit, dass der Höchste alles, was er sich vorgenommen und angekündigt hat, auch zur Vollendung bringen würde.

Sicherlich hat Gott seinen Geist auf ihn gelegt, wenn er auch noch nicht in ihm wohnte wie in uns neugezeugten Gotteskindern. Vielleicht war bei Abraham gerade dieser Glaube ohne Gotteskindschaft zum ganz besonderen Wohlgefallen Gottes geworden.

Welches Vorrecht für uns Gläubige heute, die wir nicht mit dem alten Menschen allein glauben, sondern zusätzlich einen von Gott gezeugten neuen inneren Menschen haben.

11. Mai

Römer 6, 13
Stellet euch Gott dar als Lebende aus Toten, und eure Glieder Gott zu Werkzeugen der Gerechtigkeit.

Hier wird Paulus ganz realistisch. Wir Gotteskinder sind ein begrenzter Kreis von Lebenden unter lauter geistlich toten Teilen dieser riesigen Menschheit. Als solche sollen wir uns darstellen und dieses Leben durch die Zielsicherheit unseres Lebens vor unserer Umgebung bezeugen.

Wie mancher aus diesem Zuschauerkreis mag dadurch hellhörig und offen werden für einen eigenen Glaubensweg.

Grund unseres wirklichen Lebens ist der Tod und die Auferstehung Jesu, denn wir waren als Gotteskeime in ihm und sind mitgestorben und mitauferstanden. Dessen sollen wir uns immer wieder bewusst werden.

Jetzt dürfen wir unsere irdischen Glieder und auch unser Denken und Sprechen zu Werkzeugen der Gerechtigkeit Gottes machen und uns durch seinen Geist selbst gebrauchen lassen. Damit werden wir Glieder des Geistleibes des Christus, durch den Gott das ganze Weltenall zu seiner Zeit und auf seine Weise in sein Gottesleben zeugt.

12. Mai

Römer 10, 10
Denn mit dem Herzen wird geglaubt zur Gerechtigkeit, und mit dem Munde wird bekannt zum Heil.

Hier unterscheidet Paulus zwei Ebenen geistlicher Frucht. Zunächst die Gerechtigkeit, die durch den Glauben im Herzen entsteht. Sie bestimmt unsere Stellung im Weltenall und unsere Zugehörigkeit zu der Familie des lebendigen Gottes und zu dem Leib seines Sohnes.

Weiter entsteht Heil durch das, was wir durch unseren Mund weitergeben an Gottes Wort und Glaubenseinladung.

Solches Heil dürfte die Art der Gliedschaft an Jesu Leibe bestimmen, denn auch an ihm gibt es sicherlich, wie an unserem Leibe, mehr nach außen und mehr nach innen wirkende Gliedmaßen und Organe.

Außerdem wird mit dem Begriff Heil wohl auch der Platz im Vaterhaus benannt, der für uns vorgesehen ist. Auch da mag es Unterschiede geben, die von unserer Totalhingabe abhängig sind.

Suchen wir also stets die innigste Form der Hingabe und der Weitergabe seiner Gerechtigkeit und seines Heils an noch unerlöste Menschen.

13. Mai

Römer 14, 23 b
Alles aber, was nicht aus Glauben geschieht, ist Sünde.

Hier spricht Paulus in wenigen Worten eine Wahrheit aus, die sicher zu den Grundwahrheiten schlechthin gehört. Sünde ist nicht nur eigensüchtiges und ungerechtes Verhalten, sondern schlechthin alles, was das ungeistliche Leben auf dieser Erde als einzige Realität zu erkennen meint und daher an der Wirklichkeit der geistlichen Welt vorbeigeht.

Hüten wir uns, dass nicht auch in unserem Leben in Beruf und Alltag ein zu intensiver Umgang mit den vermeintlichen Wirklichkeiten dieser gottfernen Welt entsteht. Dann gewinnen wir nur in den Augenblicken der Morgenandacht oder des Sonntagsgottesdienstes einen Blick auf die uns umgebende, letztlich alles beherrschende Geisteswelt.

Wirklicher Glaube fordert Totalität alles Verhaltens. Dann gewinnen wir die Erkenntnis, dass wir ein Schauobjekt der ganzen uns umgebenden Geisteswelt sind und eigentlich Gottes Liebe und Wahrheit darstellen sollten.

Prüfen wir uns täglich, ob alles, was uns wichtig ist und was wir daher anstreben, aus Glauben angestrebt ist. Wenn nicht, dann ist es Sonderung von der Wahrheit und damit Sünde.

14. Mai

1. Korinther 3, 11
Einen anderen Grund kann niemand legen, außer dem, der gelegt ist, welcher ist Jesus Christus.

Überall, wo etwas gebaut wird, muss ein Fundament, ein Grund gelegt werden. Genau dies ist ein Abbild, dass auch jede Form von Leben ein festes Fundament braucht.

Gerade in der uns unerkannt umgebenden Geisteswelt gibt es gleichfalls Stürme und tiefe Erschütterungen. Die Auseinandersetzungen, die wir auf dieser Erde als unvermeidlich erkennen, bis hin zu Mord und Krieg, sind nur ein Abbild der weitaus gewaltigeren Diskrepanzen in der Geisteswelt.

In der Himmelswelt angesichts der Realität des Gottessohnes und seines Feindes Satan gibt es nur ein verlässliches und für alle Katastrophen ausreichendes Fundament, das ist Jesus Christus selbst. Er ist durch die tiefste Erschütterung gegangen und stellt dem Vater nach seiner Auferstehung Lebenskeime aus seinem Geistleib zur Verfügung, mit denen nicht mehr sterbliche Lebewesen gezeugt werden können, nämlich wir Gotteskinder.

Da es neben dieser Neuzeugung in mir noch das alte Wesen gibt, ist mein tägliches Gebet, dass nur mein neues Leben meinen Tageslauf bestimmt.

⋈

15. Mai

1. Korinther 10, 11 b + 12
Auf uns ist das Ende der Zeitalter gekommen. Daher, wer zu stehen sich dünkt, sehe zu, dass er nicht falle.

Paulus spricht hier von mehreren „Zeitaltern". Die Bibel sagt ‚Äonen' und Luther hat ‚Ewigkeiten' übersetzt. In Wirklichkeit sind es wohl große Zeitabschnitte eines noch größeren heilsgeschichtlichen Ablaufs von Gottes Handeln, der zutiefst will, dass er wieder einmal alles in allen und in Allem ist. Wir sind am Ende eines dieser Zeitalter angekommen.

Dieses Ende ahnt auch Satan, der Fürst dieser Welt. Seine Aktivität nimmt überhand, je näher der Augenblick seiner Verbannung ins Erdinnere naht, so steht es geschrieben.

In diesem Bewusstsein sollten auch wir leben und unseres Heiles und Sieges in Jesus Christus immer gewisser werden, je finsterer die Welt um uns sich darstellt.

Allerdings können wir durch Satans Verführung zu Falle kommen, soweit es unseren alten Menschen betrifft. Darum sind wir hier aufgefordert, desto fester im neuen Menschen zu stehen, je näher wir den Höhepunkt dieses Zeitalters nahen sehen.

16. Mai

1. Korinther 13, 13
Nun aber bleibt Glaube, Hoffnung, Liebe, diese drei. Die Größte aber von diesen ist die Liebe.

Auf dem Grund des Glaubens, der auf die Verheißungen der Bibel begründet ist, entsteht eine Hoffnung, die eigentlich eine Gewissheit ist. Schließlich ist die Liebe das Fundament, auf das diese drei göttlichen Geschenke Glaube, Hoffnung, Liebe sich gründen. Die göttliche Liebe erscheint uns in dem Gottessohn selbst, der in uns Gotteskindern wohnt.

Am Anfang steht aber immer der Glaube, denn wir leben in einer Umwelt, die in allen Erscheinungsformen lügenhaft ist. Sie will uns damit betrügen, indem sie behauptet, dass sie die einzige und wichtigste Form jeglichen Lebens wäre, und dass der Tod ein endgültiges Ende sei.

Darum folgt bei uns auf den Glauben sofort die Hoffnung. In ihr wird uns gewiß, dass das Wichtigste erst kommt, wenn diese Vergänglichkeit abgelaufen ist.

Welche Herrlichkeit uns dann im Vaterhaus erwartet, nachdem wir durch den Glauben Gotteskinder geworden sind, das teilt uns sein Wort mit. Jetzt sind wir in sein Wesen versetzt, in die Liebe.

17. Mai

2. Korinther 4, 4
Der Gott dieses Zeitlaufs hat den Sinn der Ungläubigen verblendet, dass sie nicht sehen den Lichtglanz des Evangeliums der Herrlichkeit des Christus, welcher das Bild des unsichtbaren Gottes ist.

Lesen Sie diese Aussage in Gottes Wort mehrfach. Sie erkennen, dass es einen „Pseudo-Gott dieses Zeitlaufs", also dieses Äons, gibt, der in allen, die sich von ihm unbewußt verführen lassen, eine Lüge manifestiert. Wieder wird die Ausschließlichkeit dieses irdischen Lebens behauptet und das Verleugnen aller Erwartung göttlicher Zielsetzung betrieben.

Jetzt können die betrogenen Ungläubigen den Lichtglanz der Frohbotschaft Gottes, der die Herrlichkeit des Christus in unser Herz bringen möchte, nicht erkennen.

Darum ist es unser Auftrag, die wir das Bild des unsichtbaren Gottes in seinem Wort erkannt und als die höchste Wirklichkeit übernommen haben, die Frohbotschaft nicht nur in Gesprächen und Büchern zu verkündigen, sondern auch auszuleben gegenüber jedem, der uns begegnet.

Sie und ich – wir sind die Werkzeuge Gottes, in dieser Welt seinen Lichtglanz auszubreiten.

18. Mai

2. Korinther 4, 6
Gott, der aus Finsternis Licht leuchten hieß, ist es, der in unsere Herzen geleuchtet hat, dass aufgehe der Lichtglanz der Erkenntnis der Herrlichkeit Gottes im Angesicht Jesu Christi.

Wir alle sind in die Finsternis menschlich hineingeboren und in ihr aufgewachsen. Irgendwann haben wir dann den „Lichtglanz der Erkenntnis der Herrlichkeit Gottes" zum ersten Mal erlebt. Wahrscheinlich haben Sie dabei die Wirklichkeit dieses Glaubenshintergrundes erkannt.

Vielleicht lesen Sie darum diese Morgenlese. Vielleicht haben Sie auch bereits die höchste Realität dieser Wahrheit über aller uns umgebenden Wirklichkeit erkannt. Dann hat die Herrlichkeit Gottes im Angesicht Jesu Christi Ihren Glauben zum inneren Leben werden lassen.

Jetzt geht es um das Wachstum des in Ihnen neugezeugten inneren Menschen, der das entscheidende Werkzeug Gottes in dieser Finsterniswelt geworden ist. Jetzt schenkt Ihnen der Höchste wachsende Erkenntnis seiner Wirklichkeiten und Absichten. Jetzt geht der Lichtglanz seiner Nähe in Ihrem Herzen auf. Jetzt können Sie Leben Gottes zeugend weitergeben.

Diesen Weg wünsche ich Ihnen von Herzen.

19. Mai

2. Korinther 4, 7 + 10
Wir haben einen Schatz in irdenen Gefäßen, auf dass die Überschwänglichkeit der Kraft sei Gottes und nicht aus uns. Wir tragen allezeit das Sterben Jesu am Leibe umher, auf dass auch das Leben Jesu an unserem Leibe offenbar werde.

Wieder stellt uns der Geist Gottes hier vor Augen, dass wir nach wie vor mit unserem Leibe ein irdenes Gefäß darstellen, in dem es bei uns Gotteskindern aber einen Schatz gibt. Dieser Schatz ist in den meisten menschlichen Gefäßen ohne Gotteskindschaft nicht erkennbar.

Es handelt sich um die Überschwänglichkeit göttlicher Dynamis (Kraft), die von uns trotz aller Vergänglichkeit unseres gefäßartigen Leibes auf unsere Umgebung übergehen kann.

Es ist der Geist Gottes, der durch eine Neuzeugung auf dem Weg des Glaubens in uns gelangt ist. Nach wie vor tragen wir noch das Sterben am irdischen Leibe umher. Jesu Leben aber wird darin offenbar, dass unser neuer innerer Mensch an der Auferstehung Jesu als geistlicher Keim teilgenommen hat und uns nun zu geistlichem Leben auferstehen lässt, sobald das eintritt, was diese Welt Sterben nennt.

Sind Sie dessen gewiss? Werden Sie es im Glauben.

⵰

20. Mai

2. Korinther 5, 10
Wir müssen alle vor der Preisrichterbühne des Christus offenbar werden, auf dass ein jeder empfange, was er durch den Leib verübt hat, es sei gut oder böse.

Der Gedanke fällt nicht leicht, dass es nach unserem Heimgang ins Vaterhaus in aller geistlichen Öffentlichkeit ein Beurteilen unseres Erdenweges gibt. Offensichtlich wird es ein verschiedenes Maß an Empfang von Herrlichkeit und weiteren Aufgabenstellungen geben, je nach Totalität der Hingabe an unseren Herrn in dieser dann verstrichenen Vergänglichkeit.

Hier wird sogar noch von „Gutem und Bösem" gesprochen. Hier wird vermutlich beurteilt, ob wir den neugezeugten Menschen in uns hauptsächlich zum bestimmenden Faktor unseres Lebens gemacht haben oder ob sich noch der alte Mensch immer wieder durchsetzen konnte. Vergessen wir nie, dass wir ihn in diesem Leben noch in uns haben und dass er unvermeidlich noch seine böse Erbmasse in sich trägt. An diesem alten Wesen gilt es immer neu zu sterben und den neugezeugten Menschen in unserem Denken und Reden bestimmen zu lassen.

Wenn ich mir des neuen Menschen in mir nicht ganz gewiß bin, dann gilt es im Glauben die Zeugung von Gottesleben zu erbitten.

21. Mai

Galater 4, 6 + 7
Weil ihr aber Söhne seid, so hat Gott den Geist seines Sohnes in unsere Herzen gesandt, der da ruft: Geliebter Vater! Also bist du nicht mehr Knecht, sondern Sohn, wenn aber Sohn, so auch Erbe Gottes durch Christus.

Hier spricht der Geist Gottes durch Paulus die Grundwahrheiten unübersehbar aus: Weil wir Söhne sind (auch Frauen werden Söhne genannt), haben wir den Geist Jesu in unserem Herzen und sprechen den Höchsten stets an als unseren geliebten Vater.

Jetzt bin ich nicht mehr Knecht, also geschaffenes Wesen, sondern gezeugter Sohn und als solcher Erbe göttlicher Fülle durch den Samen aus Christus, mit dem ich gezeugt bin.

Mir wird immer neu bewusst, wie wichtig es ist, die Bibel wörtlich und nicht nur als Abbild zu nehmen. Als Sohn des Höchsten habe ich göttliche Erbanlagen in mir und kann nicht mehr sündigen (mich sondern von Gott), und nicht mehr sterben, soweit es meinen neuen Menschen betrifft.

Möge der neue Mensch immer über den alten Menschen in mir herrschen. Der alte, der noch unverändert satanische Erbmasse in sich trägt, kann sehr wohl noch sündigen.

22. Mai

Galater 5, 4 + 5 a
Ihr seid abgetrennt von dem Christus, so viele ihr im Gesetz gerechtfertigt werdet, ihr seid aus der Gnade gefallen; denn wir warten im Geist aus Glauben auf die Gerechtigkeit.

Hier wird ein erschütterndes Urteil über das Mosaische Gesetz ausgedrückt. Wer dieses Gesetzesdenken und Streben noch in sich trägt, ist abgetrennt von dem Christus und aus der Gnade gefallen. Schlimmeres kann uns kaum passieren.

Wie oft ertappen wir uns in unserem Denken noch bei gesetzlich frommem Urteil über eigenes und fremdes Verhalten.

Uns ist hingegen geschenkt, dass wir auf dem Boden unerschütterlichen Glaubens die Gerechtigkeit Jesu Christi nach seiner Kreuzigung und Auferstehung in einem göttlichen Zeugungsakt übernommen haben. Dabei hat keinerlei eigene Leistung mitgewirkt.

Damit ist das Ziel aller menschlichen und übermenschlichen Hoffnung ohne jede Leistung nur auf dem Weg der Hingabe erreicht.

Welches unfassliche Gotteswunder.

23. Mai

Galater 5, 13 + 14
Ihr seid zur Freiheit berufen, Brüder! Gebraucht aber nicht die Freiheit zu einem Ansporn für das Fleisch, sondern durch die Liebe dient einander. Denn das ganze Gesetz ist in einem Wort erfüllt: Du sollst deinen Nächsten lieben wie dich selbst.

Welche Freiheit ist hier gemeint, zu der wir berufen sind? Unzweifelhaft die Freiheit von allen Verpflichtungen einer Gesetzeserfüllung durch eigenes Handeln. Dabei soll allerdings die Freiheit nicht zu ungezügeltem Handeln im alten Wesen genutzt werden, wie es der Feind uns einzureden versucht.

Vielmehr ist das Gesetz in Gestalt der ‚Zehn Gebote' durch den neuen Menschen ungezwungen erfüllbar in der von ihm ausgehenden göttlichen Liebe. Sie erlaubt übrigens auch die Liebe der eigenen Person wie die zum Nächsten.

Damit ist keinerlei Egoismus angestrebt, sondern das liebende Erkennen, dass wir als von Gott geschaffene Personen Glieder am Leibe des Christus sind.

Dieses Wissen hat uns zur echten Freiheit berufen.

24. Mai

Philipper 1, 6
Ich bin in guter Zuversicht, dass der, welcher ein gutes Werk in euch angefangen hat, es auch vollenden wird bis auf den Tag Jesu Christi.

Immer wieder kommt in uns die Unsicherheit auf, ob wir die Liebe Gottes verdient haben und ob sie ihr Ziel in uns erreicht. Hier ist uns garantiert, dass der Höchste, der durch unseren Glauben in uns zu handeln begonnen hat, durch Neuzeugung und Wachstum im Geiste das vollenden wird, was er angefangen hat.

Der hier genannte Tag Jesu Christi ist zweifellos die sichtbare Wiederkehr des Gottessohnes mit allen seinen Leibesgliedern.

Sollten wir zuvor heimgegangen sein, so sind wir als Glied seines Leibes mit ihm eingemacht worden. Dann ist unser Weg vollendet im Einswerden mit dem Christus und wir werden als sein Leib mit ihm wiederkommen und diese Erde regieren für tausend Jahre.

Erst am Ende dieser Gefangenschaftszeit Satans im Erdinnern und nach seiner Freilassung fällt die noch nicht wiedergeborene Menschheit von dem Christus ab und wird mit allen Satansanhängern in einem Feuergericht fürs erste verbannt.

⊂×

25. Mai

Philipper 3, 20 + 21
Unser Bürgertum ist in den Himmeln, von woher wir auch den Herrn Jesus Christus als Heiland erwarten, der unseren Leib der Niedrigkeit umgestalten wird zur Gleichförmigkeit mit seinem Leib der Herrlichkeit.

Immer neue Herrlichkeitszusagen begegnen uns in Gottes Wort. Schon darum möchte ich täglich, eigentlich stündlich damit umgehen und daraus Kraft und Freude schöpfen.

Hier wird neu bestätigt, dass wir Gotteskinder in den Himmeln, also im Vaterhaus, Bürgerrechte haben und dass unser Leib der Niedrigkeit verändert wird, sobald wir hier die Augen schließen und hineingestaltet werden in seinen Leib der Herrlichkeit.

Gibt es ein schöneres und glücklicher machendes Ziel als solche Gewissheit des Heils und der Herrlichkeit, zu der wir ohne jeden Zweifel unterwegs sind?

Wenn Sie diese Gewissheit nicht haben, so gewinnen Sie diese, vielleicht heute.

26. Mai

Kolosser 3, 9 + 10 a
Belügt einander nicht, da ihr den alten Menschen und seine Handlungen ausgezogen und den neuen Menschen angezogen habt, der erneuert wird zur Erkenntnis dessen, der ihn geschaffen hat.

Hier wird, wie an mehreren Stellen der Schrift, unbezweifelbar von einem neuen und einem alten Menschen gesprochen.

Durch die Neuzeugung im Geiste, in die uns der Glaube hineingeführt hat, soll der alte Mensch nicht mehr unser äußeres Erscheinungsbild sein, auch wenn er innerlich noch existiert und auch immer wieder sich zu Worte melden will.

Vielmehr ist es der neugezeugte Mensch, der nun wie eine geistliche Ausstrahlung schon in diesem Leben von uns ausgeht und unsere Umgebung bei richtigem Verhalten von der Wahrheit Gottes und seines Wortes überzeugt.

Jetzt sind wir von der Erkenntnis erfüllt, dass wir Glied am Leibe des Christus und Mitvollender göttlicher Absichten in seinem ganzen Weltenall sind. Welch unfassliches Geschenk!

27. Mai

1. Timotheus 6, 11 a + 12
Du aber, oh Mensch Gottes, kämpfe den guten Kampf des Glaubens, ergreife das ewige Leben, zu welchem du berufen worden bist und bekannt hast das gute Bekenntnis vor vielen Zeugen.

Immer wieder wird uns an verschiedenen Stellen von Gottes Wort ein Aufruf zuteil, soweit wir Menschen Kinder Gottes sind, einen Kampf zu kämpfen, in den uns unser gelebter Glaube fast immer hineinstellt.

Dabei gilt es täglich, ja stündlich, dass wir uns des unauflöslichen Lebens gewiß sind, das der Höchste in uns gezeugt hat.

Jetzt sollen wir als neue Geistesmenschen unser Erkennen wahren Gotteslebens vor unserer gesamten Umgebung bezeugen, indem wir es ausleben im Alltäglichen und im Besonderen, jedem sichtbar.

Die Freude und die Zuversicht wird von uns ausgehen wie ein ständiges Zeugnis des Lebens und der Liebe Gottes.

28. Mai

Hebräer 4, 12 a
Das Wort Gottes ist lebendig und wirksam und schärfer als jedes zweischneidige Schwert und durchdringend bis zur Scheidung von Seele und Geist und ein Richter der Gedanken und Gesinnungen des Herzens.

Diese Stelle war für mich immer besonders bewegend. Gottes Wort ist hier als lebendig bezeichnet und unbegrenzt wirksam überall da, wo es verbreitet und vorgelebt wird.

Es dringt in uns ein und scheidet die Seele, die bis zu ihrer vollen Reife noch zum alten Menschen gehört, von dem Geist, der in uns zu neuem Leben gezeugt ist als neuer Mensch. Er bestimmt jetzt das Denken und Entscheiden unseres Herzens.

Jede Überbetonung seelischer Empfindungen und die Absicht, in erster Linie auf die Seele einzuwirken, verkennt, dass in uns Gotteskindern der Geist die neugezeugte Mitte ist und die Seele nach ihrer Reinigung ihm dienen muss. Sie darf bei Gotteskindern nie das Übergewicht erhalten und bestimmend für ihr Verhalten sein.

Leider wird diese Wahrheit selten verkündigt und unsere Seelsorge überbetont vielfach das Gewicht der Seele.

29. Mai

Hebräer 12, 1 + 2
Da wir eine so große Wolke von Zeugen um uns haben, lasst uns, indem wir jede Bürde und die leicht umstrickende Sünde ablegen, mit Ausharren laufen den vor uns liegenden Wettlauf, indem wir hinschauen auf Jesus, den Urheber und Vollender unseres Glaubens.

Auch dieses Wort lese ich gerne mehrfach nacheinander. Sagt es doch aus, dass wir eine große Wolke von Zeugen Tag für Tag, ja Stunde für Stunde um uns haben. Hier sind nicht nur Menschen gemeint, die uns umgeben, sondern auch Geisteswesen, also gefallene und heilige Engel.

Steht doch geschrieben, dass unser alltägliches Leben ein Schauspiel ist (theatron) vor Engeln und Menschen. Darum sollten wir jede Beeinträchtigung unseres Lebens in Christus durch die Sünde des alten Menschen unmöglich machen.

Weiter wird von einem Wettlauf gesprochen, den wir mit Ausharren bestehen müssen, weil der Feind uns Tag für Tag dabei hindert. Allein das Hinschauen, also Sich-bewusst-machen des in uns lebenden Christus macht uns zu Vollendern des Glaubens und zu Urhebern des Heils in anderen Menschen.

Welche große Lebensaufgabe ruht auf uns.

30. Mai

1. Petrus 4, 19
Daher sollen auch die, welche nach dem Willen Gottes leiden, einem treuen Schöpfer ihre Seelen im Gutestun befehlen.

Nicht selten bestätigt uns Gottes Wort, dass unser Leiden sein Wille ist.

Welche Art Leiden, ob Erziehungsleiden, ob Verherrlichungsleiden oder priesterliches Leiden sei dahingestellt.

Was immer uns auferlegt ist, es gilt ganz besonders, unsere Seele dem Höchsten anzubefehlen und im Gutestun unseren gottgezeugten inneren Menschen, also unseren Geist, sichtbar zu machen.

Die Bibel spricht von dem Auftrag gereifter Gotteskinder, an den noch rückständigen Leiden des Christus teilzuhaben. Dies sei ein Vorrecht besonderer Art.

Welche Veränderung des Erlebens von Freude und Leid auf dieser Erde.

31. Mai

1. Johannes 4, 15
Wer irgend bekennt, dass Jesus der Sohn Gottes ist, in ihm bleibt Gott und er in Gott. Wir haben erkannt und geglaubt die Liebe, die Gott zu uns hat. Gott ist Liebe.

Wie einfach scheint es doch, Gott bleibend in uns zu wissen und sogar in Gott zu sein. Wir müssen lediglich bekennen, dass Jesus der Sohn Gottes ist. Das scheint recht einfach zu sein.

Bekennen heißt aber auch bezeugen. Durch unser Zeugnis soll neues Leben in den uns Hörenden gezeugt werden. Gott will also durch unser Bekennen weiteres Leben in anderen Menschen durch einen himmlischen Zeugungsakt entstehen lassen. Das fordert eine Ganzhingabe aller eigenen Eitelkeiten und egoistischen Ziele.

Jetzt herrscht die Liebe Gottes in uns, die den anderen immer wichtiger nimmt als wir uns selbst sind. Jetzt können wir die Liebe Gottes als innerstes Wesen und Wirken seines Vaterherzens weitergeben.

Folgen wir ihm und wir werden darin glücklicher als in jedem Eigenwillen!

1. Juni

Matthäus 23, 11 + 12
„Der Größte unter euch soll euer Diener sein. Wer aber irgend sich selbst erhöht, wird erniedrigt werden; und wer irgend sich selbst erniedrigt, wird erhöht werden." (spricht Jesus)

Hier wird vom Gottessohn der Grundsatz himmlischer Ordnung ausgedrückt. Je begnadeter einer von uns ist, desto dienstbereiter soll er sich den anderen Leibesgliedern gegenüber verhalten.

Angesprochen ist auch, dass, wenn einer sich selbst erhöht, die Folge ist, dass Gott ihn erniedrigen wird. Das Gegenteil gilt ebenso: Wer sich geringer gibt und fühlt als seine Umgebung, der wird von Gott erhöht werden.

Dies scheinen sehr einfache Grundsätze zu sein. Dennoch bestimmt diese Verhaltensweise, wie sie hier empfohlen wird, Gewicht und Reife jedes Einzelnen von uns am Leibe des Christus.

Bemühen wir uns, dieser einfachen Anweisung zu folgen. Das wird unseren Dienst für den Höchsten ermöglichen und ihm Vollmacht geben.

2. Juni

Matthäus 10, 28
„Fürchtet euch nicht vor denen, die den Leib töten, die Seele aber nicht zu töten vermögen; fürchtet aber vielmehr den, der sowohl Seele als Leib zu verderben vermag in der Finsternis." (spricht Jesus)

Hier ist von Leib und Seele die Rede. Wir sind aufgerufen, auf das Leben und Wohlergehen der Seele mehr zu achten als auf das Wohlergehen des Leibes. Wir sollen uns vor denen fürchten, die Leib und Seele in der Finsternis verderben können.

Hier handelt es sich nicht um Ärzte oder irdische Seelsorger, sondern um den Fürsten dieser Welt, der mit seinen finsteren Truppen Leib und Seele in seinen Machtbereich einbringen und dort verderben kann.

Leib und Seele gehören zum alten Menschen. Nur der Geist und die geistliche Neuzeugung von oben stellt den neuen Menschen dar. Zu ihm kann zu ihrer Zeit die Seele wechseln.

Somit ist hier die Rede davon, stets den Gewinn eines neuen Menschen durch göttliche Zeugung zu erflehen und den alten Menschen dem neuen unterzuordnen.

3. Juni

Lukas 11, 34 + 35
„Die Lampe des Leibes ist dein Auge. Wenn dein Auge einfältig ist, so ist auch dein ganzer Leib licht. Wenn es aber böse ist, so ist auch dein Leib finster. Sieh nun zu, dass das Licht, welches in dir ist, nicht Finsternis ist." (spricht Jesus)

Ob Licht oder Finsternis in das Auge eindringt, hängt davon ab, wohin ich meinen Blick richte. Wir sind aufgerufen, durch Gottes Wort und Gebet immer den Blick unseres inneren Menschen auf den lebendigen Gott und das ihn umgebende Licht zu richten.

Wohin ich blicke, ist meine Willensentscheidung. Darum ist mein Wille aufgerufen, stets mit meinem Blick Jesus Christus und den Eingang ins Vaterhaus zu suchen. Offensichtlich ist unser Wille beteiligt an dem, was unsere Augen erblicken und was in unserem Herzen wohnt.

Was ich lese und mit wem ich Gemeinschaft suche entscheidet darüber, ob ich den Christus in mir bestimmen lasse, oder ob mein altes Ich mein Handeln und Denken lenkt. Leitet mein Verhalten mein äußerer Mensch oder der neugezeugte innere Mensch?

Nehmen Sie diese Entscheidung sehr ernst.

4. Juni

Lukas 20, 38
„Unser Gott aber ist nicht ein Gott der Toten, sondern der Lebendigen. Ihm leben alle."
(spricht Jesus)

Tot sein heißt von Gott entfernt und im Machtbereich des Fürsten der Finsternis zu existieren. Dieser ist Herr der Toten. Leben im biblischen Sinne gibt es weder in ihm noch um ihn. Darum sind alle, welche die Schrift lebendig nennt, im Machtbereich unseres Vatergottes, denn diejenigen leben alle, die eine bewusste oder unbewusste Beziehung zu ihm haben.

Hinzukommt, dass wir durch Neuzeugung von oben Glieder am Leibe seines Sohnes Jesus Christus werden können. Strecken wir uns danach aus, wenn wir uns dessen nicht längst gewiss sind.

Es ist das höchste denkbare Ziel des Lebens auf dieser Erde, der Macht Satans zu entkommen. Er hat unsere biologische Erbmasse seit Adam und Eva vergiftet.

Aber wir haben durch eine im Glauben empfangene Neuzeugung von oben einen neuen inneren Menschen erhalten. Es ist fast unvorstellbar, dass hier ein Stück von mir und ein göttliches Erbe in einer Person bestehen.

5. Juni

Johannes 5, 21 + 22
„Denn gleichwie der Vater die Toten auferweckt und lebendig macht, also macht auch der Sohn lebendig, welche er will. Denn der Vater richtet niemand, sondern das ganze Gericht hat er dem Sohn übergeben." (spricht Jesus)

Der Höchste kann alle aus dem Machtbereich Satans durch den Glauben befreien und durch Neuzeugung lebendig machen. Dazu benutzt er göttlichen Samen aus dem Sohn, so dass jeder lebendig Gemachte den Tod hinter sich hat.

Da der Vater das ganze Gericht dem Sohn übergeben hat, kann auch er vom Vater in ein neues Leben zeugen lassen, welche er dazu auserwählt. Wenn wir in Erkenntnis unserer Schuld und allen Versagens uns ihm im Glauben zu Füßen legen, dann läßt er in unseren alten Menschen einen neuen hinein zeugen.

Dieser ist nicht mehr erschaffen wie der alte Mensch, sondern gezeugt. Jetzt enthält dieser neue Mensch in uns Gottes Erbmasse, wir sind echte Kinder Gottes.

Nehmen Sie das ganz wörtlich!

6. Juni

Johannes 10, 9
„Ich bin die Tür. Wenn jemand durch mich eingeht, so wird er errettet werden, und er wird ein- und ausgehen und Weide finden."
(spricht Jesus)

Wie schön, dass wir die Tür ins Himmelreich kennen und sie nie verschlossen ist. Sie ist dargestellt in der Person Jesu Christi, und er lädt jeden ein, der seine Stimme hört, durch diese Tür ins Reich des Lichts einzugehen und bleibendes Leben zu finden.

Wer immer die Gewissheit nicht im Herzen hat, dass er Leben aus Gott besitzt und der Tod hinter ihm liegt, sollte diese Neuzeugung suchen.

Jetzt geschieht an uns nur geschaffenen Menschen ein Zeugungsakt, der Gottes Leben wie eine Erbmasse auf unseren neuen Menschen überträgt. Nur solche Übertragung nennt man Zeugung.

Die Bibel will wörtlich verstanden werden. Haben Sie Gottes Lichtwesen durch einen geistlichen Zeugungsakt in sich? Gottes Wort kann zeugen. Wenn Sie es weitergeben, sind auch Sie zeugungsfähig.

Welches Wunder, aber es ist biblische Realität!

7. Juni

Johannes 15, 5
„Ich bin der Weinstock, ihr seid die Reben. Wer in mir bleibt und ich in ihm, dieser bringt viel Frucht, denn getrennt von mir könnt ihr nichts vollbringen." (spricht Jesus)

Das Besondere am Weinstock ist, dass an ihm die Reben wachsen. Sie stellen uns dar als Früchte am Weinstock, indem Christus uns hier als Reben benennt. Durch diese Reben kann Leben und neue Frucht entstehen.

Getrennt vom Weinstock kann weder Frucht noch Leben entstehen. Darum gibt es nichts Wichtigeres für uns, als Frucht an diesem Weinstock zu sein und an und in ihm zu bleiben. Jetzt haben wir sein Leben in uns und können es weitergeben.

Wie gewinnen wir Kontakt mit diesem Weinstock? Durch täglichen Umgang mit Gottes Wort und mit seinen Kindern, also der Gemeinde, und durch das Gespräch mit Jesus im Gebet, der sagt: „Ich bin der Weinstock".

Suchen Sie immer diese drei: Gott, Gebet und Gemeinschaft. Dann erwächst Ihr neugezeugter innerer Mensch.

8. Juni

Johannes 17, 16 + 17
„Die an mich Glaubenden sind nicht von der Welt, gleichwie ich nicht von der Welt bin. Heilige sie durch die Wahrheit, dein Wort ist die Wahrheit." (spricht Jesus)

Wer an Jesus Christus glaubt, ist durch ihn in sein göttliches Leben gerufen. Jetzt sind Sie nicht mehr Teil dieses gottfernen Erdreiches, sondern Glied seines Sohnesleibes im göttlichen Vaterhaus. Jetzt können Sie sein Wort als Lebensspeise täglich genießen, denn sein Wort ist die Wahrheit und durch sie wächst unser innerer Mensch.

Wie glücklich macht es uns, zu wandern durch diese böse, gefallene Welt im frohen Wissen, wir sind nicht von dieser Welt. Wir sind Fremdlinge hier und gelangen von Tag zu Tag näher an unser herrliches Ziel, den Eingang ins himmlische Vaterhaus.

Den Weg dazu hat uns Jesus bereitet. Als göttliche Lebenskeime waren wir in ihm und sind mitgestorben und mitauferstanden.

Für uns, die wir an ihn glauben, steht zu der von Gott gegebenen Zeit die Geburt ins Licht bevor. Diese Welt nennt es ‚sterben'.

9. Juni

Römer 1, 20
Denn das Unsichtbare von ihm wird wahrgenommen, weil es seit Schöpfung der Welt an allem Sichtbaren erkannt wird als seine ewige Macht und Gottheit.

Welches Geschenk ist es, dass die uns umgebende sichtbare Welt seit ihrer Schöpfung durch den Höchsten Abbild seiner Herrlichkeit ist, auch wenn jetzt auf dieser Erdoberfläche Satan für eine begrenzte Zeit sein Reich nach der Verführung von Adam und Eva errichten durfte.

Die uns umgebende Natur bleibt dennoch ein Abbild Gottes und seiner nie endenden Macht und Herrlichkeit.

Darum genießen wir die Sonne und jeden Baum und jede Blüte. Vollkommen wird unsere Freude in dem Wissen, dass Jesus zu Beginn des tausendjährigen Reiches wiederkommt und alle Herrschaft Satans und seiner Finsternisengel für den nächsten Äon beendet.

Dann wird Satan und sein Gefolge von dem Christus ins Innere der Erde verbannt und das Reich Gottes wird auf Erden errichtet. Wir wissen nicht, wann das sein wird, aber wir sind täglich in freudiger Erwartung.

10. Juni

Römer 5, 3 + 4
Wir rühmen uns der Trübsale, da diese Ausharren bewirken, das Ausharren aber Erfahrung, die Erfahrung aber Hoffnung.

Hoffnung ist hier die gewisse Erwartung einer von uns erkannten Wahrheit im himmlischen Vaterhaus. Sie wird gestärkt in uns durch die Erfahrung, die wir in der Gottferne durch den Geist Gottes und sein Wort geschenkt bekommen.

Jetzt können wir in den uns vom Feind zugefügten Trübsalen Ausharren demonstrieren, weil gerade das Ausharren die Erfahrung bereichert.

Nichts, was wir selbst im Feindesland dieser Erde erleben, vermag uns die Hoffnung zu rauben, die aus der Erfahrung immer neu entsteht.

Wie einleuchtend, dass eine ganze Geisteswelt, also Engelwelt, neugierig beobachtet, wie die uns vom Fürsten der Finsternis zugemutete Isolierung von allem göttlichen Licht und Leben den Glauben uns nicht rauben kann, dass das Schönste immer näher auf uns zukommt.

11. Juni

Römer 6, 16 + 17
Wisst ihr nicht, dass, wem ihr euch zum Sklaven macht, ihr dessen Sklave werdet? Gott aber sei Dank, dass ihr Sklaven der Sünde wart, jetzt aber von Herzen gehorsam geworden seid dem Bild der Lehre.

Wir sind als Sklaven der Sünde geboren, weil das erste Menschenpaar der Verführung Satans erlegen ist und er seitdem die irdische Erbmasse der Menschheit beherrscht.

Jetzt aber besteht durch die Verkündigung des Lebens im Worte Gottes die Chance, von Herzen erleuchtet und gehorsam zu werden und damit unseren Sklavenstand zu verlassen.

Das neue Leben in uns, das Gott bei unserer Hingabe an ihn gezeugt hat, ließ einen neuen inneren Menschen in uns entstehen, der niemals Sklave Satans werden kann, weil Gottes Erbe in ihm lebt.

Jetzt gehören Sie zur Familie Gottes! Lasst uns immer neu solche Hingabe an den Höchsten praktizieren.

12. Juni

Römer 10, 13
Jeder, der irgend den Namen des Herrn anruft, wird errettet werden.

Der Anruf des Namens Jesu Christi demonstriert die gesuchte Hingabe des Anrufenden an den Gottessohn und damit die Abkehr von der Gewalt des Todes.

In diesem Wort ist uns zugesagt, dass jeder, der den Namen des Herrn solcherart anruft, nicht abgewiesen wird, auch wenn es viel Schuld in seinem zurückliegenden Leben zu vergeben gilt. Entscheidend ist nicht die Freiheit von Schuld und Sünde, sondern die Bereitschaft zu einer Totalhingabe an den Christus.

Er nimmt jeden auf, der ihn anruft, und zeugt in ihm sein Gottesleben als neuen inneren Menschen. Jetzt haben wir einen inneren und einen äußeren, also einen neuen und einen alten Menschen. So steht es mehrfach in Gottes Wort geschrieben.

In dem neuen Menschen lebt immer der Christus, darum kann er nicht sündigen, denn sündigen heißt ‚sich sondern von Gott'. Der alte Mensch aber sündigt oft. Möge es uns gelingen, dass der neue immer über den alten Menschen herrscht.

13. Juni

Römer 15, 13
Der Gott der Hoffnung aber erfülle euch mit aller Freude und allem Frieden im Glauben, damit ihr überreich seid in der Hoffnung durch die Kraft des Heiligen Geistes.

Erfüllt mit Freude und allem Frieden ist der, welcher im Glauben den Gott der Hoffnung anruft und sich von ihm in sein Gottesleben zeugen lässt.

Jetzt ist er überreich an Hoffnung für das kommende Leben im Licht durch die Kraft des ihm neu geschenkten Geistes Gottes.

Warum ist die Hoffnung für Gotteskinder so wichtig?

Weil sie als Gläubige in einer dämonisierten Welt der vermeintlichen Hoffnungslosigkeit leben, aber immer das Ziel ihrer Wanderung vor Augen haben, das Vaterhaus in den Himmeln Gottes.

Von dieser ganz gewissen Erwartung geht immer Freude und Frieden für den Glaubenden aus. Genießen und bezeugen wir dieses Vorab-Geschenk Gottes.

14. Juni

1. Korinther 3, 16
Wisst ihr nicht, dass ihr Gottes Tempel seid und der Geist Gottes in euch wohnt?

Hier spricht Paulus nur die im Glauben Stehenden an. Sie sollen nie vergessen, dass sie der „Tempel" des Höchsten sind, also „Gott durch seinen Geist in ihnen wohnt".

Diese Fragestellung lässt vermuten, dass er solche traf, die Zweifel an diesem Wissen oder sogar ein Vergessen durch die Einwirkung Satans erlebt haben.

Halten Sie die Gewissheit Ihres Heils fest, je gewaltiger der Angriff Satans ist, der Ihnen das neue Leben abstreiten will.

Wenn Sie ein Glaubender sind, nehmen Sie zur Kenntnis: Der Geist Gottes wohnt in Ihnen und Ihr ganzer Mensch ist ein Tempel Gottes. Tempel sind geheiligte Räumlichkeiten. In sie gehen viele ein und aus, denn in ihnen wohnt der Geist Gottes.

Werden Sie sich dieser superrealistischen Tatsache täglich bewusst.

15. Juni

1. Korinther 10, 16 a
Der Kelch der Segnung, den wir segnen, ist er nicht die Gemeinschaft des Blutes des Christus?

Es ist nicht selbstverständlich, dass Gott uns in einem ganz einfachen Erleben des Abendmahles die stets neue Gewissheit schenken will, dass wir Teil des Blutkreislaufs Jesu Christi und damit seines Leibes sind.

Damit Sie solche Gewissheit immer neu erleben, ist die Feier des Abendmahls in nicht allzu großen Abständen uns empfohlen.

Bei dieser Feier wird sehr realistisch von unserer Gliedschaft am geistlichen Leibe Jesu Christi gesprochen. Blut als Lebenssaft des Körpers soll hier die Gemeinschaft und Verbundenheit aller Glieder des Leibes aufzeigen und außerdem als Informationsträger und Energie-Transporteur zwischen Haupt und allen Gliedern erklärt werden.

Wie bewegend, dass wir Leibesglieder in einer so engen Gemeinschaft mit dem Haupt Jesus Christus dargestellt werden.

16. Juni

1. Korinther 14, 15
Ich will beten mit dem Geist, aber ich will auch beten mit dem Verstand. Ich will lobsingen mit dem Geist, aber ich will auch lobsingen mit dem Verstand.

Wie hilfreich, dass hier zu unserem besseren Verständnis unterschieden wird zwischen dem Geist und der Seele in uns. Wir wollen also mit dem Geist beten, aber ebenso mit dem Verstand, der ja zur Seele gehört. Darum soll auch unser Lobsingen im Geiste auch unter Beteiligung der Seele geschehen.

Die Seele gehört noch zum alten Menschen wie auch der irdische Leib. Sie bedarf also der Reinigung und zum gegebenen Zeitpunkt der Hinzufügung zum neuen Menschen, also zum Geist. Genau diese Absicht ist hier ausgedrückt.

Zum besseren Verständnis sollten wir uns in Erinnerung rufen, dass beim ungläubigen Menschen nach biblischem Zeugnis der Geist reduziert ist zum ‚glimmenden Docht' und damit unwirksam wurde durch den Sündenfall von Adam und Eva.

Erst in dem zum Glauben gekommenen Menschen wird nach dem göttlichen Zeugungsakt der Geist wieder zur ‚lodernden Flamme'.

17. Juni

1. Korinther 16, 13
Wachet, stehet fest im Glauben, seid männlich und seid standhaft! Alles bei euch geschehe in Liebe.

Wir bedürfen als gefallene Menschen stets der Ermahnung, uns nicht dem Schlaf und der Träumerei hinzugeben, sondern zu wachen. Uns Gläubigen gilt das besonders, denn wir leben in Feindesland.

Der Fürst dieser Welt will nicht, dass wir wachen und im Glauben die Wahrheit erkennen. Darum sind wir auch in diesem Wort ermahnt, festzustehen in unerschütterlicher Männlichkeit.

Unsere Angst ist ein Hauptziel des Feindes und außerdem die Ichhaftigkeit, in die uns Angst immer absinken lässt.

Darum sind wir aufgefordert in diesem Wort, dass „alles in Liebe geschehe", das heißt, dass wir stets unseren Nächsten beachten und dann erst an uns selbst denken sollen. Da schwindet jede Angst.

Hier gilt es, unsere Seele, die noch zum alten Menschen gehört, durch den Geist, also den neuen Menschen, täglich zu erziehen.

18. Juni

2. Korinther 4, 16 + 17
Wenn auch unser äußerer Mensch verfällt, so wird doch der innere Tag für Tag erneuert. Das schnell vorübergehende Leichte unserer Drangsal bewirkt uns ein über die Maßen überschwängliches, ewiges Gewicht von Herrlichkeit.

Hier wird uns wie an keiner anderen Stelle vor Augen geführt, dass unser äußerer Mensch eine sehr begrenzte Lebenszeit hat und daher täglich altert. Der im Gläubigen neugezeugte innere Mensch hingegen ist jeden Tag gleich alt, kennt also keine zu Ende gehende Lebenszeit.

Hinzugefügt ist die völlig verschiedene Aufnahme der Drangsal als oft unerträgliche Last des äußeren Menschen im Unterschied zu dem inneren Menschen.

Dieser erhält gerade durch das unbeteiligte Miterleben von Drangsal und Last in diesem vergänglichen Leben einen Überschwang ewigen Gewichtes an Herrlichkeit.

Wenn Sie das erfasst haben, dann erleben Sie das fast gegensätzliche Empfinden des inneren Menschen gegenüber dem äußeren Menschen, die Schrift sagt an anderer Stelle: Das Empfinden des neuen Menschen gegenüber dem alten Menschen.

⟨⟩⟨

19. Juni

2. Korinther 5, 1
Wir wissen, dass, wenn unsere irdische Zelthütte abgebrochen wird, wir einen Bau von Gott haben, ein Haus nicht mit Händen gemacht, ein ewiges, in den Himmeln.

Wie plastisch vermag uns hier der Heilige Geist durch Paulus den Unterschied unseres irdischen Leibes, an dieser Stelle Zelthütte genannt, gegenüber dem unzerstörbaren Bau des himmlischen Leibes darzustellen. Dieser ist nicht mehr mit Händen gemacht und daher ewig.

Der irdische Leib aber ist nur mit einer von jedem Sturm zerstörbaren Zelthütte zu vergleichen. Sie muss allerdings abgebrochen werden, denn wir müssen eines Tages am alten Menschen körperlich sterben, um den von Gott vorbereiteten Platz am Leibe Jesu und das Vaterhaus in den Himmeln zu beziehen.

Können Sie zustimmen, wenn ich sage, je älter wir sind im irdischen Leib, desto größer ist die Vorfreude auf den himmlischen Christusleib?

Dann praktizieren Sie solche Freude im kontinuierlich alternden, ja vielleicht kränker werdenden irdischen Leib. Sterben bedeutet für den neuen Menschen das realistische Anteil Erhalten am Leibe Christi, also niemals den Tod.

20. Juni

> **Galater 5, 16 + 18**
> **Wandelt im Geist, so werdet ihr die Lust des Fleisches nicht vollbringen. Wenn ihr durch den Geist geleitet werdet, so seid ihr nicht mehr unter Gesetz.**

Welche völlig neue Perspektive kann durch einen einzigen Satz des Neuen Testamentes in uns aufscheinen. Es gibt also schon in diesem Leben einen Wandel im Geist, der die Lust des Fleisches nicht mehr anstrebt.

Sobald wir nicht mehr von unserer noch egoistischen Seele und unserem lustbetonten alten Leib geleitet werden, sondern von dem gottorientierten Geist in uns, sind wir nicht mehr unter Gesetz, sondern unter der Freiheit und Herrlichkeit der Söhne Gottes.

Solches Freiwerden von der egozentrischen Lust des alten Menschen sollte jedes Gotteskind vor Engeln und Menschen kennzeichnen. Wir haben ganz andere Freuden- und Kraftquellen, nämlich die Innewohnung des Christus und die permanente Führung durch den heiligen Geist.

Daneben verblasst alles andere.

21. Juni

Galater 5, 24 + 25
Die aber des Christus sind, haben das Fleisch gekreuzigt samt den Leidenschaften und Lüsten. Wenn wir durch den Geist leben, so lasst uns auch durch den Geist wandeln.

Immer wieder sagt uns Gottes Wort, hier durch Paulus, dass wir „das Fleisch in Christus gekreuzigt" wissen „samt seinen Leidenschaften", wenn wir Glieder seines Leibes sind.

Stunden des Tages erleben wir mit Gottes Wort und Gemeinschaft mit Geschwistern in der Freude und Lebensfülle des Geistes Gottes. Nun sollen wir auch in den übrigen Stunden des Tages durch den Geist wandeln und nicht dem alten Menschen in uns für den Rest des Tages die Führung überlassen.

Auch in der Berufsausübung darf der alte Mensch sich unter die heimliche Führung des neuen Menschen begeben.

Solche Geradlinigkeit ist ein Wachstumsziel für jeden Gläubigen, denn unser alter, äußerer Mensch, lässt sich nicht von heute auf morgen unter den Gehorsam des neuen Menschen zwingen.

22. Juni

Epheser 1, 20 b + 21
Der Höchste hat gewirkt in dem Christus, indem er ihn aus den Toten auferweckt und gesetzt hat zu seiner Rechten in den Himmeln über alle Fürsten und Gewaltigen und über jede Macht und Herrschaft in diesem Zeitalter und dem zukünftigen.

Hier wird in einem Satz ein geistesgeschichtliches Faktum ausgedrückt. Der Höchste selbst hat den Christus ins Fleisch geschickt, ans Kreuz gehen lassen, aus den Toten wieder auferweckt und auferstehen lassen.

Jetzt kann Jesus, der den Tod und den Finsternisfürsten besiegt hat, vom Vater über alle Fürsten und Gewaltigen und über jede Herrschermacht dieses bösen Zeitalters und alle künftigen Zeitalter gesetzt werden.

Wir aber sind, wie unfasslich, zu Gliedern seines Leibes erwählt und dazu neugezeugt. Warum gerade wir ohne jede eigene Leistung nur aus Gottesliebe zu Erstlingen in dem Heilshandeln des Höchsten bestimmt sind, ist uns unerklärlich.

Er ermuntert uns aber täglich zu immer totalerer Hingabe an Gott und zu immer größerer Freude.

23. Juni

Philipper 1, 9 + 10
Möge eure Liebe mehr und mehr überströmen in Erkenntnis und aller Einsicht, damit ihr prüfen möget, was das Vorzüglichere sei, auf dass ihr lauter und unanstößig seid auf den Tag Christi.

Welche zentrale Bedeutung die von uns ausgehende Gottesliebe hat, erkennen wir an diesem Wort. Erkenntnis und Wahrnehmung göttlicher Realität ist die Basis dieser Liebe. Alle in unserem Leben nötigen Unterscheidungen sollten auf dieser Basis erfolgen.

Nur dann sind wir „unanstößig", wenn wir beim Schließen unserer irdischen Augen von unserem Herrn zum Vollmaß gebracht und als Glied seines Geistleibes geadelt werden.

Je mehr wir nicht nur die Kenntnis von Gottes Wort in unserem Wissen als Funktion der Seele, sondern auch die Erkenntnis als Funktion des Geistes geschenkt bekommen, desto mehr wirkt der Geist Gottes in uns und macht unseren Geist zum Teil des Christusgeistes.

Das ist echtes Wachstum im Geist und Ziel jedes menschlichen Lebens.

24. Juni

Philipper 4, 4 + 5
Freut euch in dem Herrn allezeit! Wiederum will ich sagen: Freut euch! Lasst eure Milde kundwerden allen Menschen, der Herr ist nahe.

Nicht häufig genug können wir uns diesen Aufruf zur Freude gegenseitig zusprechen. Wer so viel Herrlichkeit von einer Seite in Aussicht gestellt bekommen hat, die nie übertreibt und nie lügt, der kann nicht anders als in Vorfreude leben.

Weiter ist uns hier gesagt, dass unser Herr stets nahe ist und wir daher seine Milde oder Liebe allen Menschen, gläubigen und ungläubigen, zuteil werden lassen sollen.

Genau gesprochen ist es der Herr selbst, der durch uns seine Liebe und Milde weitergibt, denn er ist nicht nur nahe, sondern er lebt in uns, wenn wir an ihn glauben.

Haben Sie diese Veränderung in sich schon entdeckt? Dann sind Sie wirklich Glied seines Leibes und haben niemals den Tod, sondern nur das Leben im Licht des Vaterhauses vor sich.

Welche Freude!

25. Juni

Kolosser 3, 14 + 15
Zieht die Liebe an, welche das Band der Vollkommenheit ist. Und der Friede des Christus regiere in euren Herzen, zu welchem ihr auch berufen worden seid in einem Leib.

Der Heilige Geist scheut sich nicht, in den Briefen des Apostels Paulus sich an vielen Stellen zu wiederholen.

Hier ist die Liebe wie ein Gewand bezeichnet, das wir immer tragen sollen. In diesem Gewand aber steckt unser Herz, in welchem der Christus regiert und unser alter Mensch sich längst unterzuordnen gewöhnt haben sollte.

Dann wird durch Jesus der Friede, zu dem wir berufen worden sind, stets von uns ausgehen. Und weil es der Friede des Christus ist, wird er alle Anfechtungen und Feindseligkeiten des Finsternisfürsten überstehen.

Alle Irrwege und Katastrophen dieser Welt um uns können den tiefen Frieden unseres neuen, inneren Menschen nicht erschüttern.

Jetzt ist der Christus das beherrschende Geisteszentrum in uns. Sein Wort und das uns mit ihm verbindende Gebet nehmen den zentralen Platz unseres inneren Erlebens ein.

⵿

26. Juni

1. Timotheus 6, 15 + 16
Der selige, alleinige Machthaber, der König der Könige, hat allein Unsterblichkeit. Er bewohnt ein unzugängliches Licht. Keiner der Menschen hat ihn je gesehen, noch kann er ihn sehen. Ihm sei Ehre und ewige Macht.

Welche Einblicke in die heiligsten Bereiche der Himmelswelt wurden dem Paulus geschenkt. Hier spricht er von dem Höchsten als einem „alleinigen Machthaber", der „allein Unsterblichkeit hat". Er ist unangreifbar, weil er ein „unzugängliches Licht bewohnt". Unsere irdischen Augen können mit ihrer begrenzten Sichtweite von Infrarot bis Ultraviolett ihn niemals sehen. Er hat sich allein einen Sohn gezeugt, Jesus Christus. Ihm hat er zeugungsfähigen Samen geschenkt, hat ihn durch den irdischen Tod gehen und auferstehen lassen. Jetzt kann Gott mit seinem Sohnessamen weitere Söhne und Töchter zeugen.

Auch Sie, wenn Sie Gotteskind sind, haben den Tod bereits hinter sich und göttliches Leben in sich. Aus allen, die in sein Leben gezeugt sind, macht er dann einen universalen Geistleib, an dem wir Gläubigen dieses Zeitlaufs Erstlinge sein dürfen.

Diesen Geistleib des Christus, so steht es geschrieben, wird er am Ende zu seinem Leib machen,

27. Juni

Hebräer 5, 6
Christus hat sich nicht selbst verherrlicht, um Hoherpriester zu werden, sondern der, welcher zu ihm gesagt hat: „Du bist mein Sohn, heute habe ich dich gezeugt."

Wie zentriert die fürsorgliche Macht dieses Universums ist, geht auch aus dieser Stelle hervor. Selbst der Christus konnte sich nicht selbst verherrlichen und unser aller Hoherpriester werden. Dazu hat ihn sein göttlicher Vater gemacht und ihm durch diesen geistlichen Zeugungsakt sein Gottesleben vermittelt.

Jetzt kann er dieses ihm innewohnende Gottesleben weiterzeugen und damit Liebe und Vollmacht des Höchsten an Menschen und später an die ganze Engelwelt weitergeben, so dass der Höchste alles in Allem wird.

Wir erkennen immer neu, dass alles Handeln Gottes eine äonenweite Heilsgeschichte darstellt, die alles in Allem ihn zur Gottesfamilie macht, deren Haupt zunächst der Christus und dann er selbst sein wird. Das ist die wirkliche Aussage der Bibel.

Lieben Sie die Bibel und alle, durch die der Höchste sich darin mitteilt.

28. Juni

Hebräer 12, 7 + 10 b
Gott handelt mit euch als mit Söhnen; denn wer ist ein Sohn, den der Vater nicht züchtigt, damit er seiner Heiligkeit teilhaftig werde?

Alles, was uns geschieht, die wir glauben und Gott lieben, ist ein Handeln des Höchsten, der uns hierdurch zu seinen Söhnen und Töchtern machen will.

Da wir alle durch Satan verführt in die Gottferne abgedriftet sind, muss er manches an uns züchtigen oder sterben lassen, damit wir seiner Heiligkeit teilhaftig werden können.

Es entsteht also ein neuer, von ihm gezeugter Mensch in uns, und der alte nimmt immer mehr ab an Gewicht, bis er leiblich stirbt.

Genau dies ist dann der Zeitpunkt, wo wir als neuer Mensch ins Licht geboren werden. Auch das ist göttliche Aussage in seinem Wort.

So haben wir das Sterben hinter uns, in Christus unbewusst mit erlitten, und das Geborenwerden ins Licht vor uns.

Welche Freude!

29. Juni

1. Petrus 5, 6 + 7
Demütigt euch unter die mächtige Hand Gottes, auf dass er euch erhöhe zur rechten Zeit, indem ihr alle eure Sorge auf ihn werft, denn er ist besorgt für euch.

Der durch den unbewussten Abfall von Gott in uns Menschen entstandene Stolz muss die Demut lernen. Wer die mächtige Hand des Höchsten erkannt hat, kann nicht anders als sich darunter beugen und alle Sorge und Angst auf ihn werfen.

Jetzt zeugt er uns im richtigen Augenblick neu und erhöht uns damit zu Söhnen und Töchtern Gottes.

Dann übernimmt er die Fürsorge all dessen, was uns bedrückt und schenkt uns Wachstum unseres neugezeugten Lebens.

Dies geschieht auf Kosten des immer mehr abnehmenden alten Lebens, das schließlich im körperlichen Sterben vergeht. Jetzt erhält das neue Leben seine Geistleiblichkeit in Christus.

Was könnten wir Besseres tun, als uns ihm total hingeben?

30. Juni

> **1. Johannes 5, 4**
> **Alle, die von Gott gezeugt sind, überwinden die Welt; und dies ist der Sieg, der die Welt überwunden hat, unser Glaube.**

Hier wird in einem Satz wieder eine zentrale Wahrheit dieses Universums ausgedrückt. Gott hat begonnen, die Erstlinge aus der Menschheit in sein Gottesleben zu zeugen. Dazu hat er göttlichen Samen aus seinem Sohn verwendet, den er vorher durch den Tod und die Auferstehung leitete.

Alle, die der Höchste jetzt zeugt, so haben wir es schon mehrfach ausgedrückt, haben die Sünde dieser Welt und den Tod hinter sich und sind auf den Glauben an die überirdische Wirklichkeit unerschütterlich gegründet.

Gehören Sie dazu? Wenn Sie die Gewissheit nicht haben, dann sprechen Sie den Höchsten im Gebet an.

Er antwortet immer und schickt Ihnen lebendigen Glauben und neues Leben durch Jesus Christus.

1. Juli

Matthäus 24, 27
„Denn gleichwie der Blitz ausfährt von Osten und leuchtet bis gen Westen, so wird die Ankunft des Sohnes des Menschen sein."
(spricht Jesus)

Welch unvorstellbare Erwartung! Zu seiner Zeit wird der Christus mit all den Seinen nicht unscheinbar in irgendeinem fernen Land, sondern für alle Augen der Erdbewohner wie ein weltweites Naturgeschehen sichtbar erscheinen. Keiner wird sich diesem weltgeschichtlich völlig neuen Phänomen einer sichtbar gewordenen überirdischen Macht entziehen können. Kein Mensch wird zu bezweifeln wagen, dass sich hier der Christus als Herr aller Herren und aller Welten und als Sohn des Höchsten kundtut.

Alle Glieder seines Geistleibes werden mit ihm vereint als Teile des Christus erscheinen und die Weltherrschaft wird ohne jede Abwehrchance an diesen überirdischen Herrscher übergehen.

Es fällt uns nicht leicht, in solchen Dimensionen zu denken und bewusst auf das Erscheinen der Wirklichkeit des Christus vor aller Augen zuzuleben. Dann aber wird es dazu kommen, dass alle Gläubigen als die wirklichen Realisten erkannt und beachtet werden. Sind Sie noch nicht einer dieser Realisten? Dann werden Sie es!

2. Juli

Matthäus 24, 9 b + 12
„Ihr werdet von allen Nationen gehasst werden um meines Namens willen. Weil die Gesetzlosigkeit überhand nimmt, wird die Liebe in vielen erkalten." (spricht Jesus)

Hier wird unser Blick gerichtet auf die Zeit vor dem Erscheinen des Christus in himmlischer Vollmacht. Gerade in dem, was die Bibel Endzeit nennt, und das ist wohl die Zeit in der wir leben, wird menschliche Sünde, Gewalt und Gesetzlosigkeit überhand nehmen. Wer daher die Liebe als das Wesen des Höchsten verkündet und vorlebt, wird verlacht oder sogar gehasst sein.

Wie gut, dass Gott uns auf diese endzeitlichen Feindseligkeiten gegen unseren Glauben hinweist. Jetzt wissen wir, dass die Wiederkehr Jesu und das Reich Gottes auf Erden desto näher sind, je mehr Ablehnung, Verachtung und Hass den mit Überzeugung (also ‚über eine Zeugung') Glaubenden entgegengebracht wird.

Das Schönste kommt also immer näher und unsere Freude wird immer größer, je aggressiver die Ablehnung und die Feindschaft aus unserer Umgebung der Diesseitigkeit uns begegnen.

3. Juli

Lukas 12, 2 + 3 a + 8
„Es ist aber nichts verdeckt, was nicht aufgedeckt und was nicht kund werden wird. Deswegen, soviel ihr in der Finsternis gesprochen habt, wird im Lichte gehört. Jeder, der irgend mich vor den Menschen bekennen wird, den wird auch der Sohn des Menschen vor den Engeln Gottes bekennen."
(spricht Jesus)

Hier ist wieder von der letzten Zeit dieses Äons die Rede. Alle noch nicht erkannte Wahrheit wird aufgedeckt und die Wirklichkeit auch einer jenseitigen Welt wird den diesseits orientierten Menschen in richtigem Erschrecken erkennbar.

Desto aggressiver gestaltet der Feind seinen Widerspruch und die Betonung der Diesseitigkeit.

Uns, den Glaubenden, wird als höhere Realität offenbar, dass alles, was wir in dieser Gottferne gesprochen haben, in der Lichtwelt gehört wird. Jedes Bekennen der unsichtbaren Gotteswelt im Glauben vor den diesseitigen Menschen führt auch zu einem Verherrlichen unseres Herrn vor den Engeln Gottes und der gesamten Finsterniswelt.

Tun wir es weiter, ihm zur Ehre!

4. Juli

> **Lukas 21, 10 +11 + 18 + 19**
> **„Es wird sich Nation wider Nation erheben und es werden große Erdbeben sein und Hungersnöte und Seuchen. Auch große Zeichen vom Himmel wird es geben. Aber nicht ein Haar von eurem Haupte wird verloren gehen. Erhaltet euer Leben durch euer Ausharren."** (spricht Jesus)

Jesus sagt die vielseitigen kriegerischen Aktionen in der Endzeit voraus und spricht auch von großen Erdbeben, Krankheitswellen und Nahrungsnöten. Auch nicht näher genannte Erscheinungen am Himmel werden die Menschen verängstigen. Er betont aber, dass denen, die in jener Zeit als Glieder seines Leibes leben, keinerlei innerer Schaden geschieht und sie mit großer Gewissheit ihres Heils in Freude leben sollen auch in äußerer oder gesundheitlicher Bedrängnis.

Hier dürfen wir wahrscheinlich unsere und vielleicht noch ein bis zwei Folgegenerationen angesprochen sehen. Wir wollen aufgerufen sein, genau diese Ankündigungen Jesu in unserer Familie, in unserem Alltag und in der Öffentlichkeit auszuleben. Nur wir wissen, was in Kürze an Herrlichkeit erscheint und an Vollkommenheit dieser Erdoberfläche und dem sie umgebenden Lufthimmel durch die Wiederkehr des Christus mit seinen Gliedern geschenkt sein wird. Welche Vorfreude!

ᵪ

5. Juli

Johannes 5, 24
„Wahrlich, wahrlich ich sage euch: Wer mein Wort hört und glaubt dem, der mich gesandt hat, der hat ewiges Leben und kommt nicht ins Gericht, sondern er ist aus dem Tode in das Leben übergegangen." (spricht Jesus)

Diese Worte Jesu gehören zu den grundlegendsten Prophezeiungen, die Gott ihm aufgetragen hat, und die in Millionen von Büchern aller Sprachen über zwei Jahrtausende erhalten bleiben mussten. Sein Wort soll immer wieder verkündigt werden. Jeder, der durch Gottes Wort zum Glauben findet, erhält durch eine Neuzeugung von dem Höchsten nichtendendes Leben und die volle Rechtfertigung durch Anteilnahme an Jesu Kreuzestod.

Unser Verstand vermag es nicht leicht zu fassen, dass der Glaube, der keinerlei Vorbildung oder besondere Intelligenz fordert, die entscheidende Basis ist, auf der die Neuzeugung durch Gott in uns geschieht. Sie führt hinein in sein unauflösliches Leben mit einem Samen, den er aus dem Christus genommen und der daher den Tod hinter sich hat. Eine grundlegendere Wahrheit gibt es auf dieser Erde nicht und wird es nie geben.

Stellen auch Sie sich jeden Tag neu und mit wachsendem Dank an den Höchsten und seinen Sohn auf diesen unerschütterlichen Grund aller Wahrheit.

6. Juli

Johannes 10, 14 + 15
„Ich bin der gute Hirte. Ich kenne die Meinen und bin den Meinen bekannt, gleichwie der Vater mich kennt, und ich den Vater kenne. Und ich lasse mein Leben für die Schafe."
(spricht Jesus)

Hier vergleicht Jesus seine Beziehung zu uns und unsere Beziehung zu ihm mit der Beziehung seines Vaters zu ihm und mit seinem Vertrautsein mit dem Vater. Daraus dürfen wir entnehmen, dass Jesus als unser Haupt und guter Hirte sich uns in seinem Wort, in aller Verkündigung und in all unseren Gebeten immer bekannter und vertrauter machen will.

Er will außerdem, dass uns immer vor Augen bleibt, wie erkennbar er am Kreuz auf Golgatha vor aller Welt der Menschen und der Engel sein Leben gelassen hat. Entscheidend ist aber, dass der Vater ihn am dritten Tage wieder auferweckt und zu sich genommen hat.

Jetzt ist er der gute Hirte. Jetzt kann der Höchste mit Lebenskeimen seines Sohnes jeden in ein ewiges Leben zeugen, der sich im Glauben ihm öffnet und hingibt. Entgegen aller menschlichen Erwartung wird von uns Menschen keine Leistung, sondern nur totale Hingabe an den Christus und seinen Vater erwartet.

7. Juli

Johannes 15, 16 + 17 a
„Ihr habt nicht mich auserwählt, sondern ich habe euch auserwählt, und ich habe euch gesetzt, auf dass ihr hingeht und Frucht bringt und eure Frucht bleibe. Dies gebiete ich euch, dass ihr einander liebt." (spricht Jesus)

Hier spricht Jesus von einem für uns nicht zu durchblickenden Geheimnis: Er hat uns Glaubende zu seinen Erstlingen erwählt und der Vater hat uns in sein Gottesleben gezeugt. Dass dennoch unsere Glaubensentscheidung für den Höchsten dabei die vielleicht im Voraus von ihm erkannte Voraussetzung war, können wir nur ahnen.

Jetzt aber sollen wir eine bleibende Frucht bringen, indem wir die uns als seine Kinder geschenkte Zeugungsfähigkeit nutzen und seine Freudenbotschaft als Verlockung an andere zur Hingabe verkündigen. Dabei wird eine bleibende Frucht gezeugt, zu der wir ja selbst auch gehören.

Auch das als Schlusssatz hier erwähnte Gebot, dass wir einander lieben sollen ohne jede Erwartung einer Gegenleistung, ist ein Gebot, welches wir nicht ernst genug nehmen können.

8. Juli

Johannes 17, 20 + 21
„Nicht für die heute Glaubenden allein bitte ich, sondern für die, welche durch ihr Wort an mich glauben werden, auf dass sie alle eins seien, gleichwie du, Vater, in mir und ich in dir, auf dass auch sie in uns eins seien."
(spricht Jesus)

Hier spricht Jesus uns Gläubige an, die wir fast zweitausend Jahre nach ihm durch diese irdische Welt gehen. Wir sollen alle als Glieder seines Leibes eins sein trotz aller Verschiedenheit.

Weiter ist die Einheit des Vaters mit dem Sohn und damit mit uns als seinen Gliedern ausgesprochen. Der Höchste schult unser Denken und Empfinden nicht nur im Geist, den er neu erweckt hat in uns, sondern auch in unserer Seele, die immer auf Einssein und Leben vom Haupte her bedacht ist.

Niemals sind es Zufälligkeiten, die unser Glaubensleben entstehen ließen und zur Neuzeugung geführt haben. Auch sollen wir nie vergessen, dass wir dieses Leben weiterzureichen beauftragt sind.

9. Juli

Römer 2, 4
Verachtest du den Reichtum seiner Güte und Geduld und Langmut, und weißt nicht, dass die Güte Gottes dich zur Umsinnung leitet?

Wir dürfen nie vergessen, dass auch wir Gotteskinder noch den alten Menschen und seine dämonischen Erbgene in uns tragen. Wie oft versucht er, wieder der bestimmende Faktor in unserem Denken und Verhalten zu sein.

Genau dies gilt es immer schneller zu erkennen und den neugezeugten Gottesmenschen in uns über ihn zu setzen. Dies nennt Paulus hier eine immer wieder erforderliche Umsinnung, weil unser altes Denken Gottes Güte, Geduld und Langmut gegenüber allem eigenen ichbezogenen Denken abwertet.

Darum ist es eine tägliche wichtige Gewohnheit, mit seinem Wort Umgang zu haben, wenn möglich stets zur gleichen Tageszeit, das Gebet an mehreren Stellen des Tages einzuordnen und die Gemeinschaft mit Geschwistern nicht zu vernachlässigen.

Je orientierter auf das himmlische Erwartungsgut wir leben, desto schwerer vermag uns der Feind auf dieser Erde zu schaden.

10. Juli

Römer 5, 5
Die Hoffnung beschämt nie, denn die Liebe Gottes ist ausgegossen in unsere Herzen durch den Heiligen Geist.

Auch wenn wir da und dort um unseres lebendigen Glaubens willen gering geachtet werden, so ist doch die Hoffnung, in der wir hierdurch leben, und die Liebe Gottes, die durch den Glauben in unseren Herzen einzieht, eine Vollmacht Heiligen Geistes. Sie wird in unserem täglichen Leben jedem erkennbar.

Der Höchste vollendet seine Absichten innerhalb der Menschheit ausschließlich durch die Leibesglieder seines Sohnes und demonstriert gleichzeitig vor einer universumweiten Zuschauerschaft der Engelwelt, welches seine Herzensziele sind, die er mit dem gesamten Weltenall hat.

Wenn wir immer in diesem Bewußtsein leben, dann sind wir wirkliche, realitätsnahe Glieder seines Sohnesleibes, die ihm für alle göttlichen Heilsabsichten an anderen Menschen zur Verfügung stehen.

11. Juli

Römer 6, 23
Der Lohn der Sünde ist der Tod, die Gnadengabe Gottes aber ewiges Leben in Christus Jesus, unserem Herrn.

Wieder gibt uns der Höchste einen Satz aus der Bibel mit in diesen Tag, der zu den Grundwahrheiten Himmels und der Erde gehört. Sünde, also Sonderung von Gott, hat immer den Tod zur Folge, also die bleibende Gottferne. Gottes Absicht aber zunächst mit seinen gläubigen Erstlingen und dann mit dem ganzen Weltenall ist die Zeugung seines Gotteslebens hinein in alle geschaffenen, nicht tierischen Lebewesen Himmels und der Erde mit geistlichem Samen, den er aus Christus Jesus genommen hat.

Jetzt sind sie alle Kinder seiner Liebe, die durch diesen Christussamen bereits durch den Tod gegangen sind und die Auferstehung mit gewonnen haben. Somit wird sein Gottesleben aus Jesus Christus einmal das ganze All erfüllen und der Tod löst sich auf in Jesu Zeugungswillen.

Wenn Sie solches nicht nur biblisch als klare Aussage Jesu erkennen, sondern auch übernehmen und in sich Realität werden lassen, dann sind Sie ein geisterfülltes Kind des Höchsten.

12. Juli

Römer 11, 25 b
Verstockung ist Israel zum Teil widerfahren, bis die Vollzahl aus den Nationen eingegangen sein wird. Dann wird ganz Israel errettet werden.

Auch das Schicksal Israels, das der Höchste sich zu seinem Gottesvolk erwählt hat und seinen Sohn darin Mensch werden ließ, ist ein Abbild dessen, was er mit dem ganzen Weltenall vor hat. Der Finsternisfürst dieser Erde hat es geschafft, das von Gott erwählte Volk so verstockt zu machen, dass die Wirklichkeit Christi Jesu kaum unter ihm Raum gewinnen konnte.

Jetzt hat Gott Erwählte aus nahen und fernen Nationen als seine Erstlinge ins Leben gerufen und hat ihnen den Glauben geschenkt. Sein Endziel aber wird darin erkannt, dass als Abschluss seines irdischen Heilswirkens ganz Israel den Christus erkennt, annimmt und errettet sein wird.

Kein Heilsziel, das der Höchste sich vorgenommen hat, wird unerreicht bleiben, auch wenn Satan alles gegen ihn aufbietet. Ja, er selbst und die ihm Untergebenen werden am Ende der Zeiten ihr gottfernes Leben im Strafvollzug verlieren, denn der Sieg des Höchsten ist immer ein Totalsieg.

Sind Sie ein Teil seiner Siegesmannschaft?

13. Juli

Römer 16, 25 + 26
Das Geheimnis des Christus war in den Zeiten der Zeitalter verschwiegen, wurde jetzt aber offenbart nach Befehl des ewigen Gottes.

Die zentrale Bedeutung der Geburt, des irdischen Lebens und der Kreuzigung Jesu Christi war in den Zeiten diesen Geschehens sein Geheimnis vor Engeln und Menschen. Jetzt aber liegt der Befehl des ewigen Gottes vor, dieses Geheimnis zu offenbaren, zu verkündigen und jeden Glaubenden durch die Erkenntnis dieses Geheimnisses in sein Gottesleben zu zeugen.

Dass dieser Zeitablauf von dem Höchsten so vorgesehen und gesteuert wurde, hat nach allen Erkenntnissen aus seinem Wort mit der Beteiligung der Geisteswelt, also der Engelwelt zu tun, die viel größer ist als die Menschenwelt und die ebenfalls Teil und Ziel zentraler Heilsabsichten Gottes ist.

Er wird sein Ziel erreichen, letztlich durch die Lebenskeime, die er ohne Ende aus dem Christus nehmen und damit immer neu gekreuzigtes und auferstandenes Leben in allen noch gottfernen Wesen zeugen kann.

Versuchen Sie solche unfasslichen Perspektiven als Realität zu erkennen.

14. Juli

1. Korinther 3, 22 + 23
Es sei Welt oder Leben oder Tod, alles ist euer, ihr aber seid Christi, Christus aber ist Gottes.

Hier ist eine Besitzfolge dargestellt, die Ewigkeitscharakter hat. Besitz im Sinne des Wortes Gottes hat etwas mit der sichtbaren und doch auch mit der unsichtbaren Welt zu tun.

Auch wenn wir auf dieser Erde unser Leben und Sterben als unser ganz persönliches Schicksal erleben, so sind wir doch in himmlischer Realität als jetzt oder künftig Glaubende Eigentum Christi, also Glied seines Leibes.

Der Christus aber ist Eigentum des Höchsten, der sein Sohnesleben als erstes Gottesleben gezeugt hat und der mit seinem durch Tod und Auferstehung gegangenen Sohnes-Samen weiterzeugt, bis das ganze Weltenall zum Glied seines Sohnesleibes geworden ist.

Jetzt kann der Höchste selbst diesen Leib als seinen Leib übernehmen.

15. Juli

1. Korinther 10, 16 b
Das Brot, das wir brechen, ist es nicht die Gemeinschaft des Leibes des Christus? Denn ein Brot, ein Leib sind wir, die vielen.

Dass Jesus Christus uns das Brot und den Wein als Abbild unseres leiblichen Lebens darstellt, hat eine tiefe Bedeutung. Immer wenn wir dieses Brot im Glauben brechen, in uns aufnehmen und den Wein im Glauben trinken, demonstrieren wir vor einer unsichtbaren Welt unsere Identität mit dem Christus und die wirkliche Bedeutung des Lebens Christi im Verständnis der unendlich vielen Zuschauer aus der Geistes- und der Engelwelt.

So wie aus unzähligen Weizenkörnern Brot geworden ist und aus unzähligen Trauben Wein entstand, so wird hier demonstriert, dass diese Unzahl von Lebewesen im Glauben sich hingibt, eins zu werden mit dem Höchsten und seinem Sohn, ebenso wie dieses Brot und der Wein eins wird mit unserem Leib.

Klarer kann eigentlich das Heilshandeln Gottes mit einem ganzen Weltenall, mit Milliarden von Menschen und unzähligen Geisteswesen nicht dargestellt werden.

Können Sie das im Glauben fassen? Dann sind Sie ein Kind des Höchsten.

16. Juli

1. Korinther 15, 21
Denn da durch einen Menschen der Tod kam, so auch durch einen Menschen die Auferstehung der Toten. Denn gleichwie in dem Adam alle starben, also werden in dem Christus alle lebendig.

In diesem Wort wird uns die ganze Unheils- und Heilsgeschichte in zwei Sätzen vor Augen gestellt. Es war der Ungehorsam des ersten Menschenpaares, der dem Fürsten der Finsternis Eingang erlaubte in die gottgegebenen Erbgene Adams. Seitdem sind alle Generationen der Menschheit von Geburt an genetisch mit diesen satanischen Erbanlagen belastet.

An gleicher Stelle hat nun der Höchste sein Heilswirken angesetzt. Er ließ seinen einzigen Sohn, unseren Herrn Jesus Christus, selbst Mensch werden und in die dämonische Erbmasse mit eintreten. Sein Kreuzestod und seine Auferstehung haben den Höchsten jetzt mit göttlichen Erbanlagen aus dem Sohn, die den Tod hinter sich haben, in die Lage versetzt, sie zur Zeugung göttlichen Lebens in uns Glaubenden zu verwenden.

Damit lässt er einen neuen inneren Menschen in uns entstehen, der Tod und Auferstehung hinter sich und die Geburt ins Licht vor sich hat.

17. Juli

2. Korinther 5, 7 + 8
Wir wandeln durch Glauben, nicht durch Schauen. Wir sind aber guten Mutes und möchten lieber ausheimisch von dem Leibe und einheimisch bei dem Herrn sein.

Wie klar vermag Paulus die Wahrheiten unseres Lebens in seinen Briefen auszudrücken! Unser Wandel als Gotteskinder auf dieser Erde wird zum geringsten Teil durch unser äußeres Schauen gelenkt.

Das im Worte Gottes uns mitgeteilte Wissen über das in uns neugezeugte Gottesleben lässt uns nur noch Gast in diesem irdischen Leibe sein. Jetzt sind wir von Gott Geführte.

Heimat ist uns der Herrlichkeitsleib unseres Herrn und das Vaterhaus in den Himmeln. Dies ist keine schwärmerische Zukunftserwartung, sondern nüchterne Erkenntnis unseres heutigen Standes und Erwartungsgutes als Gotteskinder.

Sind Sie auch Gotteskind? Wenn noch nicht mit vollem Bewusstsein, dann geben Sie sich diesem Vater hin, er wartet auf Sie.

18. Juli

2. Korinther 5, 14 b + 15 b
Einer ist für alle gestorben und somit sind alle gestorben, auf dass die, welche leben, nicht mehr sich selbst leben, sondern dem, der für sie gestorben und auferweckt worden ist.

Dass der Tod eines einzigen Wesens, Jesus Christus, der Tod aller nach ihm Kommenden sein kann, ist irdischem Verständnis unzugänglich. Darum wird solcher christlicher Glaube als Torheit belächelt.

Wir aber wissen, dass wir durch den Glauben den lebendigen Gott in unser Herz aufnehmen und dass er dort neues göttliches Leben zeugt, das heißt sein Leben mit unserem irdischen Leben eins macht.

Den von ihm verwendeten Lebenskeim zu dieser Neuzeugung entnahm er dem Christus, wodurch unser neugezeugtes Leben der Macht des Todes entzogen und dem Leben Gottes zugehörig ist.

Wir können nicht oft genug diese geistliche Logik in unser Denken übernehmen und zum innersten und glücklichsten Wissen unseres Herzens machen.

Versuchen Sie es immer wieder!

19. Juli

2. Korinther 5, 17
Wenn jemand in Christus ist, so ist er eine neue Schöpfung. Das Alte ist vergangen, siehe Neues ist geworden.

In Christus zu sein heißt, dass der Christus als Geisteswesen in uns eingezogen ist und sich verbunden hat mit unserem menschlichen Wesen.

Darum ist hier von einer neuen Schöpfung die Rede. Das alte Wesen existiert noch, ist aber in seiner Ausschließlichkeit vergangen. An zweiter Stelle aber ist es in uns noch vorhanden. Somit ist Neues geworden und hat sich über das Alte gesetzt.

Was nun in mir vorherrscht und mein Denken und Handeln bestimmen soll, ist der Christus in mir, also das Neue. Aber meine menschliche Seele, also das Alte, will nicht immer, aber soll sich unterordnen. Solches entscheidet täglich mein gottgewiesener Wille.

Somit sind wir Tag für Tag Mitarbeiter Gottes in der Lebendigmachung seiner Schöpfung.

20. Juli

Galater 6, 2 + 5
Einer trage des anderen Lasten und also erfüllet das Gesetz des Christus. Ein jeder aber prüfe sein eigenes Werk und dann wird ein jeder auch seine eigene Last tragen.

Hier geht es um Lasten, die zu tragen sind. Die unseligen Veranlagungen unseres alten Menschen sind eine dieser Lasten. Das Zur-Seite-Stehen den Menschen unserer Umgebung ist die zweite Last. Sie ist eine Erfüllung der Weisungen des in uns lebenden Christus. Hier ist der neue Mensch in uns aufgerufen.

Beim Prüfen unseres eigenen Handelns und an dem Tragen der eigenen Last ist zu erkennen, in welchem Maß der alte Mensch in uns noch existiert. Es gilt ihn zu ertragen, aber niemals herrschen zu lassen.

Solches zu lernen, ist der schwierigste, aber notwendige Wachstumsprozess dem Herrn entgegen.

Wenn Sie durch den Glauben einen neuen inneren Menschen neben dem alten in sich haben, dann räumen Sie dem neuen immer die Führung ein.

21. Juli

Galater 6, 7
Irrt euch nicht, Gott lässt sich nicht spotten! Denn was irgend ein Mensch sät, das wird er auch ernten.

Hier ist die Genauigkeit Gottes angesprochen, mit der er uns beobachtet und notwendigerweise korrigiert. Darum gilt unverändert, dass alles, was wir als Menschen auslösen, auch auf uns zukommt.

Dass unser neuer innerer Mensch durch die göttlichen Anteile seines Wesens nur Positives säen kann, hier also nicht angesprochen ist, lässt uns erkennen, wie stark auch Gottes Wort noch mit dem hintergründigen Wirken und Säen des alten Menschen rechnet.

Lernen wir daraus, immer mehr den neuen Menschen ans Steuer zu lassen, dann kommt es nicht zur Sünde, also zur Sonderung von Gott, denn Gott kann dann in uns handeln und er trennt sich nie von sich selbst.

Leben Sie in dieser Wahrheit heute den ganzen Tag!

22. Juli

Epheser 1, 22
Der Höchste hat das All den Füßen des Christus untergeordnet und hat ihn als Haupt über alles der Gemeinde gegeben, welche sein Leib ist, die Fülle dessen, der das All in allem vollkommen macht.

Das nach Gottes Willen und Vorstellungen entstandene Weltenall hat der Höchste dem Christus untergeordnet, der es auch nach Gottes Willen ins Leben rief.

In diesem All hat Gott eine Gemeinde gezeugt und sie zum Leib des Christus gemacht.

Sein Heilswirken wird jedes seiner Gemeindeglieder, deren Haupt der Christus ist, zeugungsfähig machen und hierdurch die ganze Menschheit, dann die ganze Geisteswelt, also das ganze All, in göttliches Leben zeugen. So stellt die Bibel seinen Plan dar.

Welche allumfassenden Heilsziele drückt der lebendige Gott in seinem Wort aus als sein zeitvollendendes Endziel!

23. Juli

Epheser 2, 5 – 7
Gott hat uns mit dem Christus lebendig gemacht und hat uns mitauferweckt und mitsitzen lassen in den Überhimmeln in Christus Jesus, auf dass er in den kommenden Zeitaltern den überschwänglichen Reichtum seiner Gnade in Güte gegen uns erwiese in Christus Jesus.

Da wir Gotteskinder zuvor als Lebenskeime alle in dem Christus waren, wurden wir mit ihm lebendig gemacht und nach seinem Kreuzestod mitauferweckt.

Wir waren als unpersönliche Lebenskeime in ihm in den Überhimmeln beheimatet, bis der Höchste uns aus ihm entnahm und durch den Glauben einen neuen Menschen mit seinem Samen in uns zeugte.

In den kommenden Zeitaltern will er den Reichtum seiner Gnade an uns Gliedern des Geistleibes des Christus erweisen vor all den Zuschauern der lichten Geisteswelt, die sich alle nach gleicher Vollkommenheit sehnen.

Der Geist Gottes zeigt diese heilsgeschichtlichen Zielsetzungen in seinem Wort, damit wir das Angebot der Gnade immer neu erfassen. Prüfen Sie sein Wort, Sie werden es bestätigt finden.

24. Juli

Philipper 1, 20 b + 21
Möge Christus hoch erhoben werden an meinem Leibe, sei es durch Leben oder Tod, denn das Leben ist für mich Christus und das Sterben Gewinn.

Warum Christus immer deutlicher sichtbar werden soll an meinem irdischen Leibe, sei es während des Wanderns über diese Erde oder im Augenblick des Sterbens, ist hier im Hoch-Erhoben-Werden der Gottessohnschaft und ihrer Heilsaufgaben begründet.

Somit gilt, dass dieses irdische Leben für mich Identifizierung mit dem Christus bedeutet und das Sterben die Gliedwerdung an seinem Leib, also Gewinn sein wird.

Somit ist dieses irdisch-vergängliche Leben Zubereitung für mich auf den himmlischen Aufgabenbereich als Glied am Leibe des Christus.

Vergessen Sie nie solche Grundsatzerkenntnisse Ihres Lebens!

25. Juli

Philipper 4, 6 + 7
Seid um nichts besorgt, sondern lasst in allem durch Gebet und Flehen mit Danksagung eure Anliegen vor Gott kundwerden; und der Friede Gottes wird eure Herzen und euren Sinn bewahren in Christus Jesus.

Sorge ist immer unbewusste Sonderung von Gott und damit Sünde. Was wir ihm überlassen, bedarf keinerlei Mitsorgens mehr. Darum sollen wir alle Anliegen nicht nur flehentlich, sondern bereits mit Danksagung für seine Hilfe vor ihn bringen.

Wer solches vermag, der verbreitet den Frieden Gottes und bleibt in Herz und Sinn bewahrt in Christus Jesus.

Bereits auf dieser vergänglichen Erde in unserer vergänglichen Existenz zu leben in Christus ist die höchste Form von persönlicher Darstellung der beglückenden Wahrheit des Höchsten und seiner Zielsetzungen.

Wir leben schon in dem, was man noch nicht sieht, obwohl es von höherer Wirklichkeit ist als alles, was uns umgibt.

Werden Sie also immer mehr echte Realität!

26. Juli

Kolosser 3, 23
Was immer ihr tut, arbeitet von Herzen als dem Herrn und nicht den Menschen.

Wir sollen nicht mit fragwürdigen Zielen schuften, sondern den Weisungen unseres Herzens gemäß arbeiten. Wenn aber unser Herz von dem Christus bewohnt ist, dann gilt alles Wirken ihm und erst in zweiter Linie den Menschen.

Trotzdem werden alle beteiligten und betroffenen Menschen unserer Umgebung davon gesegneter sein als durch jedes Wirken im Sinne unserer eigenen Zielsetzung und erstrebten Geltung.

Lassen wir uns also konsequent von Tag zu Tag führen in voller Hingabe an unser Haupt Jesus Christus. Ihm gilt unser Wirken und Wollen, alles andere vergeht.

Welche beglückende Erkenntnis, die uns alle echte Lebenssorgen abnimmt.

Lassen wir uns von ihm führen!

27. Juli

2. Timotheus 1, 7
Gott hat uns nicht einen Geist der Furchtsamkeit gegeben, sondern der Kraft und der Liebe und der gesunden Vernunft.

Hier wird der uns von Gott gegebene Geist unterschieden von einer uns eigenen Seele der Angst.

Wo sein Gottesgeist wirkt, da erleben wir göttliche Energie und zielorientierte Liebe in einer gottgemäßen Ordnung, die hier „gesunde Vernunft" genannt ist.

Jetzt wandern wir Tag für Tag immer gewisser und in immer wachsender Vorfreude auf den Augenblick zu, wo unser Herr wieder in dieser gefallenen Welt in großer Macht und Herrlichkeit erscheint – oder wo wir im sterblichen Leib die Augen schließen und in seinem geistlichen Leib bei ihm öffnen dürfen.

Die Freude bei beiden Ereignissen ist gleich groß!

28. Juli

Hebräer 5, 7 a + 8
Jesus Christus hat in den Tagen seines Fleisches, obwohl er Sohn war, an dem was er litt, den Gehorsam gelernt.

Auch in den Tagen seines irdischen Lebens blieb Jesus Christus Sohn Gottes. Als solcher hat er vorbildlichen Gehorsam gezeigt, gerade bei den ihm zugemuteten Leiden.

Der gleiche Gehorsam wird von uns erwartet als Glieder seines Leibes, denn die restlichen Leiden des Christus, von denen die Bibel spricht, sind von denen zu tragen, die Anteilseigner seines Gottesleibes sind.

Der Christus in uns gibt alle notwendige Kraft und geistliche Unbezwingbarkeit, um in den Leiden, die jedem von uns zugeteilt sind, zu seiner Ehre Haltung zu bewahren.

Bleiben wir also in allen Situationen angstfrei und in ihm geborgen!

29. Juli

Hebräer 12, 14
Jagt dem Frieden nach mit allen und dem Geheiligtsein, ohne welches niemand den Herrn schauen wird.

Wie wichtig ist es offenbar, dass wir im Frieden leben trotz allem Unfrieden unserer Umgebung und in dem Geheiligtsein, also Beiseite-Genommensein. Den Vater und den Sohn im Geiste zu schauen, ist für jeden von uns eines der höchsten Ziele.

Nur unser neuer innerer Mensch, vom Höchsten gezeugt, wird nach der Beseitigung des äußeren Menschen durch sein Sterben dieses Ziel erreichen. Darum ist das, was die Menschen Sterben nennen, für uns die Geburt ins Licht und damit die höchste Zielerreichung.

So kann es zutiefst keinen glücklicheren Menschen geben als einen, der diesen Einzug ins Vaterhaus immer näher kommen sieht oder unmittelbar vor sich hat.

Versuchen Sie, sich rechtzeitig auf diesen Weg einzuüben und in dieser irdischen Welt trotz aller Verantwortung und allem Schauobjekt-Sein ein Fremdling zu bleiben.

30. Juli

> **2. Petrus 1, 19**
> **Das prophetische Wort haben wir in unerschütterlicher Gewissheit, auf welches zu achten ihr wohl tut als auf eine Lampe, welche an einem dunklen Ort leuchtet, bis der Tag anbricht und der Morgenstern in euren Herzen aufgeht.**

Ist Ihnen die Prophetie der Bibel bereits zur unerschütterlichen Gewissheit geworden? Wenigen Menschen ist dieses Wort wie eine Lampe in großer Dunkelheit.

Zur gegebenen Zeit wird der Tag anbrechen. Dann leuchtet der Morgenstern in unsere Herzen und alles, was bisher unsichtbarer Glaube war, wird zur sichtbaren Wirklichkeit.

Darauf sich zu freuen, ist immer Ansporn für unser irdisches Leben. Jede andere Freude vergeht, diese wird immer größer.

Alles, was uns umgibt, wird uns in wachsender Vergänglichkeit bewusst. Die Gewissheit des Einzugs ins Vaterhaus ist für den neuen Menschen in uns unerschütterlich.

Gibt es Erstrebenswerteres?

31. Juli

1. Johannes 5, 12
Wer den Sohn hat, hat das Leben; wer den Sohn Gottes nicht hat, hat das Leben nicht.

Kürzer und klarer kann das Zeugnis des Lebens aus Gott kaum ausgedrückt sein. Den Sohn zu haben bedeutet, dass er in unserem Herzen wohnt.

Jeder, der an ihn glaubt, nimmt ihn in sein Herz auf und wird Teil seines Leibes. Nur dieser Vorgang ist im eigentlichen Sinn Leben.

Wichtig ist, immer neu zu erkennen, dass das Aufnehmen Jesu in unser Herz in Wirklichkeit ein göttlicher Zeugungsakt ist in uns. Jetzt gibt es einen neuen inneren Menschen, der nicht mehr sterben kann, weil er unlösbar Glied am Geistleib des Christus ist.

Der alte Mensch aber muss abnehmen, ja sterben. Ihn legen wir ab, wenn wir auf dieser Erde aushauchen.

Die Seele sollte schon zuvor in den neuen Menschen übergegangen sein, in dem der Geist von Anfang herrscht. Das alles teilt uns Gottes Wort mit.

Praktizieren wir es!

1. August

Matthäus 11, 27
„Das All ist mir übergeben von meinem Vater. Niemand erkennt den Sohn, als nur der Vater, noch erkennt jemand den Vater, als nur der Sohn, und wem irgend der Sohn ihn offenbaren will." (spricht Jesus)

Hier dürfen wir einen Blick hinter die Vorhänge der Himmelswelt tun. Der Höchste hat seinem einzig gezeugten Sohn, Jesus Christus, das All zur Gründung, zum Wachstum und zur Vollendung übergeben.

Wir müssen erkennen, dass nur der Sohn uns wesentliche Teile vom Planen und Denken des Höchsten übermitteln kann. Er offenbart uns den Vater in seiner ganzen Gottesgröße und Gottesliebe, weil er der Einzige ist, der ihn kennt und ihm gleicht.

Darum ist eine Suche nach Erkenntnis des Höchsten, die an Jesus vorbeiführt, niemals möglich. Jetzt wird uns bewusst, was es bedeutet, dass wir durch eine Neuzeugung von Seiten des Höchsten ein Teil des Geistleibes seines Sohnes geworden sind.

Das äußere Zeichen hierfür ist unser unerschütterlicher Glaube und die aus ihm stammende Gewissheit, dass wir nie den Tod, sondern immer die unfasslich herrliche Geburt ins Licht und den Eingang ins Vaterhaus vor uns haben.

2. August

> **Matthäus 24, 31**
> **„Der Sohn wird seine Engel aussenden mit starkem Posaunenschall, und sie werden seine Auserwählten versammeln von den vier Winden her, von dem einen Ende der Himmel bis zu dem anderen Ende."** (spricht Jesus)

Hier ist ein Augenblick in der vor uns liegenden Zeit angesprochen, wo Jesus Christus alle seine Auserwählten, die noch nicht durch ihr irdisches Sterben zu ihm gelangt sind, in einem bestimmten Augenblick der exakt geplanten Heilsgeschichte zu sich versammelt.

Wie glückselig dürfen wir sein, dass weder unser zurückliegendes noch unser bevorstehendes irdisches Leben entscheidet, ob wir Gläubigen in diesem Augenblick von ihm erreicht werden.

Wir leben im Leibe dieser Welt bereits eng verbunden mit ihm, und wir werden noch inniger verbunden sein mit ihm, wenn wir hier die Augen geschlossen und im Vaterhaus als Teile des Christus geöffnet haben.

Können Sie solche unfasslichen Dimensionen in Ihr Denken aufnehmen? Versuchen Sie es!

3. August

Lukas 12, 25 + 26 + 31
„Wer aber unter euch vermag mit Sorgen seiner Größe auch nur eine Elle zuzusetzen? Wenn ihr nun auch das Geringste nicht vermögt, warum seid ihr um das Übrige besorgt? Trachtet zuerst nach meines Vaters Reich, dann wird euch dies alles hinzugefügt werden." (spricht Jesus)

Es ist immer wieder Jesus selbst, der uns entscheidende Wahrheiten mitteilt und unsere Augen und Ohren für die nahezu grenzenlose Geisteswelt öffnet.

Da wir durch den Glauben und die durch diesen ausgewiesene Neuzeugung schon heute Glieder des Leibes des Christus geworden sind, ist die Frage berechtigt, welche irdische Sorge soll dieser Wahrheit auch nur das Geringste „zusetzen"? Wir hören seine Stimme mit dem Hinweis: Denkt immer zuerst an das Reich des Vaters, zu dem ihr unterwegs seid. Jedes Jahr eures Lebens bringt euch diesem herrlichen Ziel näher. Es wird euch alles auf diesem Weg Notwendige oder sogar das maximal Mögliche hinzugefügt.

Wir leben mit ganzer Herzenshingabe auf das Ziel des Einzugs ins Vaterhaus zu. Da es der Christus in uns ist, der diesen Weg bestimmt, stellt sich die Frage gar nicht, ob wir auf Abwegen sein könnten, solange der Christus uns lenkt. Welcher Herzensfriede!

4. August

Lukas 21, 26 + 27
„Die Menschen werden verschmachten vor Furcht und Erwartung der Dinge, die über den Erdkreis kommen, denn die Kräfte der Himmel werden erschüttert werden. Dann aber werden sie den Sohn des Menschen kommen sehen in einer Wolke mit Macht und großer Herrlichkeit." (spricht Jesus)

Hier spricht Jesus von der gesamten Menschenwelt, also nicht von den an ihn Gläubigen. Alle anderen geraten in die endzeitlichen Ängste wegen der ungewöhnlichen Ereignisse durch die massiv bewegten Kräfte der Himmel.

Dann ist der Augenblick gekommen, wo die Geisteswelt in Gestalt des Menschensohnes Jesus Christus mit unwiderstehlicher Macht, aber auch großer Herrlichkeit, den gesamten Luftraum um diesen Erdball erfüllt. Was bisher nur durch den unsichtbaren Glauben erfasst werden konnte, wird jetzt gesehen und gehört und überwindet jeden Widerstand oder Zweifel.

Machen wir es uns zu einer seligen Erwartung, wo auch immer wir in diesem Augenblick von unserem Herrn und Haupte gebraucht und eingesetzt sind.

Sie werden in ständiger Vorfreude leben.

5. August

Johannes 5, 25
„Es kommt die Stunde, in welcher alle, die in den Gräbern sind, seine Stimme hören und hervorkommen werden; die das Gute getan haben, zur Auferstehung des Lebens, die aber das Böse verübt haben, zur Auferstehung des Gerichts". (spricht Jesus)

Hier ist von dem vielgenannten jüngsten Gericht die Rede. Zu Beginn des Tausendjährigen Reiches kommt Jesus mit allen seinen Leibesgliedern sichtbar für alle Erdenbewohner auf diese Erdoberfläche zurück. Dann wird er alle, die ohne Gottesleben gestorben sind, aus ihren Gräbern rufen. Sie haben nicht an den Christus geglaubt, sonst wären sie nicht mehr in ihren Gräbern. Darum haben sie auch keine Vergebung ihrer Sünden. Jetzt werden sie für ihre Taten gerichtet.

Wer Gutes aufzuweisen hat, wird ins Tausendjährige Reich hinein leben, allerdings ohne Veränderung seines irdischen Leibes in einen Lichtleib. Welches Gericht die trifft, welche das Böse verübt haben, ist hier nicht mitgeteilt.

Die an Jesus Christus geglaubt haben, sind längst als Glieder seines Leibes in den Himmeln. Sie kommen mit dem Christus zu Beginn des Tausendjährigen Reiches auf diese Erde zurück. Wir erkennen an den Aussagen Jesu, dass er seine Herrschaft über das Weltenall jetzt und in allen Zeiten über seine Leibesglieder ausübt.

6. August

Johannes 10, 27 + 28
„Meine Schafe hören meine Stimme und ich kenne sie, und sie folgen mir, und ich gebe ihnen ewiges Leben. Sie gehen nicht verloren ewiglich, und niemand wird sie aus meiner Hand reißen." (spricht Jesus)

Wer könnte dem etwas entgegenstellen, was Jesus in der Absprache mit dem Vater eindeutig verheißt. Wenn er an zahlreichen Schriftstellen als Hirte bezeichnet wird, dann sind wir als die an ihn Glaubenden seine Schafe.

Uns ist unzweideutig verheißen in obiger Aussage Jesu, dass wir seine Stimme hören und ihr folgen können. Dann zeugt der Vater in uns ewiges Leben und macht uns zu Gliedern des Leibes seines Sohnes.

Mit der Aussage, dass wir ewiglich nicht verloren gehen können und nie eine Trennung von Jesus möglich ist, wird das Bild der Schafherde verlassen, und Leibesgliedschaft ausgesagt. Es gilt stets, im Geiste Gottes zu erahnen, was Jesus während seiner Erdenzeit ausdrücken will.

Lesen auch Sie Gottes Wort immer wieder und lassen Sie sich vom Geiste Gottes immer tiefer in die Wahrheit hineinführen.

7. August

Johannes 16, 7
„Ich sage euch die Wahrheit: Es ist euch nützlich, dass ich weggehe, denn wenn ich nicht wegginge, würde der Tröster nicht zu euch kommen. Wenn ich aber hingehe, werde ich ihn zu euch senden." (spricht Jesus)

Jesus betont hier, dass er uns immer die Wahrheit sagt und damit geistlich unbegrenzt informiert. Sein Sterben am Kreuz und seine Auferstehung sind uns auch in einem logischen Zusammenhang nützlich, so betont er.

Schließlich ist das von Gott in uns gezeugte geistliche Leben aus ihm genommen und damit bereits durch Tod und Auferstehung gegangen. Gewichtigeres kann uns kaum gesagt werden.

Nun kommt hinzu, dass er den Heiligen Geist als Gottes Kraft sendet und in uns wohnen lässt. Diese Zusage hat sich in uns Gläubigen bereits vollendet.

Reden und handeln soll unser alter Mensch immer nur in Übereinstimmung mit dem neuen Menschen in uns, der immer eins ist mit dem ihm innewohnenden Heiligen Geist.

Versuchen wir also, uns stets dieser Wahrheiten bewußt zu leben.

8. August

Johannes 17, 25 + 26
„Gerechter Vater! Die Welt hat dich nicht erkannt. Ich aber habe dich erkannt, und diese haben erkannt, dass du mich gesandt hast. Ich werde ihnen deinen Namen immer kundtun, auf dass die Liebe, womit du mich geliebt hast, in ihnen sei und ich in ihnen."
(spricht Jesus)

Wenn Sie diese Zeilen genau lesen, erkennen Sie, dass Jesus von „der Welt" spricht, womit er die ganze Erdoberfläche und die Menschheit meint, die noch blind ist für die Wahrheit.

Er selbst aber hat seinen Vater durch und durch in nie endender Sohnesliebe erkannt. Alle aber, die an ihn glauben, wissen, dass er vom Vater gesandt ist.

Er offenbart den Glaubenden das Wirken des Vaters, durch welches die Liebe, womit der Vater zu allererst den Sohn geliebt hat, jetzt auch in den Glaubenden ist, weil sie Glied an seinem Leibe werden durften.

Gehören Sie noch zur „Welt" oder sind Sie bereits im Glauben Glied am Sohnesleib?

9. August

Römer 2, 16
Gott wird eines Tages das Verborgene in uns Menschen richten nach meinem Evangelium durch Jesus Christus.

Hier spricht Paulus über eine Beurteilung alles dessen, was in uns Menschen noch verborgen ist. Dabei handelt es sich zweifellos um die satanische Erbmasse aller gottfernen Bosheit, die ohne Ausnahme in unserem alten Menschen existiert.

Nur wenn wir den vollen Glauben an Jesus Christus gewonnen haben, gibt es neben dem alten einen neuen Menschen in uns, den Gott gezeugt hat und der darin göttliche Erbgene enthält.

Jetzt haben wir zwei genetische Zentren in uns. Welches herrscht vor, und herrscht es immer?

Genau diese Wahrheit steht an zahlreichen Stellen der Bibel geschrieben.

Erkennen Sie diese und lassen Sie sich von solchem Evangelium erneuern und das Alte vergehen.

10. August

Römer 5, 6
Der Christus ist, da wir noch kraftlos waren, zur bestimmten Zeit für Gottlose gestorben.

In diesem kleinen Satz finden wir wieder die zentrale Wahrheit unserer Errettung. Zu einem Zeitpunkt, da wir noch gar nicht im Fleisch lebten, ist Christus gestorben. Wieso für uns? Wie kann sein Tod mich fast Zweitausend Jahre später rechtfertigen?

Nehmen wir die Bibel wörtlich, dann wird es leicht verständlich: Der Höchste hat aus dem auferstandenen Christus geistlichen Samen genommen und mich als einen der heute Glaubenden damit in sein Gottesleben gezeugt.

Jetzt habe ich einen neuen inneren Menschen, der zur Familie Gottes gehört, und einen alten, der lernen muss, sich dem neuen unterzuordnen. Der neue Mensch aber ist in Christus bereits durch den Tod und die Auferstehung gegangen. Er hat nun das Leben in Christus vor sich. So steht es geschrieben.

Haben auch Sie einen neuen inneren Menschen durch Glauben geschenkt bekommen? Dann ordnen Sie den alten Menschen dem neuen unter. Jetzt sind Sie Kind Gottes und Glied am Leibe Jesu Christi!

11. August

Römer 7, 4
Ihr seid, meine Brüder, dem Gesetz getötet worden durch den Leib des Christus, auf dass wir Gott Frucht bringen durch den aus Toten Auferweckten.

Wir alle wissen, dass Jesus Christus dem Gesetz durch seine Leibeshingabe getötet wurde. Welche Auswirkung hat dieser Kreuzestod des Gottessohnes auf mich? Hier steht, dass erst nach seiner Auferweckung aus Toten er die Voraussetzung gab, dass auch wir Gott Frucht bringen können.

Wieso das? Weil der Höchste aus diesem auferstandenen Sohnesleib geistlichen Samen genommen hat und uns Gläubige in sein Leben damit zeugte. Wir können nicht oft genug diese Liebestat des Höchsten neu erkennen und immer wieder bekennen.

Schließlich ist unser gottgezeugtes, geistliches Leben nur auf dieses unverdiente Geschenk Gottes zurückzuführen.

Von unserem alten Leben wollen wir uns immer mehr trennen und unser Ich im neuen gottgeschenkten Leben ansiedeln. Tun Sie es täglich!

12. August

Römer 11, 32
Denn Gott hat alle zusammen in den Unglauben eingeschlossen, auf dass er alle begnadige.

Immer wieder sagt uns Gottes Wort tiefe Wahrheiten, die wir vielfach nicht ernstlich übernehmen. Haben wir den Mut, wörtlich zu erkennen und zu bekennen, was geschrieben steht: Gott hat die gesamte Menschheit in „den Unglauben eingeschlossen", nicht um sie am Ende zu vernichten.

Er wird sie alle begnadigen, indem alle zu ihrer Zeit die Wahrheit entdecken und in ihr Gottes Rettung erleben. Wir sind nur die Erstlinge.

Hier bezeugt Gottes Wort – wie erfreulicherweise an mehreren Stellen –, dass es sein unabänderlicher Gotteswille ist, alle Menschen, ja wahrscheinlich alle Lebewesen des ganzen Weltenalls letztlich zu begnadigen und seinem Sohnesleib hinzuzufügen.

Also müssen Tod und Gericht diesem Ziel letztlich dienen. Eine herrlichere Botschaft kenne ich nicht.

Haben Sie eine solche bereits erkannt?

13. August

1. Korinther 1, 5
Ihr seid in Jesus Christus in allem reich gemacht, in allem Wort und in aller Erkenntnis.

Hier stellt sich die ganz einfache Frage: Wieso bin ich in Christus? Wohl glaube ich an seine Gottessohnschaft und an sein Liebesopfer für die Menschheitssünden. Aber das erklärt nicht, wieso ich in ihm bin und alle Schuld in mir hierdurch getilgt ist. Viele Stellen geben darauf Antwort.

Sie lautet: Jesus Christus hat nach seinem Tode und seiner Auferstehung alle seine Lebenskeime dem Vater überlassen. Mit einem dieser Geistessamen hat der Vater mich in ein neues inneres Leben gezeugt als ich zum Glauben kam. Damit ist dieser neugezeugte innere Mensch in mir Kind Gottes, darf mit vollem Recht Vater sagen und hat das Erbgut Jesu Christi und damit die Gerechtigkeit vor dem Gesetz in sich.

Eigentlich ist es weder theologisch noch biologisch verständlich, was uns die Bibel mit Neuzeugung und Wiedergeburt als Grundwahrheit göttlichen Handelns an uns darstellt. Versuchen Sie es einmal auf dieser Ebene zu denken und Ihr Glaube wird der Schlüssel zum Verständnis.

14. August

1. Korinther 4, 1
Dafür halte man uns, für Diener Christi und Verwalter der Geheimnisse Gottes.

Ist ein Zeugungsakt in ein neues Leben in uns vollzogen durch den Höchsten im Glauben an Jesus Christus, dann werden wir nicht nur Kinder Gottes, sondern auch Glieder seines Sohnes und damit zu „Dienern Christi", die schon im irdischen Leben seiner inneren Stimme folgen sollten.

Außerdem sind wir „Verwalter der Geheimnisse Gottes." Das bedeutet, die Geheimnisse in seinem Wort durch den uns innewohnenden Geist zu erkennen und sie zur rechten Zeit in der rechten Weise denen auszulegen, die uns Gott danach fragen lässt.

Gibt es einen schöneren Auftrag, als das Leben Gottes an Mitmenschen weitergeben zu dürfen? Gott hat unserem neuen inneren Menschen die Vollmacht gegeben, nicht nur durch unser Zeugnis Gottes Leben vor Menschen zu ‚bezeugen', sondern sogar neues Leben damit zu ‚zeugen'. Wir sehen, wie oft die Bibel und unsere Sprache den Begriff ‚zeugen' in Worte faßt.

Je inniger wir glauben, desto wahrscheinlicher ist Gottes ‚Zeugungsakt' neuen Lebens in uns.

15. August

1. Korinther 10, 23
Alles ist erlaubt, aber nicht alles fördert mich. Alles ist erlaubt, aber nicht alles baut mich auf.

Was Gott hier dem Paulus zu schreiben an die Korinther auftrug, hat schon viele Fragen aufgeworfen. Wieso ist mir alles erlaubt? Unterstehe ich nicht mehr den zehn Geboten Gottes?

Antwort: Als Gotteskind unterstehe ich dem Vater direkt und unmittelbar, dem Haupte des Leibes, zu dem ich gehöre. Also sind Anfangsgebote, wie sie den noch nicht ins Leben gezeugten Menschen gegeben sind, für uns Vergangenheit.

Wir Gotteskinder leben im Gehorsam gegenüber dem Vater, der uns in Liebe gezeugt hat. Wir wollen uns als Glieder seines Sohnesleibes vom Haupte allein lenken lassen, wie jedes Glied an unserem Leib es auch tut.

Dabei werden wir erleben, dass wir gerade als Leibesglieder Jesu die Inhalte der ‚Zehn Gebote' als Ausdruck unseres neuen Wesens beachten und das Prinzip der Liebe ohne besondere Anstrengung ausleben.

16. August

1. Korinther 15, 25 + 26
Christus muss herrschen, bis er alle Feinde unter seine Füße gelegt hat. Der letzte Feind, der weggetan wird, ist der Tod.

Noch ist die Ausübung der Herrschaft Christi begrenzt auf die himmlischen, dem Höchsten treuen Regionen. Somit steht vor unserem Herrn noch ein Eroberungsfeldzug, zu dem er uns als seine Leibesglieder erwählt hat. Feind ist jeder, der sich nicht unter seinen Willen stellt und zum Leibesglied machen lässt.

Der mächtigste und letzte abtrünnige Feind ist der Tod in Person. Auch er wird unterliegen. Wir Gotteskinder sind dem Tod bereits entronnen, weil wir von dem Christussamen durch den Vater gezeugt und damit uns schon heute jenseits aller Todesengen befinden.

Lassen wir uns zubereiten in diesem irdischen Leben, damit wir brauchbare Leibesglieder des Christus werden für den bevorstehenden Eroberungsfeldzug seiner Liebe.

Sind Sie auch dabei? Mit ganzem Herzen?

17. August

2. Korinther 5, 18
Gott hat uns mit sich selbst versöhnt durch Jesus Christus und hat uns den Dienst der Versöhnung gegeben.

Versöhnen heißt wörtlich ‚Sohnschaftsstellung einnehmen'. Wir Gläubigen sind durch Jesus Christus versöhnt, also zu Söhnen und Töchtern geworden. Der Höchste hat aus Jesus den Lebenssamen übernommen, der den Tod hinter sich hat. Damit hat er uns in sein Gottesleben gezeugt.

Die tiefste Wahrheit wiederholt sich eben immer wieder in aller Erkenntnis.

Jetzt ist uns aufgetragen, das uns geschenkte Gottesleben weiterzugeben. Auch dieses Weitergeben des Glaubens nennt die Schrift einen Zeugungsakt, weil wir sein Leben durch sein Wort bezeugen.

Glauben in anderen Menschen wecken bedeutet zutiefst, durch den Lebenskeim Gottes in uns sein Leben wie eine Neuzeugung weiterzugeben.

Wir erkennen wieder einmal, wie genau der Mensch Abbild göttlicher Wahrheit ist, wenn auch negativ entstellt durch sein Gefallensein. Es ist eine uns unfaßliche Gabe Gottes, dass wir sein Leben weitergeben dürfen als unseren „Dienst der Versöhnung".

18. August

2. Korinther 5, 21
Lasst euch versöhnen mit Gott! Den, der Sünde nicht kannte, hat er für uns zur Sünde gemacht, auf dass wir Gottes Gerechtigkeit würden in ihm.

Die tiefste Wahrheit göttlichen Heilshandelns wird uns immer neu vor Augen gestellt. Wenn es auch stets eine Wiederholung heiligster Gottesabsicht ist, so stellt uns die Schrift es dennoch immer wieder von einer anderen Seite dar.

Die Aufforderung, uns mit Gott versöhnen zu lassen, ist eine immer sich wiederholende Offenbarung, dass Jesus Christus durch sein Menschwerden zur Sünde gemacht wurde.

Jetzt kann er durch seinen Tod und seine Auferstehung Gottes Gerechtigkeit darstellen und sie durch seinen göttlichen Samen übergehen lassen auf alle, die an ihn glauben.

Welche grundlegende Bedeutung der Glaube für uns gottferne Menschen dieser Erde hat, wird uns immer neu von Gottes Geist vor Augen gestellt.

Lassen Sie sich stets neu zum Glauben ermuntern!

19. August

Galater 6, 9
Lasst uns im Gutes tun nicht müde werden, denn zu seiner Zeit werden wir ernten, wenn wir nicht ermatten.

Immer neu gilt es zu erkennen, dass unser Leben, auch das persönlichste, stets ein Schauspiel ist vor einer unendlich großen Zuschauerschaft der Himmelswelt und zum kleineren Teil auch der Menschenwelt.

Darum dürfen wir nie „müde werden", durch Gutestun unser gereinigtes Leben in Christus darzustellen und weiterzugeben.

Zu einem bestimmten Zeitpunkt wird der Höchste uns dafür sein Gutes zuwenden, welches unendlich viel herrlicher ist als alles Menschliche. Lasst uns also „nicht ermatten".

Hilfreich ist, wenn wir uns immer wieder dabei bewusst werden, dass unser Leben wie auf einer Theaterbühne abläuft, so steht es geschrieben. Diese Bühne ist umgeben von einer Unzahl von Zuschauern der Geisteswelt.

Sie belauschen und beobachten uns bei Tag und Nacht. Leben Sie also Ihren Glauben immer aus!

20. August

Galater 6, 10
Lasst uns das Gute wirken gegen alle, am meisten aber gegen die Hausgenossen des Glaubens.

Unser Auftrag, Gottes Liebe darzustellen und weiterzugeben, gilt zunächst der Pflege des Einsseins mit allen übrigen Gliedern des Leibes Jesu Christi. Alles „Gute", das wir vollbringen, wird vor allen Beobachtern dieser sichtbaren und der riesigen Geisteswelt zur Demonstration kommender Vollkommenheit.

Sie wissen, es wird in Gottes Wort davon gesprochen, dass wir ein Schauspiel vor dem ganzen Kosmos sind.

Wenn Sie daran stets denken, wird Ihr Leben immer von Verantwortung getragen und zur Ehre des Höchsten ausgerichtet werden.

Dann werden Sie auch allen anderen Gläubigen als „Hausgenossen des Glaubens" eine stete Ermunterung und Lebenshilfe sein.

Wichtigeres kann es in Ihrem Leben kaum geben.

21. August

Epheser 2, 8 + 9
Durch Gnade seid ihr errettet mittels des Glaubens, und das nicht aus euch, Gottes Gabe ist es; nicht aus Werken, auf dass niemand sich rühme.

Nicht häufig genug kann uns Gottes Wort vor Augen stellen, dass unser Glaube, also unsere Errettung, nicht das Ergebnis eigener Leistung ist.

Vielmehr handelt es sich um reine Gnade Gottes und um seine Gabe, die sich nie menschlicher Leistung bedient und daher nie menschlichen Ruhm rechtfertigt.

Immer ist die Liebe des Höchsten und seines Sohnes am Werk. Geben auch Sie sich ihr hin. Dann sind unsere Werke und alles tägliche Leben Inspiration des Höchsten, sein Reden und Handeln durch uns.

Jetzt sind wir echtes Glied an einem göttlichen Leib. Beglückenderes kann Ihnen kaum bewusst werden, denn sich selbst zuliebe leben ist das Kurzfristigste und Kümmerlichste.

22. August

Epheser 2, 10
Wir sind sein Werk, geschaffen in Christus Jesus zu guten Werken, welche Gott zuvor bereitet hat, auf dass wir in ihnen wandeln sollen.

Immer neu wird im Worte Gottes vor Augen gestellt, dass wir Menschen geschaffen sind als Werkzeuge Gottes, die seine Liebe und Gnadenbotschaft darzustellen und auszuüben haben.

Fähig gemacht zu einer solcher Aufgabe, die unserer alten Natur unmöglich wäre, hat Gott uns durch eine Neuzeugung in unser altes Wesen hinein mit Gottessamen aus seinem Sohn, Jesus Christus. Jetzt ist ein neuer innerer Mensch entstanden.

Seinen erstgeborenen Sohn hat der Höchste zuvor bereitet, um nach allen guten Werken, Kreuzestod und Auferstehung den vollendeten Gottessamen von ihm zur Neuzeugung seiner Geschöpfe zu seiner Zeit übernehmen zu können.

Für das irdische Leben von uns Gotteskindern hat der Höchste „gute Werke zuvor bereitet", auf dass „wir in ihnen wandeln". Er will sich durch unser sichtbares Leben immer neu offenbaren vor der riesigen Zuschauerschaft des ganzen Weltenalls. Welch unfasslicher Auftrag für uns!

23. August

Epheser 2, 13 + 14
In Christus Jesus seid ihr, die ihr einst fern wart, durch das Blut des Christus nahe geworden. Denn er ist unser Friede, der aus beiden eines gemacht und abgebrochen hat die Zwischenwand der Umzäunung.

Hier wird sonnenklar ausgesagt, dass wir Menschen nach Adams Fall von einst bis heute in die Gottferne gefallen sind. Nun können wir durch das Blut des Christus wieder in die Nähe versetzt werden.

Wieso das? Weil der Höchste seinen Sohn durch den Kreuzestod gehen und auferstehen ließ und nun alle seine Lebenskeime sein Wesen enthalten und weitergegeben werden können.

Wer diesen göttlichen Samen aus Christus, der uns in Gottes Wort stets angeboten ist, in sich aufnimmt, der kann gleichfalls eine Neuzeugung erleben und ist damit aus der Gottferne in die Familie Gottes, also in die Gott-Nähe, versetzt.

Dieser Gottessohn ist „unser Friede" in Person, so steht es hier, der die „Zwischenwand der Umzäunung abgebrochen" und aus der Gottferne die Gottnähe gemacht hat. Lassen wir uns durch seine und des Vaters Liebe in ihre Herzensnähe versetzen!

24. August

Philipper 1, 23
Ich hätte Lust abzuscheiden und bei Christus zu sein, denn es ist weit besser.

Der normale Mensch dieser Welt hat Lust zu leben und Angst abzuscheiden und ins vermutete Nichts zu versinken. Wir Gotteskinder aber wissen, dass unser Sterben ein Geborenwerden ist ins Licht des Vaterhauses.

Was kann uns also Besseres passieren, als aus der Fremde dieser Welt in die Liebesnähe des Höchsten und seines Sohnes versetzt zu werden.

Solches geht aber nur durch das Ablegen unserer irdischen Hülle, was die Menschen Sterben nennen. Welche Veränderung in aller Lebenserwartung, dass uns das Sterben das Tor zu höchster Freude ist.

Jetzt bedeutet für uns Gotteskinder das Älterwerden eine ständig wachsende Freude auch in eventuellen Krankheitstagen. Der Höhepunkt unseres Glücks, das Sterben alles Irdischen, kommt immer näher!

Leben Sie schon in dieser Freude? Wenn nicht, so beginnen Sie heute, sich in sie einzuüben!

25. August

Philipper 4, 12 + 13
Ich weiß sowohl erniedrigt zu sein, als Überfluss zu haben, sowohl satt zu sein, als zu hungern. Alles vermag ich in dem, der mich kräftigt, Christus Jesus.

Diese vergängliche Erdoberfläche wird noch immer beherrscht vom Fürsten der Finsternis. Als Kinder des Lichts und Anbeter des Höchsten sind wir Hauptfeinde für Satan.

Gott waltet darüber, dass diese Feindschaft, in der wir leben müssen, uns nicht nur Einschränkung und zugefügten Schmerz bedeutet, sondern Bewahrung durch den uns innewohnenden Heiligen Geist.

Darum können wir gelassen sowohl Erniedrigung ertragen als auch Hunger und Misserfolg.

Der wirkliche Wert unseres Lebens und Leidens zeigt sich erst in dem Augenblick, wo der Höchste uns ruft, wir hier die Augen schließen und in den Herrlichkeitsleib des Christus ins Licht des Vaterhauses geboren werden.

Die Voraussetzung zu solchem Erleben hat uns juristisch und geistlich Jesus Christus geschaffen. Dank dem Vater und dem Sohn!

26. August

1. Thessalonicher 4, 14
Jesus Christus ist gestorben und auferstanden, darum wird Gott die durch Jesus Entschlafenen auch mit ihm wiederbringen.

Der Gottessohn ist nicht nur Lichtgestalt und Bewohner himmlischer Regionen, sondern auch Mensch geworden, von Gott gezeugt im Leib der Maria als Jesus von Nazareth.

Ihn hat der Höchste durch den Kreuzestod alle Sünde der Welt tragen lassen. Durch seine Auferstehung hat er Lebenskeime zur Verfügung gestellt, mit denen Gott zunächst die Erstlinge und dann die ganze Menschheit ins Leben Gottes zeugen kann und will. So steht es geschrieben.

Jetzt sind alle vom Höchsten in göttliches Leben Gezeugten nie mehr dem Tod und der Sünde ausgeliefert. Sie sind gottgezeugte Glieder am Leibe des Christus.

Am Ende wird der Tod aufgelöst sein und das Licht von Vater und Sohn alle Finsternis beseitigt haben.

27. August

2. Timotheus 2, 11 – 13
Das Wort ist gewiss: Wenn wir mit ihm gestorben sind, so werden wir auch mit ihm leben; wenn wir ausharren, so werden wir auch mitherrschen; wenn wir aber verleugnen, so wird auch er uns verleugnen; wenn wir untreu sind, er bleibt treu.

Wieso ist es so gewiss, dass wir mit Christus gestorben sind? Ich kenne nur eine überzeugende Antwort: Weil wir Gläubigen eine zweite, diesmal geistliche Zeugung erlebt haben mit einem Gottessamen, den der Höchste aus dem Christus genommen hat.

Dieser Lebenskeim, durch den unser neuer innerer Mensch durch den Glauben gezeugt wurde, hat nun Sterben und Auferstehung in Christo hinter sich und wird immer mit dem Christus nach dem Ende unserer gottfernen Erdenzeit im Vaterhaus leben.

Hier steht geschrieben, dass wir sogar mitherrschen und dass er uns sogar treu bleibt, auch wenn wir durch unseren alten Menschen in der Erdenzeit hin und wieder untreu sind. Welche Gnade Gottes!

Erkennen Sie dieses Wunder täglich und leben Sie bewußt darin. Die Freude wird immer größer!

28. August

Hebräer 6, 18 b + 19 a
Wir haben Zuflucht genommen zum Ergreifen der vor uns liegenden Hoffnung, welche wir als einen sicheren und festen Anker unserer Seele haben.

Wir alle haben erlebt, dass unsere Seele entmutigt und ängstlich durchhängen kann. Sie gehört ja noch zum alten Menschen.

Den Geist aber, der von oben in uns neugezeugt ist und den neuen inneren Menschen ausmacht, den bezeichnet Gottes Wort hier als einen sicheren und festen Anker, der jetzt der Seele in ihrer Zaghaftigkeit zur Befestigung und für alle Hoffnung zur Verfügung steht.

Ordnen Sie also ihr seelisches, vielleicht unsicheres Empfinden stets der geistlichen Gewissheit unter, damit nicht der alte Mensch sich immer wieder über den neuen Menschen zu setzen vermag.

Glauben leben ist also ein innerer Kampf. Wer herrscht in Ihnen, der alte oder der neue Mensch? Fürchten Sie sich nie vor der Auseinandersetzung zwischen diesen beiden.

29. August

Hebräer 12, 22 b + 23
Ihr seid gekommen zur Stadt des lebendigen Gottes, dem himmlischen Jerusalem, und zu Myriaden von Engeln, und zur Versammlung der Erstgeborenen, die in den Himmeln angeschrieben sind, und zu Gott, dem Richter aller, und zu den Geistern der vollendeten Gerechten.

Hier wird die Umgebung dargestellt, in die wir durch den Glauben aus dieser vergänglichen Welt heraus dem Geiste nach schon heute versetzt sind, nämlich in die Stadt des lebendigen Gottes, das „himmlische Jerusalem". Genauso steht es hier.

Dort sind wir umgeben von Millionen von Engeln und von dem Geschwisterkreis „der Erstgeborenen" und den „vollendeten Gerechten". Sie alle und damit auch wir, wenn wir glauben, sind vorerwählt und im Himmel angeschrieben.

Folgen auch Sie Ihrer Berufung. Wenn Sie glauben können, dann gibt es keine weiteren Risiken. Dann sind Sie immer unterwegs und jeden Tag, je älter Sie werden, dem Herrlichkeitsziel ein Stück näher.

30. August

2. Petrus 1, 21
Weissagungen werden niemals durch den Willen des Menschen hervorgebracht, sondern heilige Menschen Gottes redeten, getrieben vom Heiligen Geist.

Welch grundsätzliche Aussage. Das Wort Gottes in seiner Gesamtheit und die besonderen Ankündigungen des Wachstums des Leibes Christi sind niedergeschrieben worden durch Menschen, ohne deren Willen und eigenes Denken auszudrücken. Hier sprach der Höchste durch Menschen, die „getrieben wurden vom Heiligen Geist".

Auch unser Bestreben sollte stets sein, als Glied am Leibe Christi Jesu dem Willen des Hauptes oder der Beauftragung des Höchsten gemäß zu leben und nicht eigene Vorstellungen zu realisieren.

Dann lernen wir, dass die Einschränkung unseres eigenen Ich's durch die Zugehörigkeit zu einem überirdischen Leibe keine Einschränkung unserer Freiheit, sondern der höchste denkbare Adel in der Freude der höchsten Vollendung ist.

31. August

Offenbarung 1, 7
Siehe, er kommt mit den Wolken und jedes Auge wird ihn sehen, auch die ihn durchstochen haben; und wehklagen werden seinetwegen alle Stämme des Landes.

Hier ist ein irdisches Geschehen angesprochen, das vor uns liegt und das genau so abläuft wie Gottes Wort es darstellt: Der erhöhte Christus mit seinen Gliedern kommt aus dem Bereich der uns umgebenden Himmel so, dass jedes Auge auf dieser Erdoberfläche ihn sehen wird.

Ganz besonders erkennen und erschrecken werden die, welche ihn bis heute verleugnen und seine Realität als Träumerei bezeichnen.

Jetzt wird Entsetzen entstehen in allen Ländern der Welt, weil die Wirklichkeit nicht erkannt wurde und die Macht der Gotteswelt alles Irdische von einem auf den anderen Tag übersteigen wird.

Mögen auch Sie sich in diesem Augenblick als Sieger durch Ihren Glauben und nicht als blinden Toren erkennen.

1. September

Matthäus 10, 32
"Ein jeder nun, der mich vor den Menschen bekennen wird, den werde auch ich bekennen vor meinem Vater, der in den Himmeln ist."
(spricht Jesus)

Wie schön, dass wir solche Aussagen unseres Herrn ganz wörtlich nehmen dürfen. Wenn wir ihn in unserer Umgebung als unseren Herrn und als die höchste Realität dieses ganzen Weltenalls bekennen, dann wird er nicht nur unseren Namen in heiliger Erinnerung haben und ihn vor dem Vater nennen, sondern der Vater wird ihn in einem Zeugungsakt Wohnung nehmen lassen in unserem Herzen.

Immer wieder werden solche wörtlich genommenen Aussagen der Bibel als eine fromme Übertreibung auch unter frommen Menschen beurteilt. Seine Worte sind das sicherste Fundament für unseren Glauben und wir dürfen sie ohne Abstriche als die höchste aller Wirklichkeiten übernehmen.

Darum wollen wir uns stets aufs Neue ermuntern lassen, ihn zu bezeugen als unsere Glaubens- und Lebensgrundlage, um jedem in unserer Umgebung damit zu erweisen, wie zentral wir die Realität von Jesu Macht und Liebeszielen erkennen.

2. September

Matthäus 11, 28 a + 29
„Kommt her zu mir, alle ihr Mühseligen und Beladenen, ich werde euch Ruhe geben. Nehmt auf euch mein Joch und lernt von mir, denn ich bin sanftmütig und von Herzen demütig, und ihr werdet Ruhe finden für eure Seelen." (spricht Jesus)

Hier spricht der, den der Höchste über das ganze Weltenall gesetzt und ihn zum Vollender seiner Liebeziele bestimmt hat, dass wir stets und immer wieder zu ihm kommen sollen. Dies gilt besonders dann, wenn uns das Leben auf dieser von Satan beherrschten Erdoberfläche mühselig und belastend aufliegt. Ruhe und Frieden wird mit jedem Hinwenden und Hindenken zu ihm sofort in uns einziehen.

Dabei ist es ein sehr sanftes Joch, sich ihm unterzuordnen als Glied seines Leibes. Nicht nur unser Geist wird von ihm beflügelt sein, sondern auch unsere ängstliche und unruhige Seele wird tiefen Frieden finden.

Zweimal wird hier von Jesus „das Ruhefinden" bei ihm erwähnt. Es handelt sich dabei ohne Zweifel um den begehrenswertesten Zustand für jedwedes Lebewesen: Ruhe zu finden bei ihm, für Gotteskinder sogar in ihm.

Nehmen Sie ihn beim Wort!

3. September

Matthäus 24, 34 + 35
„Dieses Geschlecht wird nicht vergehen, bis all dies geschehen ist. Der Himmel und die Erde werden vergehen, meine Worte aber werden nie vergehen." (spricht Jesus)

Wenn Sie diese Aussage des Herrn dieser Welt in Ruhe lesen und an alle die Liebeszusagen von ihm denken, dann erkennen Sie die für uns nahezu unfassliche Macht, die hinter dem steht, der solches ausspricht.

Er, der dieses All im Auftrag des Höchsten geschaffen hat, kündigt an, dass Himmel und Erde in ihrer heutigen Form sehr wohl vergehen werden, seine prophetischen und für uns heilbringenden Worte aber werden niemals in Frage gestellt sein.

So ist die Erreichung des göttlichen Zieles absolut gesichert. Das ganze All wird – gereinigt von aller Gottferne – Glied am Leibe des Christus. Dann übernimmt der Vater diesen Sohnesleib. So steht es eindeutig geschrieben, auch wenn es ganz selten deutlich verkündigt wird.

4. September

> **Lukas 12, 37**
> **„Glückselig jene Knechte, die der Herr, wenn er kommt, wachend finden wird! Wahrlich, ich sage euch, er wird sich umgürten und sie sich zu Tische legen lassen und wird hinzutreten und sie bedienen."** (spricht Jesus)

Gibt es einen Herrn in dieser Welt, der seine Macht und Stärke darin zeigt, dass er die ihm Untergebenen sich zu Tische legen lässt und sie bedient? Wir kennen nur die gegenteilige Praxis.

Lohnt es sich nicht, wenn wir einen solchen Herrn und seine Wiederkunft erwarten, dass wir wachend bleiben im Herzen und er uns in erwartender Liebe vorfindet?

Solche Wachheit gewinnen wir immer neu, wenn wir sein Wort täglich lesen und in Freude und Liebe nicht nur seiner gedenken, sondern ihn persönlich erwarten.

Im Geiste wird er in die Herzen der Glaubenden schon hier einziehen und sie zu Gliedern seines Leibes gestalten.

Glauben Sie, es bringt Ihnen schon hier die höchste denkbare Erfüllung.

5. September

Lukas 21, 28
„Wenn diese Dinge, die über den Erdkreis kommen, anfangen zu geschehen, dann blickt auf und hebt eure Häupter empor, weil eure Erlösung naht." (spricht Jesus)

Realistischer kann der Herr uns kaum auf Kommendes hinweisen. Glaube an Jesus Christus ist also nie eine wirklichkeitsferne Vision, sondern die höchste und wichtigste Realität, die es im ganzen Weltenall gibt.

Wenn wirklich alle angesagten Endzeitereignisse in sicher nicht allzu ferner Zeit beginnen werden zu geschehen, dann wird die Menschheit erkennen, dass alle die, welche an Jesus Christus geglaubt haben, die größten Realisten gewesen sind.

Sollten wir noch im irdischen Leib sein, dann heißt es, mit großer Freude das zu erwarten, was Jesus in dieser Schriftstelle „unsere Erlösung" nennt. Zweifellos handelt es sich dabei um ein Übergehen als Leibesglied in den unsterblichen Geistleib des Christus und ein Ablegen aller gottfernen, noch sündigen Natur.

Der Tod erreicht uns nie. Sterben ist für Gotteskinder die Geburt ins Licht und damit das schönste Ziel unseres Lebens. Also – je älter, je erwartungsfreudiger.

6. September

Johannes 5, 26 + 27
„Denn gleichwie der Vater Leben in sich selbst hat, also hat er auch dem Sohn gegeben, Leben zu haben in sich selbst. Und er hat ihm Gewalt gegeben, auch Gericht zu halten, weil er des Menschen Sohn ist." (spricht Jesus)

Der Höchste ist ohne Zweifel das Zentrum allen Lebens. Seinem zunächst einzig gezeugten Sohn hat er die Fülle gleichen Lebens gegeben. Mit dieser Fülle hat er die Macht verbunden, in einem Gericht die Menschen nach ihrem Denken und Handeln einzuordnen.

Da Jesus einer menschlichen Mutter Sohn ist, kann der Höchste, der ihn in sie hinein zeugte und ihn nach seiner Kreuzigung wieder auferweckte, von seinen durch den Tod gegangenen und auferstandenen Lebenskeimen immer neu einige entnehmen und damit uns Glaubende in sein göttliches Leben zeugen.

Genauso steht es geschrieben und so wollen wir es wörtlich im Glauben übernehmen und uns für echte Kinder des Höchsten halten. Wir gehören zu seiner Familie und werden im Vaterhaus erwartet.

7. September

Johannes 10, 36 + 37 + 38 a
„Sagt ihr von dem, welchen der Vater geheiligt und in die Welt gesandt hat, du lästerst, weil ich sagte: Ich bin Gottes Sohn? Wenn ich die Werke meines Vaters nicht tue, so glaubt mir nicht. Wenn ich sie aber tue, so glaubt den Werken, wenn ihr auch mir nicht glaubt."
(spricht Jesus)

Hier spricht Jesus zu solchen Menschen, die seine Gottessohnschaft noch nicht erkannt haben. Dass der Höchste sich seinen Sohn in einer irdischen Frau zeugt und durch diese Welt sandte, von Satan verfolgt und von den Menschen ans Kreuz gegeben, ihn dann aber auferstehen und zur Rechten seines himmlischen Thrones erhöht sein lässt, ist so unvorstellbar für unser kleines menschliches Denken, dass Gott Glauben schenken muss, um es zu fassen.

Wenn Sie es glauben, dann sind Sie einer der sogenannten Erstlinge innerhalb der Menschheit. Entnehmen Sie die wirklichen Realitäten weiterhin aus seinem Wort. Tun auch Sie „die Werke dieses Vaters", der Sie ins Leben gezeugt hat mit einem Samen, den er aus seinem Sohn entnommen hat.

Er hat Sie zum Glied des Christusleibes und damit auch geistlich zeugungsfähig gemacht. Nutzen Sie diese unvorstellbare Gabe!

∝

8. September

Johannes 16, 12 + 13 a
„Noch vieles habe ich euch zu sagen, aber ihr könnt es jetzt noch nicht fassen. Wenn aber jener, der Geist der Wahrheit, gekommen ist, wird er euch in die ganze Wahrheit leiten."
(spricht Jesus)

Zur Zeit Jesu konnten seine Jünger und alle, die außer ihnen noch zum Glauben fanden, vieles zwar hören und mit offenem Herzen übernehmen, aber noch nicht in ihrem Denken voll erfassen.

Wir aber haben nach Jesu Auferstehung den Geist der Wahrheit empfangen, so wie ihn Jesus angekündigt hatte. Er lebt in uns, bedient sich unseres Denkens und leitet uns in die ganze Wahrheit.

Folgen Sie allem, was Sie in Gottes Wort lesen oder aus diesem Wort verkündigt hören und was Ihnen dieser Geist der Wahrheit fassbar sein lässt.

Bezeugen Sie es durch Ihr Reden und durch Ihr Leben.

9. September

Johannes 17, 23
"Ich bin in den an mich Glaubenden und du in mir, auf dass sie in eins vollendet seien und die Welt erkenne, dass du mich gesandt und sie geliebt hast, gleichwie du mich geliebt hast." (spricht Jesus)

Kaum ein Wort unseres geliebten Herrn und Hauptes lässt uns das Geheimnis göttlicher Identität so klar erkennen wie dieses.

Es handelt sich um ein Gebet Jesu, in dem er aussagt, dass er in denen lebt, die an ihn glauben, und dass der Vater in ihm lebt. Damit ist Vater und Sohn mit dem Glaubenden „in eins vollendet". Eine herrlichere Aussage für jeden von uns kenne ich nicht.

Jetzt kann die uns umgebende Welt erkennen, dass der Vater den Sohn geliebt hat und der Sohn die Welt, und dass der Vater diese gesamte Schöpfung so liebt, wie er den Sohn geliebt hat, sonst hätte er ihn nicht in diese Welt gesandt.

Wir leben aus seiner Liebe und teilen sie weiter aus an jeden in unserer Umgebung, der sie noch nicht kennt. Wer uns daran hindern will, wird am Ende unterliegen.

10. September

Römer 3, 20
Aus Gesetzeswerken wird kein Fleisch vor seinen Augen gerechtfertigt, denn durch Gesetz kommt nur Erkenntnis der Sünde.

Hier sind zwei wichtige Ebenen aufgezeigt, auf denen wir den Wert des Gesetzes einzuschätzen haben. Erkenntnis der Sünde, also der Sonderung von Gott, kommt nur durch Kenntnis des Gesetzes als Ordnung Gottes.

Dieses Erkennen göttlicher Ordnung führt allerdings keineswegs zur Rechtfertigung vor Gottes Augen, sondern nur zu dem Willen, diesen Ordnungen gemäß zu leben. Das aber gelingt dem vom Bösen noch beherrschten Menschen nicht.

Er bedarf einer Erkenntnis totaler Unfähigkeit und der Hingabe an unseren Herrn und seiner Innewohnung im Glauben.

Jetzt wird der Herr Wohnung in uns nehmen und einen neuen, inneren Menschen in uns zeugen! Dieser ist jetzt Teil seines Geistleibes und kann nicht sündigen, natürlich nicht sterben und so dem Tod nie anheimfallen. Der alte, äußere Mensch aber existiert noch, kann noch sündigen, muss sich aber dem neuen Menschen unterordnen und wird sterben.

Lassen wir den neuen Menschen herrschen!

11. September

Römer 5, 8 + 9
Gott aber erweist seine Liebe gegen uns darin, dass Christus, als wir noch Sünder waren, für uns gestorben ist. Jetzt sind wir durch sein Blut gerechtfertigt und werden durch ihn gerettet.

Der Erhöhte wusste, dass wir ohne seine Hilfe nicht von der Bindung an den Bösen und von seiner dämonischen Erbmasse loskommen. Darum hat er den Christus Mensch werden, sterben und auferstehen lassen.

Da er eine unzählige Menge von Lebenskeimen in sich durch den Tod mitnahm, kann der Höchste jetzt solche göttlichen Lebenssamen aus dem Christus nehmen, uns gefallene Menschen in ein neues Leben zeugen und damit den neugezeugten Teil in uns retten.

Der alte Mensch, der noch immer in uns existiert, muss oder sollte sich unterordnen und wird bei dem, was wir Menschen Sterben nennen, durch Aushauchen vergehen.

Der neue Mensch aber überlebt und ist endgültig Glied der Familie Gottes im Vaterhaus.

Das ist die tiefste Botschaft des Christentums.

12. September

Römer 8, 2
Das Gesetz des Geistes des Lebens in Christus hat mich freigemacht von dem Gesetz der Sünde und des Todes.

Jedes Gesetz im Worte Gottes ist vom Höchsten eingesetzt. Ein Gesetz Gottes wendet sich gegen die Sünde und ihre Todesfolge. Ein zweites Gesetz erklärt, dass jeder freigemacht ist von dem Gesetz der Sünde, der den Geist des Lebens in Christus übernommen hat.

So dürfen wir gewiss sein, dass es absolut klare und immer gültige Ordnungen in diesem gottgeschaffenen Universum gibt. Sobald der Christus von unserem Herzen aufgenommen und dort wohnhaft geworden ist durch unseren Glauben, kommt es in uns zu einem Zeugungsakt neuen Lebens neben dem noch existierenden alten Leben.

Wir sollten nie vergessen, dass es zwei Lebensqualitäten in uns gibt, in denen wir leben können. Je klarer wir diese alles beherrschenden, aber dennoch einfachen Ordnungen göttlichen und satanischen Lebens erkennen, desto leichter fällt es uns immer wieder, auf die Herrschaft des göttlichen Lebens in uns zu achten.

13. September

Römer 11, 36
Denn von ihm und durch ihn und für ihn ist das All. Ihm gebührt die Herrlichkeit in allen Äonen.

Hier ist das höchste Besitzrecht und die damit verbundene Zielsetzung ausgedrückt für das ganze Weltenall. Es ist vom Höchsten erdacht, durch den von ihm gezeugten Sohn geschaffen und auf ihn und seine Ziele ausgerichtet.

Darum gebührt der Machtanspruch über alles und die geplante Vollendung unserem Vater im Himmel jetzt und in allen noch kommenden Äonen.

Was es heißt, sein Kind sein zu dürfen und durch eine Neuzeugung seinen in Jesus durch den Tod gegangenen Geist zu besitzen, das lernen wir Schritt für Schritt wie eine Ahnung göttlicher Herrlichkeit in uns.

Durch den Glauben zu seiner Familie zu gehören und sein Wort als die wichtigste Information unseres Lebens zu nehmen, das ist ein Maximum von Glück und Freude.

Versuchen Sie es auch!

14. September

1. Korinther 1, 7 b
Ihr erwartet die Offenbarung unseres Herrn Jesus Christus, der euch befestigen wird bis zur Vollendung.

Wenn wir uns beim Lesen des Wortes Gottes seinem Geist immer neu öffnen, so geht der Geist Christi Jesu in uns ein und der Vater im Himmel kann sein Gottesleben durch den eingegangenen Geist in unserem Herzen zeugen.

Jetzt ist der neugezeugte Mensch in uns Teil der Gottesfamilie und Glied am Leibe des erstgezeugten Gottessohnes, Jesus Christus.

Durch unser irdisches Leben werden wir in diesem Einswerden mit dem Christus zu Kindern des Höchsten und Teile des Sohnesleibes Jesu.

In einem Wachstum während unseres irdischen Lebens, in dem unser alter Mensch abnimmt und der neue zunimmt, können wir durch immer neue Ganzhingabe die von Gott geplante Vollendung erreichen.

Nicht die Leistung des alten Menschen, auch nicht die frömmste, sondern die Hingabe des neuen Menschen und damit die Einswerdung mit dem Christus, das ist unser Lebensziel.

15. September

1. Korinther 4, 5
Wenn der Herr kommt, wird er auch das Verborgene der Finsternis ans Licht bringen und die Ratschläge der Herzen offenbaren, und dann wird einem jeden sein Lob werden von Gott.

Hier spricht Paulus wohl zu der gläubigen Gemeinde der Korinther. Auch für diese ist die Wiederkunft Jesu das Offenbarwerden alles Verborgenen, sowohl des Lichten als auch des Dunklen, und das Offenbarwerden des Denkens und Entscheidens in ihrem Herzen.

Jetzt erhält jeder ein Lob!

Versuchen wir doch, die Gedanken und Entscheidungen unseres Herzens vom Geiste lenken zu lassen und nicht von der Seele. Sie gehört noch dem alten Menschen an und wird erst im Laufe unseres Lebens reif und rein genug, um vom neuen Menschen als Umhüllung des Geistes tauglich zu werden.

Lassen Sie sich führen vom Geiste Gottes, dann vollendet sich alles nach seinem Plan.

16. September

1. Korinther 10, 29 b + 30 + 31 b
Warum wird meine Freiheit von einem anderen Gewissen beurteilt? Warum werde ich gelästert über das, wofür ich danke? Ob ihr nun irgend etwas tut, tut alles zur Ehre Gottes.

Hier spricht einer der gereiftesten Gottesmänner aller Zeiten, Paulus, von seiner Freiheit, die von noch gesetzlich gebundenen Menschen als gesetzeswidrig verurteilt wird. Sein eigenes Gewissen, das Gott ihm neu schenkte, hat ihm diese Freiheit vermittelt.

Aber nun wird er von dem Gewissen von Gesetzeskundigen als Abtrünniger beurteilt. Ja, er wird sogar gelästert über eine Freiheit, für die er über alles dankbar ist.

Wie ist uns dieser Wandel erklärlich? Paulus hat durch eine Neuzeugung von oben den Christus innewohnend und ist damit den früheren geistlichen Gesetzesvorschriften enthoben, weil im Leibe des Christus eigene, göttliche Gesetzgebungen gelten. Sie werden von uns als Freiheit empfunden.

Wo steht jeder von uns?

17. September

1. Korinther 15, 28
Wenn Christus aber das All untergeordnet sein wird, dann wird auch der Sohn selbst dem untergeordnet sein, der ihm das All untergeordnet hat, auf dass Gott sei alles in allen.

Wenn nach der Wiederkehr Jesu Satan entmachtet und ins Erdinnere verbannt ist, dann wird dem Christus das ganze All für zunächst tausend Jahre untergeordnet sein. Am Ende dieser Zeit wird Satan mit allen ihm zugehörigen Finsterniswesen nach seiner Freilassung mit all den Menschen, die ihm am Ende des Tausendjahrreiches aufs Neue verfallen, von dem Christus vernichtet und in all seinen Existenzen aufgelöst.

Jetzt hat der Sohn das All vollendet und gibt es dem Vater zurück, der es nun als seinen Leib übernimmt und damit alles in allen ist.

Diese heilgeschichtliche Gesamtplanung des Höchsten ist die Aussage des Alten und Neues Testamentes, wenn man die vordergründig verborgene Grundlinie göttlicher Heilsplanung erkennt. Sie zu verkündigen ist der Auftrag der Leibesgemeinde. Damit soll die Macht und die Herrlichkeit des Höchsten und die seines Sohnes vor der unendlichen Zahl der Himmelsbewohner immer neu aufgezeigt werden.

18. September

2. Korinther 6, 14
Seid nicht in einem ungleichen Joch mit den Ungläubigen, denn welche Teilhaberschaft hat Gerechtigkeit mit Gesetzlosigkeit oder welche Gemeinschaft Licht mit Finsternis?

Wer nicht im Glauben an Jesus Christus steht, ist einem gottfernen „Joch" untergeordnet. Seit dem Ungehorsam des ersten Menschenpaares haben wir Menschen ausnahmslos satanische Erbmasse in uns, die nur durch eine göttliche Neuzeugung zu einem neuen inneren Menschen führen kann, der jetzt dem alten Menschen sich unterordnen soll.

Jetzt kann diese neue Natur in uns, die nur Gerechtigkeit Gottes darstellt, mit der alten Natur und ihrer Gesetzlosigkeit keine Gemeinschaft mehr haben, so wenig wie das möglich ist zwischen Licht und Finsternis.

Je klarer wir diese beiden Naturen in uns erkennen, desto sicherer können wir der neuen göttlichen Natur immer die Herrschaft in uns überlassen.

19. September

Galater 6, 14
Von mir aber sei es ferne, mich zu rühmen, als nur des Kreuzes unseres Herrn Jesus Christus, durch welches mir die Welt gekreuzigt ist und ich der Welt.

Nie mehr können wir uns des alten Menschen in uns rühmen, denn er ist von Satan rettungslos infiziert.

Rühmen werden wir immer das Handeln Gottes am Kreuz von Golgatha, wo er alle Lebenskeime in seinem Sohn durch Tod und Auferstehung gehen ließ und jetzt für jeden von uns einen Gottessamen zur Zeugung des neuen inneren Menschen bereithält.

Nur darum ist uns Gläubigen die Welt Satans gekreuzigt, weil wir alle als Lebenskeime noch in dem Christus waren und seinen Tod und seine Auferstehung miterlitten.

Jeder wahrhaft gläubige Mensch ist mit einem dieser Keime in ein neues Leben gezeugt durch die Innewohnung des Christus.

So geht jede Rettung von uns glaubenden Menschen aus der Finsternis und Neuzeugung in ein göttliches Leben zurück auf den erstgezeugten Sohn Gottes und sein Sterben und Auferstehen.

20. September

> **Epheser 2, 13 + 16 b**
> **Jetzt aber seid ihr, die Nationen, die ihr einst fern wart, in Christus Jesus durch sein Blut nahe geworden, nachdem er durch das Kreuz die Feindschaft zwischen Israel und den Nationen getötet hatte.**

Eigentlich drückt jede Schriftstelle, die durch Einwirkung des Heiligen Geistes formuliert und uns überliefert wurde, die gleiche Wahrheit aus: Alle Angehörigen Israels und aller Nationen waren einst dem Höchsten fern und sind jetzt durch den Tod des Christus und durch seine Auferstehung nahe geworden.

Wenn es auch bis jetzt nur die ‚Erstlinge' sind, so wird doch eines Tages die Gesamtheit aller Nationen und Israels vom Höchsten in ein neues Leben gezeugt werden mit den Lebenskeimen, die in Christus durch Tod und Auferstehung gegangen und nun dem Höchsten verfügbar sind.

Sie sehen, dass wichtige Stellen des Neuen Testamentes immer wieder diese zentrale Wahrheit und Freudenbotschaft der Neuzeugungsmöglichkeit Gottes an allen Lebewesen ausdrückt. Nur das ist wirklich Evangelium, also Frohbotschaft.

21. September

Epheser 2, 15 + 16
Jesus Christus hat in seinem Fleisch die Feindschaft, das Gesetz der Gebote in Satzungen, hinweggetan, auf dass er Israel und die Nationen in sich selbst zu einem neuen Menschen schüfe, und die beiden in einem Leib mit Gott versöhnte durch das Kreuz.

Hier ist der Hauptanstoß ausgedrückt, den viele gesetzesgläubige Israeliten und Christen an dem neuen Heilshandeln Gottes in seinem Sohn Jesus Christus empfinden:

In Jesus und seinem Kreuzestod ist das Gesetz der Gebote in Satzungen hinweggetan. Nach seiner Auferstehung und der Neuzeugungsmöglichkeit des Höchsten mit Lebenskeimen aus seinem Sohn können Israel und die Nationen ohne jede Gesetzesauflage alter Art eine Neuzeugung erleben.

Jetzt können sie zu Gliedern am Leibe des Christus werden und sind damit mit dem Höchsten versöhnt.

Auch hier ist die gleiche zentrale Wahrheit neu ins Licht gestellt. Wir können sie nicht gründlich genug erkennen und immer neu bezeugen.

22. September

Epheser 2, 21 + 22
In Jesus Christus ist der ganze Bau wohl zusammengefügt und wächst zu einem heiligen Tempel im Herrn, in welchem auch ihr mitauferbaut werdet zu einer Behausung Gottes im Geiste.

Hier wird Gottes Handeln nicht mehr in einem Leib, sondern in einem Baukörper verständlich gemacht. Gesprochen wird von einem heiligen Tempel, zu dem alle Glaubenden zusammengefügt und damit auferbaut werden zu einer Behausung Gottes im Geiste. Jeder Stein eines Bauwerkes ist statisch berechnet und so geformt, dass er genau an die vorgesehene Stelle passt und hilft, ein unzerstörbares Bauwerk entstehen zu lassen.

Vielen ist dieses Bild verständlicher als die Leibesgliedschaft mit der notwendigen Innewohnung echten Gotteslebens in jedem Glied durch einen Zeugungsakt. Versuchen Sie beide Bilder zu erkennen und im Herzen zu behalten.

Wir Menschen müssen immer in Bildern denken, zumal alle geistlichen Realitäten nach biblischem Zeugnis tatsächlich sichtbar sind für Augen, welche entsprechende Wellenlängen des Lichts registrieren können. Das wird uns einmal gegeben sein.

23. September

Epheser 3, 3 – 5
Mir ist durch Offenbarung das Geheimnis des Christus kundgetan worden, welches in anderen Geschlechtern den Söhnen der Menschen nicht kundgetan wurde, wie es jetzt offenbart worden ist seinen heiligen Aposteln und Propheten im Geist.

Hier spricht Paulus klar von einem „Geheimnis des Christus," das jedem Einzelnen durch den Glauben offenbart werden muss. Solche Offenbarung geschieht durch Lesen und Verstehen von Gottes Wort.

Das volle Verständnis hierfür ist erst nach Jesu Tod und Auferstehung den Glaubenden geschenkt worden, weil es mit den Lebenskeimen Jesu zu tun hat, die erst nach seinem Tod und seiner Auferstehung von Gott als ein Zeugungsakt in Menschen eingegeben wurden.

Bemühen wir uns immer neu um das Verstehen dieses Wunders, durch welches Gott uns sein Leben in der Gestalt des neuen inneren Menschen mitgeteilt hat.

Je öfter wir Gottes Wort lesen, desto tiefer führt uns Gottes Geist in die verborgensten Gedanken und Planungen des Höchsten. Lasst uns daher nichts versäumen!

24. September

> **Philipper 1, 27 b + 28**
> **Steht fest in einem Geist, indem ihr mit einer Seele mitkämpft in dem Glauben des Evangeliums, und in nichts euch erschrecken lasst von den Widersachern.**

Für alle Gläubigen gilt es, in dem von Gott geschenkten Leben aus Christus festzustehen und auch die Seele aus dem alten Menschen durch das unerschütterliche Festhalten der Heilsbotschaft neuen Lebens in das innere Leben des neuen Menschen mit einzubringen

Immer werden uns Widersacher begegnen, die uns entweder auf das alte Leistungsgesetz verweisen oder auf die völlige Freiheit auch des alten Menschen. Lassen wir uns nicht irreführen.

Fromme Leistung macht den alten Menschen stolz und selbstbewusst. Das unlösbare Verbundensein mit der sündhaften Erbmasse dieses alten Menschen fordert das Entstehen eines neuen Menschen ohne satanische Erbmasse und das Ausscheiden des alten Menschen.

Genau das läuft ab durch die Neuzeugung eines neuen Menschen. Jetzt gilt es, immer den neuen Menschen über den alten Menschen herrschen zu lassen.

25. September

Kolosser 1, 12 + 13 + 15
Dank dem Vater, der uns fähig gemacht hat zum Anteil am Erbe der Heiligen im Licht, der uns errettet hat aus der Gewalt der Finsternis und versetzt in das Reich des Sohnes seiner Liebe, welcher der Erstgeborene aller Schöpfung ist.

Wieder stellt uns Gottes Wort seine wichtigste Aussage von einer anderen Seite dar. Wir haben durch die Neuzeugung von oben Anteil am Erbe aller Heiligen. Wir sind errettet aus der todbringenden Gewalt der Finsternis und versetzt ins Licht, womit das Reich des Sohnes seiner Liebe als dem Erstgeborenen aller Schöpfung gemeint ist.

Versuchen Sie diese Anteilnahme am Erbe göttlichen Lebens stets als freudige Gewissheit in sich zu bewahren.

Gleichzeitig muss die Angst des alten Menschen vor dem Tod stets unter die Gewissheit ewigen Lebens des neuen Menschen gestellt werden.

Dann wird die Freude immer größer je älter wir werden und die Angst vor Krankheit und Armut immer geringer.

Arbeiten Sie an sich in diesem Sinne.

26. September

1. Thessalonicher 5, 2 + 3
Der Tag des Herrn kommt wie ein Dieb in der Nacht. Wenn sie sagen Friede und Sicherheit, dann kommt ein plötzliches Verderben über sie gleichwie die Geburtswehen über die Schwangere; und sie werden nicht entfliehen.

Hier ist von den Menschen ohne Glauben die Rede. Auch sie versuchen Friede und Sicherheit auf dieser Erdoberfläche zu praktizieren. Dabei kommt eine plötzliche Katastrophe über diese sichtbare Welt.

Sie ist für uns Gotteskinder, wenn wir sie noch im Leibe erleben, wie das Erscheinen von Geburtswehen bei einer Schwangeren. Wir werden beim Sterben unseres irdischen Leibes ins Licht geboren, nachdem wir im Geiste gezeugt waren, während die Weltmenschen hinweggetan werden wie eine unbrauchbare Nachgeburt.

Wenn Sie unverbrüchlich solcher Gewissheit sind, dann bleiben Sie Ihrer Umgebung, also der Menschen- und Engelwelt, ein Zeugnis unveränderlicher Gott-Verbundenheit wie auch immer der Fürst dieser Welt meint, sie in Angst und Schrecken versetzen zu können.

Seien Sie Ihrem Herrn und Haupt ein brauchbares Glied.

27. September

2. Timotheus 3, 16 + 17
Alle Schrift ist von Gott eingegeben und nützlich zur Lehre, zur Überführung, zur Zurechtweisung, zur Unterweisung in der Lehre, auf dass der Mensch Gottes vollkommen sei.

Wie wichtig Gottes Wort in schriftlicher Überlieferung für jeden von uns ist, erkennen wir an dieser Aufzählung. Nur durch dieses Geschenk Gottes haben wir eine unverbrüchliche Basis der Lehre, können vom Irrtum überführen und Zurechtweisung geben, können Gottes Weisheit vermitteln, so dass der von Gott neugezeugte Mensch göttlicher Vollkommenheit entgegenreift.

Machen wir doch Gebrauch von all dem, was Gott uns hier anbietet.

Wir wollen immer mehr in diesem Sinne Menschen Gottes werden. Das geschieht nicht zuletzt durch tägliches Studieren von Gottes Wort, durch regelmäßigen Besuch der Versammlungen unserer Gemeinde und immer wieder durch ein Ansprechen unseres Herrn im Gebet.

Versuchen Sie es und bleiben Sie treu in der Nachfolge.

28. September

Hebräer 7, 18 + 19
Da ist eine Aufhebung des vorhergehenden Gebotes seiner Schwachheit und Nutzlosigkeit wegen, denn das Gesetz hat nichts zur Vollendung gebracht. Da ist die Einführung einer besseren Hoffnung, durch welche wir Gott nahen.

Wagen wir es gelassen, das ernst zu nehmen, was uns hier über das Mosaische Gesetz gesagt ist. Von der Vollendung des Christusleibes her gesehen ist es schwach und nutzlos und kann nichts zur Vollendung bringen. Dennoch war es vorbereitend nötig und ist für die heute noch Ungläubigen eine Minimalstütze irdischen Verhaltens.

Der Glaube aber an Jesus Christus und sein Sterben ist eine bessere Hoffnung, durch die wir Gottes Handeln verstehen lernen und letztlich eine Neuzeugung zur Gliedschaft am Leibe des Christus erleben.

Jetzt haben wir einen neuen inneren Menschen, der nicht mehr Satans, sondern Gottes Erbanlagen trägt. Er übernimmt unser Ich, trägt unser neues Herz und wacht über den alten, äußeren Menschen.

Werden Sie sich dieses grundsätzlichen Wandels bewusst und leben Sie ihn.

29. September

Offenbarung 3, 20 + 21
„Siehe, ich stehe an der Tür und klopfe an. Wenn jemand meine Stimme hört und die Tür auftut, zu dem werde ich eingehen und das Abendbrot mit ihm essen. Wer überwindet, dem werde ich geben, mit mir auf meinem Thron zu sitzen, wie auch ich überwunden habe und mich mit meinem Vater gesetzt habe auf den Thron." (spricht Jesus)

Hier vergleicht Gottes Wort für uns fast unfasslich zwei Ebenen. Wer mit Jesus Gemeinschaft praktiziert und sich selbst überwindet, der wird mit auf Jesu Thron sitzen, ebenso wie Jesus sich selbst überwunden und sich hingegeben hat, um mit dem Vater auf seinem Thron zu sitzen.

Lesen Sie diesen Satz zwei bis drei mal, damit Sie verstehen, wie unvorstellbar herrlich die Erwartung unserer überirdischen Zukunft ist und wie vergleichbar mit dem Herrlichkeitsweg, den der Christus durch Tod und Auferstehung zum Thron des Vaters gehen durfte.

Wenn Sie also Ihren alten Menschen überwinden und als neuer Mensch leben, dann sind Sie ein vom Höchsten gezeugtes Glied am Leibe des Christus und haben den Tod hinter sich. Zögern Sie nicht.

30. September

Hebräer 13, 1 + 2
Die Bruderliebe bleibe. Der Gastfreundschaft vergesst nicht, denn durch dieselbe haben etliche ohne ihr Wissen Engel beherbergt.

An wenigen Stellen spricht die Schrift fast wie in einem Nebensatz von der uns umgebenden Wirklichkeit. Hier wird uns mitgeteilt, dass Engel, also Gottes Lichtwesen, in der Begleitung von gläubigen Gästen oder Besuchern unserer Hauskreise sich in unserer Umgebung aufhalten können, ohne dass unser alter Mensch mit seinen Einschränkungen solches bemerkt.

Der Glaubende aber weiß durch das Wort und den innewohnenden Geist, dass der Höchste jedem Glied seines Sohnesleibes Engel zur unsichtbaren Begleitung verordnet hat.

Darum ist auch unser Verhalten, selbst wenn wir ganz allein sind, stets Zeugnis vor den uns umgebenden Engeln, ja sogar vor einer vermutlich riesigen himmlischen Zuschauerschaft, wodurch unser Leben stets eine viel beachtete Theaterbühne ist. So schreibt es Gottes Wort. Vergessen Sie das nie!

Sie können Ihrem Herrn zur Blamage oder zum Ruhm werden, je nachdem ob Sie Ihrem alten oder neuen Menschen folgen.

1. Oktober

Matthäus 12, 28
„Wenn ich in der Kraft des Geistes Gottes die Dämonen austreibe, so ist das Reich Gottes bereits zu euch gekommen." (spricht Jesus)

Was uns geistlich und politisch auf dieser Erde bevorsteht, ist das Entstehen des Reiches Gottes durch die Wiederkehr Jesu Christi in großer Macht und Herrlichkeit. Hier spricht er nun in der Vorausschau auf diese Zeit, da er schon ein Stück Reich Gottes zu seinen irdischen Lebzeiten demonstrierte, indem er Dämonen austrieb, wo immer er ihnen begegnete.

Diese Kraft des Geistes Gottes ist auch den Gliedern seines Leibes gegeben. Wir dürfen mit ihr rechnen, aber sie nicht gebrauchen ohne eindeutigen Auftrag von unserem Herrn und Haupt.

Da die Zeit seiner Herrschaft über diese Erde noch nicht gekommen ist, erteilt er uns diesen Auftrag nur ganz selten. Noch ist die Zeit, wo dem Fürst der Finsternis die Herrschaft auf der Erde überlassen ist. Wir aber sind der uns umgebenden Finsterniswelt ein Vorauszeugnis der kommenden Christusherrschaft auch über diese noch von Satan regierte Erde.

2. Oktober

> **Matthäus 12, 39 b + 40**
> **„Ein böses Geschlecht begehrt ein Zeichen, aber kein Zeichen wird ihm gegeben werden, als nur das Zeichen Jonas, der drei Tage und drei Nächte im Bauch des Fisches war. So wird der Sohn des Menschen drei Tage und drei Nächte in dem Herzen der Erde sein."**
> (spricht Jesus)

Generationen der Menschheit, die seit dem Ungehorsam Adams und Evas mit satanischer Erbmasse besetzt sind, glauben der Verkündigung von Gottes Geist nicht. Sie wollen ein Zeichen als praktischen Beweis der Macht Gottes sehen.

Das alles beherrschende Zeichen ist der Kreuzestod Jesu und seine Auferstehung nach drei Tagen der Gebundenheit im Herzen der Erde. Glauben wir ihm und weisen andere immer neu darauf hin.

So wie der Fisch den Jona nicht verdauen konnte, so war es Satan unmöglich, den gekreuzigten Jesus Christus im Finstern zu behalten. Die Macht des Höchsten entriss ihn den satanischen Finsternisbanden und machte ihn wieder zum Herrn über das ganze Universum. Wer jetzt mit Jesu Samen ins Leben gezeugt wird, der hat gleichfalls den Tod hinter sich und ist unsterbliches Glied am Leibe des Gottessohnes.

3. Oktober

Matthäus 25, 31 + 32
"Wenn aber der Sohn des Menschen kommen wird in seiner Herrlichkeit, und alle seine Engel mit ihm, dann wird er sich auf seinen Thron der Herrlichkeit setzen, und vor ihm werden versammelt werden alle Nationen. Und er wird sie voneinander scheiden, gleichwie der Hirte die Schafe von den Böcken scheidet." (spricht Jesus)

Hier stellt uns Jesus klar vor Augen, was die Menschheit zu erwarten hat: Zu der vom Vater festgesetzten Zeit wird Jesus in seiner ganzen überirdischen Herrlichkeit und begleitet von allen ihm dienenden Engeln für alle Menschen ersichtlich auf dieser Erde erscheinen und sich auf seinen Lichtthron setzen.

Jetzt müssen alle Nationen wahrscheinlich nacheinander vor ihm versammelt werden. Er scheidet alle, die in ihrem Erdenleben Gutes getan haben von denen, die dem Fürsten der Finsternis sich unterordneten und Böses verübten.

Lassen Sie uns heute schon an ihn glauben und ihn zu unserem Herrn und Haupte machen. Dann sind wir seiner im Glauben gewiss, so lange, bis der Augenblick der Machtübernahme auf dieser Erde gekommen ist.

4. Oktober

Lukas 14, 26 a + c + 27
„Wenn jemand zu mir kommt und hasst nicht sein eigenes Leben, so kann er nicht mein Jünger sein. Wer nicht sein Kreuz trägt und mir nachfolgt, ist nicht mein Jünger."
(spricht Jesus)

Jesus spricht klar aus, dass man äußerlich zu ihm kommen kann und dennoch sein eigenes Leben und seinen eigenen Vorteil sucht. Nie werden wir in dieser Haltung Glieder seines Leibes sein können.

Wir müssen daher unser egoistisches Leben ablegen, ja hassen, und müssen bereit sein, das uns zugedachte Kreuz als eine vorbestimmte Last an Leiden zu tragen.

Wir werden auf alle Fälle Teilnehmer seiner Leiden sein, jeder nach dem ihm verordneten Maß in unserem irdischen Leben, so steht es geschrieben.

Lassen Sie sich also nicht verunsichern durch Krankheit oder Misserfolg. Genau solches kann Ihr Kreuz sein, das Sie bewusst tragen als Zeichen Ihrer Jesus-Nachfolge.

Jetzt erkennen alle Beobachter der lichten und der finsteren Geisteswelt, dass Sie Leibesglied des Christus sind und die Herrschaft über das All als Leibesglied Jesu vor Ihnen liegt.

⌇❮

5. Oktober

Lukas 21, 32 + 33
„Wahrlich, ich sage euch, dass jene Generation nicht vergehen wird, bis alles, was ich sagte, geschehen ist. Himmel und Erde werden vergehen, meine Worte aber werden nicht vergehen." (spricht Jesus)

Immer wieder weist Jesus auf sein zu erwartendes Wiederkommen hin. Auf dieser Erde wird solches nur die zu diesem Zeitpunkt lebende Generation von Menschen erleben. Sie werden erkennen, dass alles, was er prophezeite, genauso eingetroffen ist.

Alle bereits heimgegangenen Gotteskinder werden es als Glieder seines Leibes gleichfalls mit erleben. Wie sicher diese Aussage ist, fasst er in die Worte: Das ganze Weltenall wird vergehen, seine prophetischen Worte aber werden sich genauso erfüllen wie sie uns überliefert sind.

Wir an Jesus Christus Gläubigen sind ganz sicher und in jeder Hinsicht die bestinformierten und aller Realität am nächsten stehenden Menschen.

Halten wir fest an jeder biblischen Prophetie und leben mit wachsender Freude zu auf den Höhepunkt unseres Lebens: Die Geburt ins Licht des Vaterhauses. Der Ungläubige sagt: ‚auf den Tod zu'. Welcher Abweg!

6. Oktober

Johannes 6, 33 + 35
„Das Brot Gottes ist der, welcher aus dem Himmel herniederkommt und der Welt das Leben gibt. Ich bin das Brot des Lebens, und wer zu mir kommt, wird nicht hungern, und wer an mich glaubt, wird nimmermehr dürsten." (spricht Jesus)

Immer neue Bilder stellt uns Jesus in seinen Worten vor Augen, um zu verstehen, was seine Wiederkunft bedeutet. Er bezeichnet sich als das Brot Gottes und das Brot des Lebens.

Das Besondere ist, dass schon heute, wo er noch nicht aus dem Himmel auf die Erde zurückgekehrt ist, alle an ihn Glaubenden geistlich nicht mehr hungern noch dürsten werden, auch wenn sie leiblich leiden müssen oder dürfen. Glaube ist also das Brot für das innere Leben schon heute. Essen und trinken wir davon nach Bedarf.

Da wir Gotteskinder stets von Engeln Gottes begleitet sind – so sagt es sein Wort –, geschieht uns auch körperlich nichts, was unser Haupt nicht veranlasst oder genehmigt hat. In uns ist der Christus stets auf dem Weg der Verherrlichung Gottes.

Ertragen wir also gelassen alles uns Zugemutete, er trägt uns und bringt uns zum Ziel.

⳨

7. Oktober

Johannes 11, 25 + 26
Jesus sprach zu Martha: „Ich bin die Auferstehung und das Leben; wer an mich glaubt, wird leben, auch wenn er (äußerlich) gestorben ist; und jeder, der dann leben wird und an mich glaubt, wird nicht mehr sterben in Ewigkeit."

Versuchen Sie das als höchste Realität festzuhalten: Jesus Christus ist in Person die Auferstehung und das Leben.

Wer als sterblicher Mensch an ihn glaubt und sich durch sein Wort in ein neues Leben zeugen lässt, wird Glied seines Leibes und trägt sein Gottesleben in sich.

Wo immer dieser Mensch jetzt lebt, auf Erden oder in den Himmeln, bleibt er unveränderbar Leibesglied des Gottessohnes und kann ohne jede Frage nie mehr sterben in alle Ewigkeit.

So ist auch unser diesseitiges Leben ein Demonstrieren dieser Heilsgewissheit wie in einem ‚theatron' vor Engeln und Menschen, so steht es geschrieben, und das Schönste kommt immer näher, je älter wir werden.

8. Oktober

Johannes 16, 22 + 23 b
„Ihr habt jetzt zwar Traurigkeit; aber ich werde euch wiedersehen, und euer Herz wird sich freuen, und eure Freude nimmt niemand mehr von euch. Was irgend ihr den Vater bitten werdet in meinem Namen, wird er euch geben." (spricht Jesus)

Hier spricht Jesus kurz vor seiner Kreuzigung zu seinen Jüngern. Sie werden von Traurigkeit überwältigt sein, wenn sie ihn als irdischen Leichnam nach seiner Kreuzigung im Grabe wissen. Er ermuntert sie aber durch sein Versprechen „ich werde euch wiedersehen".

Jetzt ist in ihnen und in uns allen, die wir dieses Geschehen kennen und glauben, unvergängliche Freude, die nichts auf dieser Erde uns rauben kann. Jetzt sagt er seinen Jüngern und auch uns zu, dass wir bei seinem Vater mit unseren Bitten immer Gehör finden werden, denn er liebt uns als Glieder seines Sohnes.

Wir leben als Gotteskinder mit jedem Tag dem Augenblick entgegen, wo wir durch den Glauben in göttliches Leben Gezeugten die Geburt in Christi Geistleib hinein erleben, diese Welt sagt dazu: ‚Sterben'.

Jetzt sind wir im ewigen Licht des Vaterhauses angelangt und unsere Freude nimmt niemand mehr von uns.

⌒≺

9. Oktober

Johannes 17, 24
„Vater, ich will, dass die, welche du mir gegeben hast, auch bei mir seien wo ich bin, auf dass sie meine Herrlichkeit schauen, die du mir gegeben hast, denn du hast mich geliebt vor Grundlegung der Welt." (spricht Jesus)

Keiner von uns wird bezweifeln, dass der Vater diese Bitten seines Sohnes, die er kurz vor seiner Kreuzigung ausspricht, erhören wird. Jesus will, dass wir alle, die wir an ihn glauben, immer da sind, wo er ist, und seine Herrlichkeit schauen, ja in sie verwandelt werden.

Die Liebe des Vaters zum Sohn schon „vor Grundlegung" des Kosmos wird von ihm selbst hier bezeugt und gilt auch uns als seinerzeitige Lebenskeime in ihm und jetzige Glieder seines Geistleibes.

Unser Herr will, dass gerade wir als Glieder seines Leibes, die jetzt ohne zu sehen glauben, dann seine Herrlichkeit schauen. Er will, dass wir eins mit ihm sind und ewig bleiben in allen künftigen Heilsaufgaben des Gottessohnes.

Welche unfasslich herrliche Bestimmung!

10. Oktober

Römer 3, 23
Alle haben gesündigt und erreichen nicht die Herrlichkeit Gottes, aber wir werden umsonst gerechtfertigt durch seine Gnade, durch die Erlösung, die in Christus Jesus ist.

Auch wir Kinder Gottes und Angehörigen des Leibes des Christus haben zuvor in Egoismus und Sünde gelebt und hätten nie die Herrlichkeit Gottes erreicht.

Wir wurden aber ohne Gegenleistung erwählt, in ein neues Leben gezeugt, hierdurch gerechtfertigt und von allen dämonischen Bindungen befreit, in die wir fleischlich hineingeboren wurden. Jetzt sind wir als Gotteskinder Teile des Christus und seiner Herrlichkeit.

Sind Sie mit vollem Bewusstsein Gotteskind? Unverbrüchlicher Glaube führt dahin.

Dann reifen Sie heran als ein unvergängliches Glied seines Leibes. Die beschränkte Zahl der ‚Erstlinge' im Glauben werden als seine ersten Leibesglieder unter der Führung des Hauptes den Heilsauftrag des Höchsten an allen Lebewesen vollenden durch Gericht und Neuzeugung in Liebe.

Welches das All umfassende Heilsprogramm!

11. Oktober

Römer 5, 15
Ist nicht aber wie die Übertretung also auch die Gnadengabe? Denn wie durch des einen (Adams) **Übertretung die Vielen gestorben sind, so ist auch die Gnade Gottes durch einen Menschen, Jesus Christus, gegen die Vielen überströmend geworden.**

Hier wird eine an sich leicht verständliche Tatsache aufgezeigt. Dennoch ist sie von den meisten Menschen, auch Gläubigen, trotz ihrer Einfachheit nicht klar erkannt. Welches ist die Kernaussage: Ebenso wie zunächst in den Leib der Eva Satans Erbmasse einging, dann an Adam weitergegeben und als unvermeidbares Erbe in alle Generationen der Menschheit gelangte, ebenso ist Gottes Gnaden- und Liebeserbe durch Jesus in die Menschheit gelangt und geht auf jeden über, der vom Höchsten ins Leben gezeugt und mit Jesus im Glauben eins wird.

Wir können erkennen, dass alle unsere modernen biologischen und erbgenetischen Kenntnisse die Wahrheit darstellen, dass sie im menschlichen Fleische zwar nur abgebildet, im Geiste aber Realität sind.

Der Weg zu dieser gottgeschaffenen Wirklichkeit im Geiste ist der Glaube. Er führt schon in der Gottferne dieser gefallenen Erdenwelt zum Empfang des Geistes Gottes und zu einer Neuzeugung göttlichen Lebens.

12. Oktober

> **Römer 8, 3**
> **Denn das dem Gesetz Unmögliche, weil es durch das Fleisch kraftlos war, tat Gott, indem er seinen eigenen Sohn in Gleichgestalt des Fleisches der Sünde sandte und damit die Sünde im Fleisch verurteilte.**

Es ist für uns vielfach noch gesetzesgebundenen Menschen wichtig, zu erkennen, dass nicht nur alle irdischen Gesetze, sondern auch das Mosaische Gesetz kraftlos ist gegenüber dem erblich vergifteten Fleisch des Menschen.

Der Höchste hat gerade darum seinen Sohn in die gleiche Gestalt des Fleisches gesandt und für alle aufrichtigen Beobachter erkennbar seine göttliche Erbmasse durch den Glauben unserem neuen inneren Menschen eingegeben. Jetzt ist der alte Mensch mit seiner dämonischen Erbmasse dem neugezeugten Menschen untergeordnet und zum Sterben verurteilt.

Durch die Innewohnung des Christus wird vom Höchsten in uns ein neuer Mensch gezeugt, so stellt es die Bibel dar, der eins geworden ist mit göttlichem Erbe und uns als Gotteskinder zur Familie Gottes gehören lässt. Gehen Sie immer auf dieses Ziel zu!

13. Oktober

Römer 12, 2
Werdet verwandelt durch die Erneuerung eures Denksinnes, damit ihr prüfen könnt, was der gute und wohlgefällige und vollkommene Wille Gottes ist.

Hier spricht Paulus eindeutig gläubige Römer an, welche durch die Neuzeugung von oben einen erneuerten Denksinn besitzen. Ungläubige kann er hier nicht gemeint haben.

Nur durch einen vom neugezeugten Geist erneuerten Denksinn kann der Gläubige den vollkommenen Willen Gottes erkennen und befolgen. So gilt es immer zu unterscheiden, ob ich von meinem alten, noch seelischen Denksinn oder von meinem neuen geistlichen Denksinn geleitet bin.

Diese Unterscheidung fällt nicht immer leicht und bedarf nicht selten des Gesprächs mit einem gereiften Gläubigen, um den vom Feinde eingegebenen Irrtümern nicht zu verfallen.

Wolle unser Herr in dieser Unterscheidung uns immer mehr Weisheit schenken.

14. Oktober

> **1. Korinther 1, 18**
> **Denn das Wort vom Kreuz ist Torheit denen, die verloren gehen, uns aber, die wir errettet werden, ist es Gottes Kraft.**

Wieder unterscheidet die Schrift hier eindeutig Menschen ohne Glauben, die den Weg der Verlorenheit gehen, und solche, die errettet sind durch den Glauben.

Nicht verwunderlich ist, dass für Menschen ohne lebendigen Glauben ein gekreuzigter Erdenbürger, Jesus Christus, dessen Auferstehung weithin als fromme Illusion bezeichnet wird, niemals Retter der Welt sein kann.

Nur solche, die an die Gottessohnschaft Jesu durch eine Zeugung von oben in seiner Mutter Maria glauben und seine Auferstehung nach seinem Kreuzestod als geschichtliche Wahrheit erkannt haben, erleben im Umgang mit diesen geistlich-geschichtlichen Fakten die Wirklichkeit des Heilshandelns Gottes. Das aber ist für sie die Neuzeugung in unverwesliches Gottesleben von oben.

Sind Sie einer von diesen? Dann gehen Sie täglich auf den Höhepunkt Ihres Lebens zu, die Weltmenschen nennen es Sterben, wir aber wissen, es ist unsere Geburt ins Licht.

15. Oktober

1. Korinther 4, 9 b
Wir sind der Welt ein Schauspiel geworden, sowohl Engeln als Menschen.

Nicht häufig genug können wir uns daran erinnern lassen, dass wir in jedem Augenblick unseres Lebens, bei Tag und bei Nacht, im Alleinsein oder in menschlicher Gesellschaft in Wirklichkeit stets wie auf einer Bühne ein Schauspiel darstellen zum kleineren Teil für Menschen, die nicht immer gegenwärtig sind, zum weitaus größeren Teil für lichte und finstere Engelwesen.

Sie umgeben uns wie eine riesige unsichtbare Zuschauerschaft.

Gerade diese schauspielerische Aufgabe für uns ist unserem Gott wichtig, damit sie von seinen Kindern zur eindeutigen Demonstration seiner Sichtbarkeit, aber auch seines Heilswillens gebraucht wird.

Wir erkennen aber auch dabei, welche unfasslich verantwortungsvolle Aufgabe unser tägliches Leben ist. Jede Alltagssituation, ja jedes ausgesprochene Wort ist vor einer uns verborgenen, unzählbaren Menge von Zuhörern und Zuschauern ein Zeugnis für unseren Herrn oder eine bittere Blamage für seine Leibesgliedschaft.

Leben Sie dessen bewusst!

16. Oktober

1. Korinther 11, 3
Ich will aber, dass ihr wisst, dass der Christus das Haupt eines jeden Mannes ist, das Haupt der Frau aber ist der Mann, des Christus Haupt aber Gott.

Typisch ist die Art, wie Gott die innere Ordnung seines Weltenalls in der Bibel darstellen lässt. Es ist die abbildhafte Beziehung zwischen Mann und Frau, die hier immer wieder im Worte Gottes auftaucht.

Das Haupt jedes gläubigen Mannes ist der Christus. Eigentlich steht der Mann also in Weibesstellung zu dem Christus, denn er empfängt auch sein geistliches Leben durch einen Zeugungsakt. Im Sichtbaren dieser Welt wird abbildhaft der Mann über die Frau gesetzt, die irdisches neues Leben aus ihm in einem Zeugungsakt empfangen kann.

Zunächst überrascht ein solcher Vergleich, er taucht aber immer wieder in der ganzen Bibel abbildhaft auf. Das Geheimnis der Weitergabe von Leben in einem Zeugungsakt ist ohne Zweifel die immer wieder erscheinende Darstellung der Ausbreitung göttlichen Lebens im Neuen Testament.

Der Feind hat gerade diesen Zeugungsakt für seine hässlichen Entstellungen vielfach missbraucht. Denken Sie neu!

17. Oktober

1. Korinther 15, 37 + 38 b
Du säst nicht den Leib, der werden soll, sondern ein nacktes Korn, es sei Weizen oder ein anderer Samen. Gott gibt aber jedem Samen seinen eigenen Leib.

Hier wird längst vor den heutigen Erkenntnissen unserer biologischen Wissenschaft von den genetischen Planungen in jedem Samen gesprochen. Jede Saat auf dem Felde ist wieder ein Abbild der Vermehrung von Leben.

Es wird ein winziges nacktes Korn in den vorbereiteten Boden gesät. Alles, was aus diesem Korn entstehen wird, liegt längst fest in den genetischen Informationen, die sich genau realisieren in dem entstehenden Pflanzenwuchs.

Wir blicken voll Staunen in das schöpferische Handeln unseres Gottes, der durch Jesus Christus alles Leben in der Pflanzen- und Tierwelt entstehen ließ und seine Pläne damit hat.

Wir Gotteskinder aber haben die höchste Gabe göttlichen Lebens in uns und sind damit sogar Glied am Leibe des Christus.

Welch unfassliche Gottesgabe!

18. Oktober

> **2. Korinther 10, 3 + 4**
> **Obwohl wir im Fleisch wandeln, kämpfen wir nicht nach dem Fleisch, denn die Waffen unseres Kampfes sind nicht fleischlich, sondern göttlich, mächtig zur Zerstörung von Festungen, indem wir Vernunftsschlüsse zerstören und jede Höhe, die sich erhebt wider die Erkenntnis Gottes.**

Hier wird deutlich, dass unser gefallener Leib für uns Gotteskinder nur die äußere Hülle ist. Jeder Kampf in dieser dämonischen Welt bedarf göttlicher Waffen, die mächtig sind, auch Festungen der Finsternis zu zerstören.

Dann herrscht nicht mehr die irdische Vernunft vor in unserem Erkennen und Handeln, sondern die Erkenntnis Gottes aus seinem Wort und durch seinen Geist.

Wir wollen uns dessen immer wieder bewusst werden, dass wir als Glieder des Christusleibes keine irdischen Ziele durch Kämpfe zu erlangen haben. Statt dessen haben wir uns zunächst noch unbekannte Absichten unseres Herrn und Hauptes zu erfüllen als seine Glieder durch totale Hingabe an Gottes Führung in diesem Reiche Satans und später im Himmelreich.

Im Mittelpunkt unseres Denkens steht immer Gottes Wort und seine uns geschenkte Erkenntnis.

19. Oktober

Epheser 4, 5 + 6
Da ist ein Herr, ein Glaube, eine Taufe, ein Gott und Vater aller, der da ist über allen und durch alle und in uns allen.

Paulus vermag durch den Heiligen Geist universumweite Realitäten in einem Satz auszudrücken. Es existiert nur ein einziger allmächtiger Gott und nur ein Sohn als der Herr über das gesamte Universum.

Dieser allmächtige Gott ist Vater des Sohnes und aller ‚Erstlinge', die er als Glieder des Sohnes aus der Menschheit in sein Leben gezeugt hat.

Sein Ziel ist aber, allen Widerstand zu vernichten und das ganze Weltenall sich und dem Sohn allein unterzuordnen. Er will alles Leben in Gottesleben verwandeln und zum Glied an dem entstehenden göttlichen Gesamtleib des Universums machen.

Wie unfasslich ist es, dass der Höchste solche fast unvorstellbaren Ziele uns geringen Menschen offenbart. Zuvor hat er allerdings uns ‚Erstlingen' seinen Gottesgeist gegeben und uns zu Gotteskindern in sein Gottesleben gezeugt.

Sind Sie sich dessen bewusst?

20. Oktober

Epheser 4, 7 + 10
Jedem Einzelnen aber von uns ist die Gnade gegeben worden nach dem Maß der Gabe des Christus. Der hinabgestiegen ist, ist derselbe, der auch hinaufgestiegen ist über alle Himmel, auf dass er das All vervollständige.

Hier ist in einer alle Erwartungen übertreffenden Weise von der Aufgabe des Christus gesprochen. Jedem Einzelnen – zunächst seiner Erstlinge – dann aber am Ende von allen Menschen ist ein von ihm bestimmtes Maß an Gnade, also Zuwendung göttlicher Vollmacht, vorherbestimmt.

Zur Vollendung aller göttlichen Planung und Vernichtung aller Widerstände ist der Christus hinabgestiegen, Mensch geworden, ans Kreuz gegangen und wieder hinaufgestiegen über alle Himmel.

Jetzt hat er die juristische und geistliche Voraussetzung geschaffen, dass der Vater mit Lebenskeimen, die er aus dem Sohn entnommenen hat, das ganze All in sein göttliches Leben zeugen kann. Er ruht nicht, bis auch der letzte Feind vernichtet, neugezeugt und das ganze All zum Teil des Christusleibes geworden ist.

Jetzt wird der Sohnesleib zum Leib des Vaters. All das steht wunderbar in Gottes Wort geschrieben.

21. Oktober

Epheser 4, 13
Wir alle sollen hingelangen zu der Einheit des Glaubens und zur Erkenntnis des Sohnes Gottes, zu dem erwachsenen Mann, zu dem Maß des vollen Wuchses der Fülle des Christus.

Immer wieder wundern wir uns, wie die gleichen göttlichen Zielsetzungen und Vorstellungen göttlicher Geistleiblichkeit an vielen Stellen in Gottes Wort in immer neuem Licht dargestellt sind.

Nach allen Erstlingen des Glaubens sollen alle Menschen und zur gegebenen Zeit alle Engel hingelangen zu dieser Glaubens- und Erkenntniseinheit in Verbindung mit der Gliedschaft am Leibe des Gottessohnes. Es gibt einen gottgegebenen Plan des „vollen Wuchses" und damit der „Fülle des Christus".

Wenn die Schrift uns Gläubige ‚Erstlinge' nennt, so gibt es eben auch Zweitlinge und Drittlinge und ähnliches mehr, bis zur Vollendung der göttlichen Heilsplanung im gesamten Universum.

Zu den ersten Mitarbeitern an diesem Herrlichkeitsziel zu gehören, ist ein unvorstellbares und unverdientes Vorrecht. Danken Sie Gott immer wieder dafür!

22. Oktober

Epheser 4, 15 – 16
Lasst uns die Wahrheit festhalten in Liebe und in allem heranwachsen zu ihm hin, der das Haupt ist, der Christus. Aus ihm wächst der ganze Leib, verbunden durch alle Gelenke, nach dem Maß jedes einzelnen Teiles, zur Vollendung des Leibes.

Fast wundern wir uns, dass der Geist Gottes seine Wahrheit in seinem Wort immer wieder an den Beispielen unseres Körpers festmacht. Darum gibt er hier sein Ziel an, die Wahrheit nicht nur zu erkennen und immer wieder von neuer Seite dargestellt zu sehen, sondern sie auch in Liebe in uns zu bewahren. Wir sollen dabei heranwachsen zu unserem Haupte, dem Christus.

Denn wie im Abbild unseres irdischen Lebens wächst der ganze gottgeplante Leib seines Sohnes einschließlich aller geplanten Gelenke jeweils nach dem Maß jedes einzelnen Organes, bis die von ihm erdachte Vollendung erreicht ist.

Immer neu erkennen wir dankbar das unerklärliche Vorrecht, als Erstlinge an dieser Vollendungsabsicht unseres Vatergottes aktiv beteiligt zu sein.

Nichts anderes kann uns so bewegen, erfüllen und immer wieder zum Mitwirken aufrufen.

23. Oktober

Epheser 5, 30 + 32
Wir sind Glieder seines Leibes, von seinem Fleisch und von seinen Gebeinen. Dieses Geheimnis ist groß. Ich aber sage es in Bezug auf Christum und auf die Gemeinde.

Auch wir Gotteskinder sollen uns das Unfassliche immer wieder zu Herzen nehmen: Wir sind Glieder seines Gottesleibes. Er besteht aus geistlichen Gebeinen und Organen verschiedenster Bestimmung und Funktion. Alle Details hierüber sind zunächst noch ein Geheimnis.

Schon heute geistige Realität und damit Anfang der Vollendung ist aber der aus den Erstlingen des Glaubens bestehende Leib des Christus, an dem er allein Haupt ist. Wir alle, die wir unter ihm Glieder sein dürfen, werden an dem weiteren Wachstum und Hinzukommen von Gliedern und Funktionen jeder auf seine Weise beteiligt sein.

Gibt es eine schönere Bestimmung als solches Wissen? Weder Alter noch Krankheit können uns überflüssig machen, da wir wichtige Funktionen für unseren Herrn und unser Haupt selbst im Leiden und erst recht im Geborenwerden ins Licht, das die Menschheit Sterben nennt, zu erfüllen haben.

In welcher unfasslichen Vorausbestimmung leben wir!

24. Oktober

Philipper 1, 29
Euch ist in Bezug auf Christus geschenkt worden, nicht allein an ihn zu glauben, sondern auch für ihn zu leiden.

Es ist wichtig, immer neu zu erkennen, dass unser Glaube an den Vater und den Sohn nicht eine persönliche Leistung, sondern ein Geschenk des Himmels ist. Danken wir doch täglich dafür und intensivieren wir diese göttliche Lebenserwartung durch den Glauben.

Hier wird von einem weiteren Geschenk gesprochen, dass wir nämlich für ihn leiden dürfen. Solches Erkennen lässt uns fast erschrecken, weil wir wie alle Menschen leidensscheu sind.

Das Wissen um die Bedeutung des Leidens der Erstlinge des Glaubens für ihren Herrn lässt uns alles Leiden völlig neu bewerten und nahezu gegenteilig damit umgehen. Wenn wir Leiden als Vorrecht erkennen, dann hat es seine Hässlichkeit und Zerstörungsabsicht verloren, dann wird es zum Anteil am Leiden des Christus, so steht es geschrieben.

Versuchen Sie diese Umkehr der Einschätzung ihrer Leiden mit Zuversicht zu praktizieren, dann erleben Sie es als Vorrecht.

25. Oktober

Kolosser 1, 16
In Jesus Christus ist das All erschaffen worden, das in den Himmeln und das auf der Erde, das Sichtbare und das Unsichtbare, es seien Throne oder Herrscher, oder Fürsten oder Gewaltige. Das All besteht zusammen in ihm.

Wir wagen es kaum zu fassen: Das ganze All, sowohl alle Himmel, alle Himmelskörper und diese Erde einschließlich des Erdinnern mit allen sichtbaren und unsichtbaren Bewohnern und einschließlich deren Throne, Herrschaftsbereiche und Gewaltsgegebenheiten, sie alle sind in Jesus Christus und damit durch ihn erschaffen worden.

Offenbar hat er so viel Freiheit gewährt, dass sich Mächte, die aus ihm gleichfalls entstanden sind, gegen ihn wenden konnten.

In der von ihm geschaffenen Realität des Weltenalls wird er auf seine Weise Gericht und damit Ordnung herstellen und sein Leben durch den Vater zunächst in seine Erstlinge und dann in alle Lebewesen seines Weltenalls hineinzeugen.

Dabei werden Gerichte und Zubereitung nicht fehlen. Sein Ziel aber wird er auf alle Fälle erreichen, und wir sind als Erstlinge seine unentbehrlichen Helfer. Sie auch?

26. Oktober

1. Thessalonicher 5, 23
Er selbst aber, der Gott des Friedens, heilige euch völlig, und eure Ganzheit, Geist, Seele und Leib, werde tadellos bewahrt bei der Ankunft unseres Herrn Jesus Christus.

Der Höchste, hier Gott des Friedens genannt, wird uns Glaubende „heiligen", das heißt zur Zubereitung beiseite nehmen. Er wird alle von dem Sohn geschaffenen Teile an uns, Geist, Seele und Leib, reinigen und dadurch fähig machen, bei der Begegnung mit unserem Herrn und Haupt Jesus Christus Glied seines universalen Geistleibes zu sein.

Hier geht es um den Augenblick des Abschlusses unseres irdischen Lebens – andere nennen es das Sterben – und um das Geborenwerden ins Licht bei der bewussten Begegnung mit unserem Herrn Jesus Christus.

Es ist eine neue Qualität irdischen Lebens, zu wissen, hier sind wir Fremdlinge, die in Feindesland leben. Unsere Heimat, zu der wir immer unterwegs sind, ist das himmlische Vaterhaus. Je älter oder sogar kränker wir sind, desto mehr wächst die Vorfreude.

Versuchen Sie das zu praktizieren vor der riesigen, unsichtbaren Zuschauerschaft.

27. Oktober

2. Timotheus 4, 7 + 8 b
Ich habe den guten Kampf gekämpft, ich habe den Lauf vollendet, ich habe den Glauben bewahrt. Fortan liegt mir bereit die Krone der Gerechtigkeit, wie auch allen, die seine Erscheinung lieben.

Hier spricht Paulus in erstaunlicher Offenheit von sich selbst. Er geht auf sein irdisches Lebensende zu und hat einen guten Kampf gegen die ihn umgebende Finsterniswelt geleistet und hat den ihm verordneten Lebensweg vollendet.

Dabei hat er den ihm geschenkten Glauben konsequent bewahrt und vermehrt. Jetzt erwartet er die Beurteilung seines Lebensweges durch das Haupt und ist sich des Einverständnisses und der Anerkennung seines Herrn so gewiss, dass er von einer „Krone der Gerechtigkeit" spricht.

Sie hält er auch allen Brüdern und Schwestern für verheißen, die den Christus und seine Erscheinung von ganzem Herzen lieben.

Können Sie das von sich sagen? Dann gehen auch Sie auf eine unvorstellbare Herrlichkeit zu in dem Augenblick, wo Ihr Herz hier aufhört zu schlagen. Genau das erwartete Paulus überglücklich als er sich in Rom niederkniete, um enthauptet zu werden.

28. Oktober

Hebräer 9, 22 a + 23
Fast alle Dinge werden nach dem Gesetz durch Blut gereinigt. Wohl mussten die Abbilder der himmlischen Dinge auf diese Weise gereinigt werden, die himmlischen Dinge selber aber durch bessere Schlachtopfer als diese!

Zunächst spricht der Geist Gottes hier von den Dingen dieser Welt, die nach dem Gesetz des Mose nur durch Blut von Tieren gereinigt werden können.

Dann hat Jesus, in welchem wir alle als göttliche Keime noch innewohnend waren, den Weg ans Kreuz und damit die Vergießung seines Blutes gewählt.

Als Abbilder himmlischer Wahrheiten bedürfen zunächst wir und dann alle Menschen dieser Reinigung, so lesen wir es hier. Die himmlischen Dinge selbst, also die Welt der Engel und die Bereiche des Todes mit allen unerlösten Häftlingen, bedürfen besserer Schlachtopfer als sie nach dem Gesetz des Mose von Tieren erbracht werden konnten.

Darum sind Golgatha und auch die durch die Glieder seines Leibes ertragenen Leiden die alles umfassende Erlösung. Welches Vorrecht, dass wir daran beteiligt sein dürfen.

29. Oktober

Hebräer 9, 26 b
Jesus ist einmal in der Vollendung der Zeitalter geopfert worden zur Abschaffung der Sünde durch sein Opfer.

Wir sind überrascht von der Aussage, dass Jesu Opfer am Kreuz die Vollendung der Zeitalter gewesen ist. Sie bedeutet in himmlischer Schau die Abschaffung der Sünde durch sein Opfer. Wie können wir das verstehen?

Für alle Menschen, ja alle Lebewesen, hat der Höchste einen gottähnlichen Lebenskeim in dem Christus vorbereitet und diesen in seinem Sohn durch den Tod geschickt. Durch Jesu Auferstehung stehen Gott nun alle diese Lebenskeime, die nun Tod und Auferstehung hinter sich haben, zur Verfügung. Jetzt kann er uns Menschen und alle anderen Lebewesen zu seiner Zeit damit ins Leben zeugen. Wir heutigen Gotteskinder sind nur die Erstlinge.

Somit ist in dem Leib des Christus das ganze Weltenall mitgestorben und damit vor Gott gerechtfertigt. Jetzt können sie, jedes Lebewesen zu seiner Zeit, durch Gottes Zeugungsakt sündenfrei werden. In der Tat war Jesu Opfer die Abschaffung der Sünde, also der Sonderung von Gott. Versuchen Sie es zu verstehen.

Preise den Herrn!

30. Oktober

> **Hebräer 13, 8 + 13 + 14**
> **Jesus Christus ist derselbe gestern und heute und in allen Zeitaltern. Deshalb lasst uns zu ihm hinausgehen, seine Schmach tragen, denn wir haben hier keine bleibende Stadt, sondern die zukünftige suchen wir.**

Das Opfer Jesu Christi bleibt juristisch und heilsbiologisch bestehen für alle Zeiten. Deshalb kann jeder Glaubende aus jeder Generation der Menschheit ihn im Glauben suchen, seinen Kreuzestod sich im Glauben zu eigen machen und unser Bürgertum in den Himmeln erkennen. Jetzt geschieht im Glauben der Zeugungsakt, von dem wir immer wieder sprechen. Es entsteht ein zweites, gottgezeugtes Leben in uns und macht uns zu Kindern des Höchsten und zu Gliedern am Leibe des Christus.

Unser Blick und unsere Erwartung geht also immer von dieser dämonischen Erdoberfläche hinweg auf das Vaterhaus, wo wir als Gotteskinder erwartet werden. Auf dieser von Satan beherrschten Erde haben wir wahrlich „keine bleibende Stadt". Wir wissen aus Gottes Wort von einer „zukünftigen Stadt" und auf sie wandern wir in steigender Freude zu.

Sind Sie sich dessen sicher? Wenn nicht, übernehmen Sie solche Wahrheiten jetzt im Glauben.

31. Oktober

2. Petrus 3, 3 – 5 a
Ihr sollt wissen, dass in den letzten Tagen Spötter kommen werden, die nach ihren eigenen Lüsten wandeln und sagen: Wo ist die verheißene Ankunft des Herrn? Denn seitdem die Väter entschlafen sind, bleibt alles so von Anfang der Schöpfung an!

Der Geist Gottes will, dass wir uns immer wieder bewusst machen, in den letzten Tagen dieses bösen Äons zu leben und von Spöttern umgeben zu sein. Dass die Ankunft unseres Herrn noch nicht erfolgt ist, lässt uns nicht unsicher sein. Der Höchste hat zwar seine eigene, uns unbekannte Zeitplanung, hat uns aber das Ziel klar erkennen lassen.

Darum sind wir nicht unsicher, sondern werden uns gewiss, durch unser Ableben auf dieser Erde ins Licht des Vaterhauses geboren zu werden und dann als Glied des Sohnesleibes zu seiner Zeit wiederzukommen.

So sind wir heute schon, wenn wir an Jesus Christus glauben, Glieder seines himmlischen Leibes. Unsere Heimat ist das Vaterhaus im Himmel. Auf Erden sind wir Fremdlinge, ja Hauptfeinde der finsteren Engelfürsten dieses Zeitlaufs. Hätten wir nicht Gottes Schutzengel, so würden wir längst vom Feind aus dieser Satanswelt beseitigt sein. Aber das Schönste liegt immer vor uns!

1. November

Matthäus 15, 11
„Nicht was in den Mund eingeht, verunreinigt den Menschen, sondern was aus dem Mund ausgeht, das verunreinigt den Menschen."
(spricht Jesus)

Verschiedene Stellen in Gottes Wort lassen vermuten, dass die uns umgebende Engelwelt nicht in unser Herz blicken, sondern nur hören kann, was wir sprechen und sehen kann, was wir tun. Gerade vor dieser Wolke von Zeugen sind daher unsere Worte von hoher Bedeutung.

Auch wenn wir nur mit einem einzigen Menschen im Gespräch sind oder irgendwo in der Welt ärgerliche Kontakte erleben, so haben wir immer eine riesige Schar von Zuhörern aus der Geisteswelt. Darum sind auch Gebete, die wir sprechen, wichtiger als solche, die wir nur denken.

Nicht umsonst sagt uns Paulus eindringlich: Wir sind ein ‚theatron', eine Bühne, sowohl vor Engeln als auch vor Menschen.

Seien Sie sich dieses Vorrechts, aber auch dieser unbegrenzten Verantwortung bewusst.

2. November

> **Matthäus 27, 50 – 53**
> **Jesus aber schrie am Kreuz wiederum mit lauter Stimme und gab den Geist auf. Und siehe, der Vorhang des Tempels zerriss in zwei Stücke, von oben bis unten; und die Erde bebte, und Felsen zerrissen. Grüfte taten sich auf und viele Leiber entschlafener Heiliger wurden auferweckt, gingen in die heilige Stadt und erschienen Vielen.**

Wie bewegend für jeden von uns, dass der Gottessohn am Kreuz in entsetzlicher Qual schreit und dann im Totenreich von dem Grölen der Finsternismächte empfangen wurde. Wie verständlich, dass die Erde bebte und Felsen zerrissen.

Noch hatte der Vater ihn nicht wieder aus den Banden des Todes herausgerufen, da wurden schon entschlafene Heilige auferweckt, vermutlich in Erwartung der Auferstehung des Gottessohnes. Welche Freude hat die ganze Geisteswelt mit Sicherheit erfüllt, als Jesus im Auferstehungsleib den Jüngern erschien und damit alle Lebenskeime in ihm zurückkehrten in den Handlungsbereich des Vaters.

Jetzt jubilierten alle im Glauben Verstorbenen, weil ihre Neuzeugung in göttliches, unauflösliches Leben unmittelbar bevorstand. Wie beglückend, dass wir Gotteskinder diese Neuzeugung im Glauben bereits erfahren haben.

3. November

Lukas 14, 33 + 34
„**Jeder von euch, der nicht allem entsagt, was er hat, kann nicht mein Jünger sein. Das Salz ist gut. Wenn aber selbst das Salz kraftlos geworden ist, womit soll noch gewürzt werden?**" (spricht Jesus)

Hier lässt uns Jesus unüberhörbar wissen, dass wir als Glieder seines Leibes allem entsagen müssen, was uns in diesem vergänglichen Leben noch Besitzansprüche und Totaleinsatz für vergängliche Ziele auferlegt.

Die Aufgabe des Salzes bei der Speisenzubereitung wird hier verglichen mit unserem Auftrag in dieser Welt. Wir können kraftlos werden als Hilfskräfte Gottes auf dieser Erde, wenn wir nicht mehr Salz, sondern ein wirkungsloser Sand geworden sind.

Bitte vergessen Sie nie, dass der Vater und der Sohn nur durch uns Glieder des Sohnesleibes den Willen Gottes und sein Wort auf dieser dämonischen Erde hörbar und sichtbar machen.

Dabei können Leidenswege, die er uns führt, gewichtiger sein als irdisches Gelingen, Erfolg und Gesundheit.

Geben wir uns als Leibesglieder Christi seinem Willen hin.

4. November

Lukas 21, 36
„Wachet nun und betet zu aller Zeit, auf dass ihr würdig geachtet werdet, diesem allem, was im Begriff ist zu geschehen, zu entfliehen, und vor dem Sohn des Menschen zu stehen."
(spricht Jesus)

Wie wichtig stellt uns Jesus hier vor Augen, dass wir ohne größere Pausen wachen und beten müssen. Nur hierdurch werden wir von den uns umgebenden Finsternisherrschern als solche erkannt, die sie nicht leichterdings vereinnahmen können, weil sie in einem ständigen lebendigen Kontakt mit dem Christus stehen.

Darum ist alles, was uns auf dieser Erde ganz vereinnahmt, auch wenn es das denkbar Sinnvollste ist, aber nicht dem Christus dient, verlorene Zeit und gefährliches Abgleiten. Jesus selbst will, so spricht er es hier aus, dass wir immer „vor ihm stehen". Als Glieder seines Leibes könnten wir sogar sagen ‚eins sind mit ihm'.

Dann sind wir unangreifbar von allen Finsternismächten und immer freudig unterwegs zum Höhepunkt des Lebens, was diese Welt das Sterben nennt.

5. November

Johannes 6, 40
„Dies ist der Wille meines Vaters, dass jeder, der den Sohn sieht und an ihn glaubt, ewiges Leben hat; und ich werde ihn auferwecken an seinem letzten Tag." (spricht Jesus)

Wie schön, dass der, welcher den Willen seines Vaters am besten kennt, Jesus, uns unüberhörbar mitteilt: Der Vater will, dass wir im Geiste den Sohn sehen und an ihn als die höchste aller Realitäten glauben. Das ist für ihn und die ganze Geisteswelt das Kennzeichen neugezeugten ewigen Lebens.

Weiter ist gewiss, dass jeder, der heute als Gotteskind dieses ewige Leben im irdischen Leibe bereits besitzt, an seinem letzten Tag, den die Welt Sterben nennt, ins Licht geboren wird.

Damit haben wir Gotteskinder stets die Gewissheit, dass der Tod hinter uns liegt, auch in hohem Alter und bei unheilbarer Krankheit, und dass die Geburt ins Licht des Vaterhauses immer näher kommt.

Eine schönere Erwartung wird es im Himmel und auf Erden nie geben als die, dem Höchsten und seinem Sohn von Angesicht zu Angesicht zu begegnen und in ständiger Hingabe Glied am Geistleib des Sohnes zu sein.

6. November

Johannes 12, 24
„Wahrlich, wahrlich, ich sage euch: Wenn das Weizenkorn nicht in die Erde fällt und stirbt, bleibt es allein; wenn es aber stirbt, bringt es viel Frucht." (spricht Jesus)

Jesus gebraucht gerne sehr einleuchtende Vergleiche aus Gottes Natur. Ein Weizenkorn hat gottgeschenktes Leben in sich, auch wenn es noch so klein und einsam irgendwo wartet. Sobald es aber in die Erde fällt und dabei als einzelnes Korn sogar stirbt, vereinigt es sich mit Bestandteilen der umgebenden Erde, produziert Wachstum und bringt ein Vielfaches seiner eigenen Größe an Frucht.

Genau diesen Ablauf entstehenden Heils und sichtbaren Fruchtwachstums sagt Jesus jedem voraus, der an ihn glaubt und so zum Segen als Mitvollender göttlicher Heilsabsichten wird.

Möge uns Jesus helfen, dass wir alle in uns angelegten heiligen Möglichkeiten auswirken und unser von ihm verändertes Ich stets zum Antrieb des Entstehens weiterer Frucht wird.

7. November

Johannes 16, 24
„Bis jetzt habt ihr nichts gebeten in meinem Namen. Bittet, und ihr werdet empfangen, auf dass eure Freude völlig sei." (spricht Jesus)

Jesus dürfen wir beim Worte nehmen. Er wird sich nie weigern, zu erfüllen, was er versprochen hat. Hier sind wir aufgefordert, in seinem Namen zu bitten. Je fester der Glaube ist, dass er unsere Bitten hört und nicht vergisst, desto gewisser dürfen wir sein, dass wir unsere Bitten in der von ihm vollendeten Form und in der von ihm gewählten Zeit erfüllt bekommen.

Das Ergebnis wird also immer Freude sein, wenn auch zu der von ihm gewählten Zeit. Bleiben wir also bewusst bis dahin in der Vorfreude und in der Erwartung, dass er sein Versprechen hält.

Vergessen wir allerdings nicht, dass die Glieder seines Leibes nicht nur Teilhaber seiner Vollmacht und Sohnesfreuden, sondern auch Teilhaber der ihm und seinem Leibe auf dieser Welt zugedachten Leiden sind.

Vielleicht können Sie sich sogar dann auch darüber freuen.

8. November

Johannes 18, 36 + 37
„Mein Reich ist nicht von dieser Welt. Wenn es von dieser Welt wäre, so hätten die Meinen gekämpft, auf dass ich den Juden nicht überliefert würde. Jeder, der aus der Wahrheit ist, hört meine Stimme." (spricht Jesus)

Gerade wenn Jesus ihn selbst betreffende geschichtliche Fakten darstellt gilt es, auf ihn zu hören. Er spricht von einem Reich, das er sein Reich nennt. Darin ist er der oberste Herrscher, Richter und Gestalter. Dieses Reich besteht zur Zeit in den Himmeln. Bei seiner Wiederkehr auf diese Erde wird es ausgedehnt auf diese Welt. Dabei wird jeder Gegner auf dieser Erde von ihm vernichtet.

Wir Glieder seines Leibes sind zur Zeit auf dieser Erde Fremdlinge, ja gefürchtete Gegner der irdischen Finsternismächte. Selbst Jesus hat die Herrschaft Satans während seines Erdenlebens nicht vernichtet, sondern sich ihr sogar untergeordnet. Nur darum ließ er sich von der Macht dieser Welt ans Kreuz schlagen und kurze Zeit in den Tod vereinnahmen, damit er nach seiner Auferstehung Lebenskeime in sich hat, die alle schon durch den Tod gegangen sind.

Jetzt sind wir Kinder Gottes vom Vater damit neugezeugt und sind somit unbewusst mitgekreuzigt, mitgestorben und mitauferstanden.

9. November

Römer 3, 28
Wir wissen, dass ein Mensch durch Glauben gerechtfertigt wird ohne Gesetzeswerke.

Paulus ist es auferlegt, hier eine Grundwahrheit des Lebens auf dieser Erde in einem kurzen Satz auszusprechen: Es sind keine Werke, auch nicht die konsequenteste Gesetzeserfüllung, die uns vor Gott und der Himmelswelt rechtfertigen, sondern nur unser Glaube.

Der Höchste, der uns diesen Glauben als Zeichen unserer Neuzeugung schenkt, gibt ihn nach Gottes Wort nur dem, dessen Herz offen und ihm zugewandt ist.

Jetzt kann das ins Leben gezeugte Gotteskind durch den innewohnenden Heiligen Geist Liebeswerke vollenden, die der alte Mensch in dieser Weise nie zu tun vermocht hätte.

Jetzt sind wir durch eine Neuzeugung und durch die daraus resultierenden Liebeswerke gerechtfertigt vor Gott und der Engelwelt.

Handeln wir danach und bezeugen unser neues Leben durch Glaubens- und Liebeswerke.

10. November

Römer 5, 18
Gleichwie eine Übertretung alle Menschen zur Verdammnis führte, so auch eine Gerechtigkeit alle Menschen zur Rechtfertigung des Lebens.

Immer wieder versucht der lebendige Gott durch sein Wort an den verschiedensten Stellen diese Grundwahrheit der Rechtfertigung von uns Menschen aufzuzeigen: Es war die Sünde von Adam und Eva, durch welche die Sonderung von Gott als eine dämonische Erbmasse alle Generationen von Menschen in die gleiche Gottferne geboren sein ließ. Ebenso ist es die Todesstrafe, die Jesus am Kreuz erlitt, durch welche die Sünde in allen Menschen besiegt werden kann.

Vereinfacht könnten wir sagen: Der erste Mensch sündigt und verdirbt durch seine Erbmasse alle nachfolgenden Menschengeschlechter, während Jesus als Menschensohn stirbt, aufersteht und damit alle Menschen reinigt, die sich neuzeugen lassen durch seine göttliche Erbmasse.

Aus beiden resultiert eine genetische Übertragung in alle von diesen beiden Menschen – beim ersten fleischlich und beim zweiten geistlich – gezeugten Nachfahren.

Sind Sie ein Nachfahre Jesu oder noch Nachfahre Adams?

11. November

Römer 8, 19
Das sehnsüchtige Harren der Schöpfung wartet auf die Offenbarung der Söhne Gottes.

Paulus darf hier ausdrücken, was ihm zweifellos der Geist Gottes eingegeben hat: Die ganze Schöpfung wartet mehr oder weniger unbewusst auf das Bekanntwerden und Wirksamwerden der Söhne und Töchter Gottes. Also auf uns Erstlinge Gottes. Wir haben nicht nur die Erkenntnis der Wahrheit durch Gottes Wort im Glauben übernommen, sondern auch das Leben aus dem auferstandenen Jesus Christus als einem unsterblichen Keim von Gott geschenkt bekommen.

Wahrscheinlich ahnt nicht nur die ganze Menschheit, sondern auch die ganze Himmelswelt, dass auch sie zu ihrer Zeit eine Zeugung in das wirkliche Gottesleben erwarten dürfen. Jesus hat nämlich nach klarem biblischem Zeugnis Lebenskeime für alle Menschen und alle himmlischen Lebewesen in seinem Leib mit ans Kreuz und in seine Auferstehung genommen.

Wie unfasslich, dass wir Erstlinge die Vermehrung göttlichen Lebens in gottgewolltem Umfang an weiteren Menschen durch unser Zeugnis erleben dürfen. Ja, wir werden zur gegebenen Zeit an der Vermehrung auch in der Himmelswelt beteiligt sein. Lassen wir ‚Erstlinge' uns von Gott darauf vorbereiten.

12. November

Römer 12, 4
So wie wir viele Glieder haben, so sind wir, die Vielen, ein Leib in Christus, einzeln also Glieder voneinander.

Hier zeigt uns der Höchste in dem, was er Paulus eingegeben hat, wiederum das Geheimnis des Leibes Christi. Wir alle, die wir im Glauben neues Leben aus dem Christus empfangen haben, sind zu Gliedern eines unfasslich großen Geistleibes des Christus geworden. Das heißt auch, dass wir Glieder voneinander sind, auch wenn ein Glied sich von einem anderen an diesem Leib durch getrennte Aufgaben deutlich unterscheiden kann. Darüber steht aber und führt immer das gleiche Haupt.

So wie wir Organe haben, die in unserem Leibesinnern verborgen sind und wir ihre Funktion kaum erkennen, so können auch Leibesglieder Christi völlig verschiedene Aufträge haben. Sie sind in allem geführt vom gleichen Haupte und stehen immer unter seiner Aufsicht.

Vorsicht also mit der Aburteilung von Christen, die in mancher Hinsicht anders denken und glauben als wir. Hauptsache, ihr Verhalten und Denken ist biblisch zu rechtfertigen. Vermeiden wir voreilige Trennungen.

13. November

1. Korinther 1, 20
Wo sind die Weisen dieser Welt? Hat nicht Gott die Weisheit dieser Welt zur Torheit gemacht?

Mancher Satz in Gottes Wort zeigt uns in aller Einfachheit tiefste Wahrheiten auf. Die Weisheit dieser Welt kann sehr wohl Kenntnisse riesigen Umfanges aus der uns umgebenden irdischen Realität enthalten. Dennoch geht sie an der Weisheit und Wahrheit Gottes, die sich darin abspiegelt, im Unglauben völlig vorbei.

Sie meint, was ich nicht sehe mit meinen eng begrenzten Augen und nicht berühren kann mit meinen Händen und nicht messen mit meinen Instrumenten, das existiert nicht. Dabei halten sich diese irdischen Weisen uns vermeintlich törichten Gläubigen für weit überlegen.

Wir können nicht genügend danken, dass Gott uns Glaubenden Dimensionen göttlicher Weisheit offenbart und fassbar gemacht hat.

Darum erkennen wir den Gerichts- und Heilsplan des Höchsten und leben mit immer größerer Freude auf Gottes Ziele zu.

14. November

1. Korinther 4, 15
Wenn ihr zehntausend Erzieher in Christus hättet, so doch nicht viele Väter, denn in Christus Jesus habe ich euch gezeugt durch das Evangelium.

Wieder ist eine Grundwahrheit neuen, göttlichen Lebens in einem Satz ausgedrückt. Auch die besten Pädagogen dieser Welt, auch nicht die frömmsten Theologen, können durch Erziehung erreichen, was unser Vatergott durch eine einzige Neuzeugung an göttlicher Genetik in seine Kinder verschenkt.

Solches geschieht an uns Neugezeugten durch Lesen und Erkennen aller geistlichen Geheimnisse des Evangeliums, das uns von Christus Jesus berichtet und uns in ihn als sein Leibesglied versetzt. Hier lesen wir, dass Paulus sich selbst als den bezeichnet, der sogar Gottes Leben in anderen zeugen kann.

Ja, das gilt auch für uns Gotteskinder alle, die wir durch den Glauben Gottes Leben in uns haben. Wir können in der Vollmacht des Höchsten durch unser Zeugnis (schon dieses Wort hat mit zeugen zu tun) in anderen Menschen göttliches Leben zeugen.

Werden Sie sich dessen immer neu bewusst, leben Sie darin und danken Sie Gott dafür.

⹋

15. November

1. Korinther 12, 4 + 6
Es sind Verschiedenheiten von Gnadengaben, aber derselbe Geist; und es sind Verschiedenheiten von Wirkungen, aber derselbe Gott, der alles in allen wirkt.

Immer mehr erkennen wir, dass nicht nur der Mensch in seiner Leiblichkeit und in seiner Seele, sondern die ganze uns umgebende Natur Abbild der göttlichen Wahrheiten ist. So wie unser Haupt als Zentrum des Nervensystems den ganzen Leib steuert, so steuern auch Naturgesetze den Jahresablauf in der Tier- und Pflanzenwelt.

Der Höchste „wirkt alles in allen". Jedem, den er sich auserwählt, kann er sein Gottesleben durch einen Zeugungsakt mitteilen. Wo Teile seiner Schöpfung Ungehorsamswege gingen, da kann er Pseudoleben vernichten und Neues daraus zeugen. Den Samen, den er dabei verwendet, hat er grundsätzlich vorher in Jesus Christus durch den Tod geschickt und damit der Sünde nicht mehr zugänglich gemacht.

Lernen Sie immer mehr, diese Geheimnisse als die Wirklichkeit des Glaubens und damit Ihres Lebens zu entdecken und sie zu verwirklichen, Gott rechnet mit Ihnen.

16. November

1. Korinther 15, 42 + 43
So ist die Auferstehung der Toten: Es wird gesät in Verwesung, es wird auferweckt in Unverweslichkeit, es wird gesät in Schwachheit, es wird auferweckt in Herrlichkeit.

Hier handelt es sich um eine unverbrüchliche Zusage Jesu Christi. Für die an ihn Gläubigen gibt es kein Verbleiben im Tod. Auch wenn ihr Leib verweslich ist, so ist im Augenblick des Ablebens auf dieser Erde die Auferweckung in die Unverweslichkeit zugesagt.

Die Saat in dem irdischen Leib erscheint noch in Schwachheit gehüllt, die Auferweckung aber wird in einem vollkommenen Geistleib erlebt. Darum haben alle Gläubigen an Jesus Christus das Schönste immer vor sich, die Geburt ins Licht, die Welt sagt: Das Sterben.

Das kann sich jeder, der an Jesus Christus glaubt und in diesem Glauben täglich lebt, nicht innig genug zu Herzen nehmen und als eine ständige Vorfreude empfinden. Je größer die Schwachheit ist, die wir im vergänglichen Leben leiblich erleben, vielleicht sogar als schmerzhafte Krankheit, desto größer und mit mehr Vorfreude gefüllt ist die Erwartung auf den Wechsel in einen Herrlichkeitsleib als Leibesglied Jesu ohne Schmerz und jegliches Leid.

17. November

2. Korinther 12, 9
Der Herr hat zu mir gesagt: Meine Gnade genügt dir, denn meine Kraft wird in Schwachheit vollbracht. Daher will ich am allerliebsten mich vielmehr meiner Schwachheit rühmen, auf dass die Kraft des Christus in mir wohne.

Diese Zusage Jesu könnte jeder von uns in gleichen Worten empfangen haben. Seine Gotteskraft wird in diesem irdischen Leben noch in der Schwachheit unseres Leibes empfangen und erlebt. Paulus sagt, am liebsten würde er gerade dieser Schwachheit sich rühmen, weil er damit die Zusage Jesu verherrlicht, dass trotz aller Grenzen der Gesundheit und aller Leiden des Leibes die Kraft des Christus schon heute in ihm wohnt.

Alle, die wir an Jesus Christus von ganzem Herzen glauben, können das Gleiche sagen, und wir sollten es auch tun, damit die uns umgebende Engelwelt es als Zeugnis unseres Glaubens vernimmt. Die Engel können uns nicht ins Herz sehen und darum ist es notwendig, immer wieder auszusprechen im lauten Gebet oder im Gespräch, was wir in großer Vorfreude glauben.

Auch die uns umgebende Menschenwelt bedarf unseres Zeugnisses. Gottes Geist in uns hilft uns, diese Aufgaben zu erfüllen.

18. November

> **Epheser 3, 6 + 7**
> **Die Nationen sind Miterben und Miteinverleibte und Mitteilhaber seiner Verheißung in Christus Jesus durch das Evangelium, dessen Diener ich geworden bin nach der Gabe der Gnade Gottes.**

Auch wenn Jesus Christus leiblich zunächst nur in Israel weilte und nur zu seinem Heimatvolk sprach, so ist dennoch eindeutig bezeugt, dass die Gläubigen aller Nationen der ganzen Erde mit angesprochen sind und hier als Miterben und Miteinverleibte und Mitteilhaber aller Verheißungen benannt werden.

Das Evangelium, welches nahezu in allen Sprachen der Welt vorliegt, gilt allen Menschen auf dieser Erdoberfläche.

Es gibt in allen Teilen der Erde solche, die in Jesus Christus sind, also Glieder seines Leibes genannt werden können, und das nach der Gabe der Gnade Gottes.

Gehören Sie dazu? Dann sind Sie einer der Miterwählten.

19. November

Epheser 3, 10 + 11
Jetzt soll den Fürsten und Gewaltigen in den Himmeln durch die Gemeinde kundgetan werden die mannigfaltige Weisheit Gottes nach dem ewigen Vorsatz, den er gefasst hat in Christus Jesus.

Hier ist etwas Unfassliches ausgedrückt. Wir kleinen Menschlein, die der Höchste mit einem Samen aus Jesus Christus ins geistliche Leben gezeugt und zu seiner Gemeinde gemacht hat, haben die mannigfaltige Weisheit Gottes kundzutun, und das nicht nur allen Menschen dieser Erde, sondern auch allen Fürsten und Gewaltigen in den Himmeln. Wir dürfen sogar unterstellen, dass mit obigem Wort sowohl gefallene Engelfürsten als auch nicht gefallene Lichtfürsten gemeint sind.

Glieder am Leibe des Christus gibt es allerdings bis jetzt nur unter den Menschen.

Dies ist ein unfassliches Vorrecht, welches zu totaler Hingabe und Bereitschaft zu jeder Mitwirkung an der Weitergabe dieses Lebens verpflichtet.

Bitte vergessen Sie nie diese Tatsache und die riesige Zuschauerschaft und Zuhörerschaft der unsichtbaren Welt um Sie herum.

20. November

Epheser 3, 14 – 16
Darum beuge ich meine Knie vor dem Vater unseres Herrn Jesus Christus, von welchem jede Familie im Himmel und auf Erden benannt wird, auf dass er euch gebe, nach dem Reichtum seiner Herrlichkeit mit Kraft gestärkt zu werden durch seinen Geist an dem inneren Menschen.

Paulus beugt seine Knie in besonderer Liebe und Hingabe vor dem Vater im Himmel, der jedes Lebewesen und jede Familie im Himmel und auf Erden durch seinen Sohn ins Leben rufen und benennen ließ.

Der Vater beschenkt uns aus seinem unendlichen Reichtum an Kraft und Herrlichkeit, damit unser innerer Mensch immer durch ihn gestärkt und zu allen geistlichen Aufgaben fähig gemacht wird.

So sind wir als Glieder am Leibe des Christus von unserem Herrn und Haupt und von unserem Vater mit allem beschenkt, wessen wir bedürfen. Das alles aber nicht nach unserem Wunsch, sondern nach seiner Vorsehung und zu seiner Zeit.

Die Gewissheit seines Heils ist allerdings heute schon grenzenlos.

21. November

Epheser 3, 17 + 18
Es wohne der Christus durch den Glauben in euren Herzen, in welchem ihr in Liebe gewurzelt und gegründet seid, auf dass ihr völlig zu erfassen vermögt mit allen Heiligen, welches die Breite und Länge und Tiefe und Höhe sei.

Immer ist unser Glaube die Basis, auf der alle Verheißung sich realisiert. Glauben Sie, so wohnt der Christus schon heute in Ihrem Herzen und Sie sind in Liebe in ihm gewurzelt und gegründet.

Jetzt können wir, weil der Geist des Christus in uns lebt, gemeinsam mit allen anderen Gläubigen als eine überirdische Realität erkennen, was uns erwartet an Herrlichkeit, die alles Denken übersteigt und an Lebensfülle im Vaterhaus und in der ganzen Himmelswelt.

Jetzt beginnen wir zu erfassen, welche für unsere heutige Vorstellung unfassliche Weisheit und Herrlichkeit in uneingeschränkter Liebe uns erwartet.

Beginnen Sie glücklich zu sein und lassen Sie Ihr Glück alle Sie umgebenden Menschen spüren!

22. November

Philipper 2, 3 b + 4
In Demut achte einer den anderen höher als sich selbst, indem jeder nicht nur auf das Seine sieht, sondern auch auf das des anderen.

Der in jedem irdischen Menschen existierende Egoismus vermag unseren neuen inneren Menschen nicht mehr zu lenken. Jetzt blickt der neue Mensch immer zunächst auf den Nächsten und über ihm auf den Höchsten und auf unser Haupt Jesus Christus. Er empfängt von dort alle Eingebungen und wächst in sich selbst durch Hingabe ohne alle eigenwillige Leistung.

Daraus entsteht ein Denken und Empfinden, das nur mit Demut bezeichnet werden kann, weil alles Eigene ohne jede Anstrengung sich stets im Hintergrund befindet.

Gerade darum wird der neue Mensch aber vom Höchsten mitgesegnet und wächst in die Befähigung hinein, die am Leibe des Christus von jedem Einzelnen seiner Glieder ausgeübt und von keinem anderen übernommen werden kann.

Lassen wir uns also immer von dem uns innewohnenden Geist des Christus führen und bestimmen.

23. November

Kolosser 1, 19
Es war das Wohlgefallen der ganzen Fülle, in ihm zu wohnen, und durch ihn das All mit sich zu versöhnen, indem er Frieden gemacht hat durch das Blut seines Kreuzes.

Wie kann das ganze All in Jesus Christus wohnen und durch ihn Versöhnung empfangen? An zahlreichen Stellen seines Wortes sagt uns der Höchste, dass er offensichtlich beschloss, alles, was bisher nur erschaffen ist, zu seiner Zeit ins Leben zu zeugen. Dies soll mit einem Gottessamen geschehen, der zuvor in Jesus Christus durch den Tod und die Auferstehung gegangen ist.

Nun ist dieser Same frei von allem Gericht und voll göttlicher Vollkommenheit. Damit wird uns immer fasslicher, welche zentrale Position im Heilsgeschehen des ganzen Universums Jesus Christus und das Kreuz von Golgatha hat.

In ihm waren alle künftigen Lebenskeime des ganzen Alls mit ans Kreuz und durch die Auferstehung in sündloses Gottesleben gegangen. Jetzt stehen sie zur Neuzeugung zunächst der Erstlinge aus der Menschheit und dann für das ganze Universum zur Verfügung.

Versuchen Sie es zu fassen.

24. November

2. Thessalonicher 1, 10
Er wird kommen, um an jenem Tag verherrlicht zu werden in seinen Heiligen und bewundert in allen denen, die geglaubt haben.

Im Ablauf der vor uns liegenden Heilsgeschichte ist die Wiederkehr Jesu in seinem Herrlichkeitsleib auf diese Erde mit allen Heiligen als Glieder seines Leibes angesagt. Wer zu diesem Zeitpunkt noch auf dieser Erde sich befindet und im Glauben steht, wird ihn sofort erkennen, zu ihm hingezogen und mit ihm vereinigt werden.

Alle übrigen Menschen erkennen gleichfalls Jesu Herrlichkeit und göttliche Macht. Sie sind entsetzt über ihren Irrtum und wagen keinen Widerstand.

Erwarten auch Sie diesen seligen Augenblick. Zuvor werden Sie allerdings wie alle Gotteskinder Fremdling in dieser Pseudowelt sein und in der steten Erwartung und Vorfreude auf den Eingang ins Vaterhaus leben, also auf Ihren seligen Heimgang warten.

Dann sind Sie allen Menschen und Engeln ein heimliches Vorbild ihrer eigenen Sehnsucht.

25. November

Titus 2, 14
Unser Retter Jesus Christus hat sich selbst für uns hingegeben, auf dass er uns loskaufte von aller Gesetzlosigkeit.

Weil das Geheimnis einer Neuzeugung und der anschließenden Geburt in einen Lichtleib für die Menschen jener Tage, wie auch für die meisten von heute, nicht leicht verständlich ist, hat der Heilige Geist eine Ebene juristischen Denkens für das Verständnis von Golgatha geschenkt. Dies lässt sich leichter verstehen als ein unsichtbares Zeugungsgeschehen.

Darum ist hier von einem Loskauf die Rede, also von einem Preis, der bezahlt wird durch den Höchsten in Form der Opferung seines Sohnes. Leider wird bei dieser Darstellung nicht vermittelt, dass wir durch Golgatha nicht nur rechtlich frei sind, sondern nun göttliches Leben in Form eines neuen inneren Menschen ohne jede Sündenmöglichkeit in uns haben. Der alte Mensch in uns kann allerdings noch sündigen.

Glücklicher und in vollem Frieden ist nur der, welcher diesen neuen inneren Menschen als echtes Kind des Höchsten in sich weiß und ihn in sich herrschen lässt.

Versuchen Sie, ihn sich schenken zu lassen.

26. November

Hebräer 10, 1
Da das Gesetz nur einen Schatten zukünftiger Werte und nicht ein genaues Ebenbild darstellt, kann es niemals durch alljährlich dargebrachte Schlachtopfer die Hinzutretenden vollkommen machen.

Wie verständlich, dass ein Gesetz, welches uns strenges irdisches Verhalten vorschreibt und dazu in einer Totalität, die wir gefallenen Menschen gar nicht erbringen können, uns niemals vollkommen machen kann. Hierzu bedarf es einer totalen Veränderung unseres Wesens, Empfindens und Verhaltens.

Das geht nur durch eine Neuzeugung unseres Wesens. Genau diesen Weg hat der Höchste gewählt und dazu Lebenskeime genommen aus dem Leibe des Christus, den er zuvor durch den Tod schickte und über die Auferstehung jetzt in unvorstellbarer Zahl Lebenskeime für solche geistlichen Zeugungsakte zur Verfügung hat.

Ich möchte betonen, dass es gilt, die zentralen Wahrheiten immer neu zu erfassen, zu leben und zu verkündigen.

27. November

2. Petrus 3, 5 + 6 a
Den Spöttern ist durch eigene Schuld verborgen, dass von alters her Himmel waren und eine Erde, entstanden aus Wasser und im Wasser durch das Wort Gottes, durch welche die damalige Welt vom Wasser überschwemmt unterging.

Aus dieser Schriftstelle wird uns wieder bewusst, dass nur Gottes Wort vom Entstehen der Erde und allem zwischenzeitlichen Geschehen so klar sprechen kann. Ohne Glauben spottet man eher über solche Mitteilungen und meint, die Dinge hätten sich von alleine entwickelt. Welche Torheit!

Schon einmal ist eine Welt auf dieser Erdoberfläche im Wasser untergegangen und die augenblickliche Welt wird nach Gottes Wort durch Auflösung in Feuer und Hitze vernichtet.

Wie könnte solchen Spöttern bewusst werden, welche Pläne der Höchste hat? Er will durch sein Wort und den Glauben daran eine Gotteswelt höchster Realität entstehen lassen. Als Leibesglieder des Christus werden wir immer am Entstehen und am Erhalten des Lebens beteiligt sein.

Welche für uns unfaßliche Erwartung.

28. November

2. Petrus 3, 8
Dies eine aber sei euch nicht verborgen, Geliebte, dass ein Tag bei dem Herrn ist wie tausend Jahre, und tausend Jahre wie ein Tag.

Hier wird uns die Realität allen Zeitablaufes vor Augen gestellt. Er selbst, unser Herr Jesus Christus, und damit wir als seine Glieder leben zutiefst außerhalb allen Zeitablaufes.

Wohl sind wir noch kurze Zeit in diesem vergänglichen Leib einer engen zeitlichen Begrenzung unterworfen. Wir sollten aber ahnen, dass unser neuer innerer Mensch nicht altern kann, nicht sterben kann und mit dem Christus keinerlei Zeitablauf unterworfen ist.

Versuchen Sie sich dieses bewusst zu machen, dann leben Sie in einer neuen Dimension. Sie ist die eigentliche göttliche Realität ohne jede Grenze.

Lassen Sie den alten Menschen nur leben unter der Führung des neugezeugten Menschen in sich.

29. November

Offenbarung 19, 11 + 13 b + 14 a
Und ich sah den Himmel geöffnet, und siehe, ein weißes Pferd und der darauf saß, genannt der Treue und Wahrhaftige. Und er führt Krieg in Gerechtigkeit. Und sein Name heißt das Wort Gottes. Und die Kriegsheere, die in den Himmeln sind, folgten ihm auf weißen Pferden.

Hier ist von einer Auseinandersetzung am Ende dieses Äons die Rede zwischen dem wiederkommenden Herrn mit seinem himmlischen Heer und dem Fürsten dieser Welt. Er hat die überwiegend ungläubige Menschheit hinter sich gebracht und hat sie durch Unglaube und Spott unfähig gemacht, vor der himmlischen Geistesmacht zu bestehen.

Überall, wo man das Wort Gottes verachtet oder beiseite schiebt, werden dennoch Glaubende verfolgt, verlacht, teilweise sogar getötet. Diese Auseinandersetzung steht großenteils noch bevor. Der Sieger steht allerdings heute schon unbezweifelbar fest. Er wird trotz der Konzentration aller seiner Kräfte mit der Finsterniswelt von den Kriegsheeren der Himmel unter Führung des Christus besiegt und für tausend Jahre mit all den Seinen in das Innere der Erde verbannt.

Jetzt beginnt das Millenium als Friedensreich und damit die Herrschaft des Christus über die Erde.

30. November

Jakobus 1, 5
Wenn aber jemand von euch Weisheit mangelt, so bitte er Gott, der allen willig gibt und nichts vorwirft, und sie wird ihm gegeben werden.

Hier spricht das Wort Gottes jeden an, dem himmlische Weisheit mangelt, weil er die Offenbarungen Gottes in seinem Wort nicht ausreichend gelesen oder geglaubt und daher die Weisheit Gottes nicht in vollem Umfang erkannt hat.

Mit so viel herrlichem Erkennen des Denkens und Willens Gottes, das die Bibel Weisheit nennt, können wir auch ohne irdische Vorbildung durch den uns innewohnenden Heiligen Geist umgehen, wenn wir sie täglich durch Lesen seines Gotteswortes in uns aufnehmen.

Betrachten Sie nichts anderes als so wichtig für Ihre Zukunft wie das Erkennen von Gottes Plan und Ziel aus seinem Wort durch täglichen Umgang mit der Bibel, durch Gebet und Gemeinschaft mit Gleichgläubigen.

Sie werden mit großer Weisheit und Freude Ihren irdischen Weg gehen und dem Worte Gottes und seiner Vorbereitung dienen.

1. Dezember

Matthäus 16, 16 b + 17
Petrus antwortete Jesus: „Du bist der Christus, der Sohn des lebendigen Gottes." Darauf sprach Jesus zu ihm: „Glückselig bist du, Simon Petrus, denn Fleisch und Blut haben dir das nicht geoffenbart, sondern mein Vater, der in den Himmeln ist."

Sind Sie sich gewiss, dass Jesus Christus nicht von einem irdischen Vater gezeugt, sondern echter Sohn des lebendigen Gottes aus dem Leibe seiner Mutter Maria ist? Dann würde ich auch gerne Ihnen sagen: „Glückselig sind Sie, denn das hat Ihnen der Geist Gottes offenbart." Leider ist die Zahl derer, die hiervon felsenfest überzeugt sind, unter den Menschen nicht allzu groß.

Ihre Gewissheit, dass die obige Aussage des Petrus auch Ihr felsenfester Glaube ist, bezeugt, dass Sie eine Neuzeugung durch den Höchsten erfahren haben. Seien Sie darüber glücklich und bleiben Sie sich bewusst, dass Sie ein Angehöriger der Familie Gottes und ein Glied am Leibe des Christus sind.

Die Gewissheit, nie dem Tode anheim zu fallen, sondern im Vaterhaus erwartet zu sein, macht unser Leben mit oder ohne Krankheit bis ins höchste Alter hinein zu einer Strecke unfasslichen Glückes.

2. Dezember

Matthäus 28, 18 + 20
„Mir ist alle Gewalt gegeben im Himmel und auf Erden. Geht nun hin und macht alle Nationen zu Jüngern und lehrt sie, alles zu bewahren, was ich euch geboten habe." (spricht Jesus)

Jesus spricht hier etwas aus, was auch uns immer wieder Not tut, zu hören. Wir leben in einer irdischen Umwelt, in der Satan noch uneingeschränkt herrschen darf. Er gaukelt uns zu aller Lüge angebliche Freiheit vor. Wir aber wissen, dass diese dämonische Macht über die Erde nur noch kurze Zeit herrschen wird. Dann beendet ihre Herrschaft der wiederkommende Herr.

Das sollte uns jeden Augenblick gewiss sein. Darauf wollen wir uns vorbereiten, diese Erwartung anderen mitteilen und alle Liebesgebote Jesu einhalten und unserer Umgebung vorleben.

Dann werden Sie glücklicher von Tag zu Tag. Das Schönste liegt immer vor Ihnen und niemand kann dieses Glück Ihnen rauben, wenn Sie in Ihrer Hingabe bleiben.

3. Dezember

Lukas 15, 4
„Welcher Mensch von euch, der hundert Schafe hat und eines von ihnen verloren hat, lässt nicht die neunundneunzig in der Wüste und geht dem Verlorenen nach, bis er es findet?" (spricht Jesus)

Hier spricht Jesus ohne Zweifel von solchen Menschen, die sich ihm bereits hingegeben haben und daher sein Eigentum sind. Von diesen will er nicht einen Einzigen verlieren. Wie beglückend, zu wissen, dass wir über uns einen Herrn und Hirten haben, der uns in keiner noch so schwierigen Situation unseres Lebens alleine lässt. Selbst dann geht er uns nach, bis er uns findet, wenn wir durch eigene Schuld auf Abwege gekommen sind.

Jesus wollte uns mit diesen Worten die Innigkeit seiner Liebesbindung mitteilen, unsere Vollendung im Vaterhaus zu sichern. Je gewisser wir dieser Zuwendung und Aufmerksamkeit unseres heiligen Hirten sind, desto glücklicher und bewahrter vor Angst werden wir unseren Weg durch ein noch so dornenreiches irdisches Leben finden.

Vergessen Sie also nie, Ihr Hirte liebt Sie und geht jedem Verlorenen, den Gott zum Kind gemacht hat, nach, bis er ihn findet und in Sicherheit gebracht hat.

4. Dezember

Johannes 1, 1 + 3
Im Anfang war das Wort, und das Wort war Gott. Alles ward durch ihn, und ohne ihn ward auch nicht eines, das geworden ist.

So beginnt das Johannes-Evangelium und so begann das Entstehen des Universums. Der Höchste, als er noch allein alles in allem war, hat sein Wort zur Weitergabe seines Lebens an zu erschaffende Lebewesen genutzt. Dabei war es seine Absicht, durch einen ersten göttlichen Zeugungsakt, seinen erstgeborenen Sohn, den Christus Gottes, ins Leben zu zeugen.

Ihn, diesen vielgeliebten Sohn, der seinen Vater nicht weniger liebte, hat er beauftragt und es ihm wohl eingegeben, Schritt für Schritt das Weltenall zunächst durch Schöpfungsgeschehen und noch nicht durch Zeugungsakte ins Leben zu rufen. Nichts von allem, was entstand, ist auf andere Weise oder von alleine entstanden, wie es die Wissenschaft heute meint erklären zu können.

Alle aber, die er ins Leben rief, wurden in eine solche Freiheit gestellt, dass sie ein rebellisches Ich entwickeln und sich von dem Christus und seinem Vater absetzen konnten. Daraus entstand die Notwendigkeit der Heilsgeschichte, die wir durch Gottes Wort bis in ihre endgültigen Ziele kennen.

5. Dezember

Lukas 9, 23 + 24
Jesus sprach zu allen: „Wenn jemand mir nachkommen will, der verleugne sich selbst und nehme sein Kreuz täglich auf und folge mir nach. Denn wer irgend sein Leben erretten will, wird es verlieren; wer aber irgend sein Leben verliert um meinetwillen, der wird es erretten.

Lesen Sie dieses wichtige Wort Jesu bitte zweimal oder dreimal. Wollen Sie ihm wirklich nachfolgen? Dann stellen Sie eigene Interessen zurück und machen sich neu bewusst, mit ihm am Kreuz gestorben zu sein.

Ihr geistlicher Lebenskeim, der durch den Glauben in Sie gelangte, war vorher in ihm und hat daher unbewusst den Kreuzestod bereits hinter sich. Zweimal stirbt man nicht.

Darum wird das Sterben Ihres alten Leibes die Geburt Ihres neuen Lebens ins Licht bedeuten. Zuvor, also in diesem gottfernen Leben, haben Sie schon durch Ihren Glauben die Neuzeugung erlebt.

Versuchen Sie es zu fassen.

6. Dezember

Johannes 12, 31 + 32
„Jetzt ist das Gericht dieser Welt; jetzt wird der Fürst dieser Welt hinausgeworfen werden. Und ich, wenn ich von der Erde erhöht bin, werde alle zu mir ziehen." (spricht Jesus)

Jesus spricht in klarer Sicht von dem bevorstehenden Geschehen, das er mit dem Vater besprochen hat. Sein Kreuzestod ist gleichzeitig das verborgene, stellvertretende Gericht dieser Welt, da alle göttlichen Lebenskeime in ihm mit am Kreuz hingen, durch die der Vater das ganze Weltenall in sein göttliches Leben zeugen wollte. Darum ist der ganze Kosmos unbewusst mitgekreuzigt, aber auch mitauferstanden. Jeder, der ab jetzt lebt oder stirbt, kann zu gottgegebener Zeit in dieses Gottesleben gezeugt werden, wenn er sich in diesem Leben oder in der kommenden Gerichtszeit dem Höchsten im Glauben hingibt.

Wie bewegend, dass Jesus gleichzeitig ausspricht, er werde nicht nur einen kleinen Kreis von Erstlingen, sondern im Laufe der kommenden Äonen alle zu sich ziehen als Glieder seines Leibes. Hat doch der Vater in seinen Sohnesleib Lebenssamen für das ganze Weltenall hineingelegt und mitsterben und mitauferstehen lassen. Erkennen wir doch immer neu und immer wieder die Planung und absolute Gewissheit des Gelingens solcher kommenden universumweiten Heilsgeschichte.

∝

7. Dezember

Johannes 16, 33
„Dieses habe ich zu euch geredet, auf dass ihr in mir Frieden habt. In der Welt habt ihr Drangsal, aber habt guten Mut, ich habe die Welt überwunden." (spricht Jesus)

Hier spricht Jesus ausschließlich zu seinen Jüngern und denen, die außerdem an ihn glaubten. Sie sollten eine Ahnung von der beginnenden Heilsgeschichte bekommen und dabei ohne jede Angst bleiben, weil sie bereits in Christo sind und damit unverbrüchlichen Frieden haben.

Jesus kündigt an, dass nicht nur er, sondern auch die an ihn Gläubigen in dieser gefallenen irdischen Welt Drangsale haben. Gerade durch ihr Ertragen aber wird das Böse überwunden und damit der Sieg des göttlichen Heilswillens erreicht.

Darum gilt es auch für uns, in aller Not und Krankheit den Mut nicht zu verlieren, da der Christus, an dem wir als Glaubende Leibesglieder sind, die Welt überwunden hat. Darum wird der mühselige Weg zu diesem Herrlichkeitsziel desto froher, je näher wir der Geburt ins Licht sind, also je älter wir werden.

8. Dezember

Johannes 20, 22 + 23
Und als der Auferstandene dies gesagt hatte, hauchte er sie an und spricht: „Empfanget Heiligen Geist! Welchen irgend ihr die Sünden vergebet, denen sind sie vergeben."

Das Anhauchen seiner Jünger durch Jesus soll bildlich zum Ausdruck bringen, dass sie jetzt als Gotteskinder mit der Innewohnung göttlichen Geistes beschenkt sind. Damit sind sie in der Lage, über die Verkündigung von Gottes Wort in ihren Hörern Glauben zu stiften, über den Glauben göttliches Leben zu zeugen und damit die Vergebung aller Sünden zu vermitteln.

Diese Worte des Auferstandenen sind ein göttlicher Auftrag an seine Leibesglieder. Auch wir sind durch die Weitergabe Heiligen Geistes durch menschliche Verkündigung zu Gotteskindern geworden. Auch wir haben die Vollmacht, dieses Leben durch unser Zeugnis weiterzugeben und sind von Gott zur Vermittlung dieses Zeugungsaktes befähigt.

Staunen Sie über die unfassliche Vollmacht, die Gott Ihnen gegeben hat, wenn Sie sein Kind geworden und nun selbst zeugungsfähig sind.

9. Dezember

Römer 3, 27 + 28
Unser Ruhm ist ausgeschlossen worden nicht durch ein Gesetz der Werke, sondern durch das Gesetz des Glaubens. Denn wir urteilen, dass ein Mensch durch Glauben gerechtfertigt wird, ohne Gesetzeswerke.

Hier spricht Paulus eine Wahrheit aus, die selbst von vielen Christen unserer Zeit nicht verstanden oder abgelehnt wird. Es fällt uns nicht schwer einzusehen, dass wir das Gesetz der Werke, also das Mosaische Gesetz, nicht erfüllen können. Dass aber auch das Gesetz des Glaubens, von dem wir hofften es erfüllen zu können, ebenfalls unseren Ruhm ausschließt, wird uns durch dieses Wort bewusst.

Unser Glaube ist nicht Verdienst, sondern Geschenk Gottes. Wenn wir durch ihn gerechtfertigt sind ohne Gesetzeswerke, dann ist es nie fromme Leistung, sondern hingebungsvolle Übernahme eines göttlichen Geschenkes. Gott ist Liebe, ebenso wie sein Sohn Jesus Christus. Echte Liebe lässt sich nie verdienen, sondern nur durch Geschenk empfangen.

Je bewusster Sie sich dieser Tatsache sind, desto hingebungsvoller werden Sie diesen Vatergott und seinen Sohn zurücklieben.

10. Dezember

> **Römer 5, 20 + 21**
> **Das Gesetz kam daneben ein, damit die Übertretung überströmend würde, auf dass die Gnade herrsche zum ewigen Leben durch Jesus Christus.**

Wir würden gar nicht wissen, dass wir auf die Gnade und damit auf die Liebe Gottes und seines Sohnes angewiesen sind, wenn es das Gesetz der Werke nicht gäbe. Nur wer einmal versucht hat, diese Werkgerechtigkeit zu erfüllen und dabei Schiffbruch erlitt, der weiß, dass er auf Gnade angewiesen ist.

Darum ist es hilfreich, an sich selbst und im seelsorgerlichen Gespräch mit anderen immer wieder dieses Versagen gegenüber allen noch so guten Vorsätzen aufzuzeigen. Nur der, welcher an sich selbst daraufhin verzweifelt ist, wird die Gnade erkennen, die ihm in Jesus Christus begegnet.

Jetzt werden wir uns glückselig bewusst, dass diese Gnade des Höchsten als Ausdruck seiner Liebe herrschen soll. Dazu ging sein Sohn Jesus Christus ans Kreuz und hat die Auferstehung erlebt. Dabei hatte er die Lebenskeime für alle Lebewesen des Weltenalls in sich. Jetzt kann der Vater zu seiner Zeit jeden nach Gericht und nachfolgender Hingabe mit diesen Keimen in sein Leben zeugen.

11. Dezember

Römer 8, 23
Wir, die wir die Erstlingschaft des Geistes haben, erwarten seufzend die volle Sohnschaft durch die Erlösung unseres Leibes.

Alles Heilshandeln Gottes läuft in Stufen ab. In obiger Schriftstelle sprechen „Erstlinge" seines Heilshandelns, die noch im irdischen Leib leben, aber schon neugezeugt sind, dass sie seufzend die volle Sohnschaft erwarten. Diese erlangen sie erst durch die Erlösung des irdischen Leibes über sein Aushauchen und durch den Übergang in den vollendeten Geistleib Christi. Bis zu diesem Augenblick befinden wir uns noch in der gefallenen Umwelt Satans auf dieser Erdoberfläche und sind seinen Angriffen durch Krankheit, Unfall und Altersschwäche ausgeliefert.

Der neue innere Mensch aber ist davon völlig unbetroffen, da er weder altern kann noch verunfallen oder erkranken. Genau solches steht im Worte Gottes geschrieben.

Hinzu kommt noch, dass dieser neue innere Mensch noch nicht einmal sündigen kann, weil Sünde Sonderung von Gott ist, und was Gott gezeugt hat, sich von seinem innewohnenden Wesen nicht mehr sondern kann. Was an Ihnen sündigt, ist der alte Mensch.

12. Dezember

Römer 13, 8
Seid niemand etwas schuldig, außer einander zu lieben, denn wer den anderen liebt, hat das Gesetz erfüllt.

Hier ist von dem Gesetz der Liebe des Höchsten die Rede und nicht von dem Gesetz menschlichen Handelns. Gottes Auftrag ist es, dass wir jeden Nächsten mit göttlicher Liebe lieben, auch wenn er uns hasst oder angreift. Nur durch solche Liebe erfüllen wir Gottes Wesen und Auftrag in uns und sind vor der großen Menge unsichtbarer Zuschauer der Himmelswelt gehorsame Glieder des Leibes Jesu und damit der Gottesfamilie.

Mit Gottes Liebe überwinden wir jeden Feind, da Liebe nie endgültig besiegbar ist. Wird ein Liebender im alten Leib getötet, so ist seine Liebe vollendet und verherrlicht. Der Böse wird danach rettungslos vor den Augen der sichtbaren und unsichtbaren Welt verurteilt.

Erkennen Sie den himmelweiten Unterschied zwischen unserer vergänglichen irdischen Umwelt und der uns erweitert schon heute umgebenden Himmelswelt mit allen darin herrschenden Ordnungen? Freuen Sie sich, darin einmal ganz zu leben.

13. Dezember

1. Korinther 1, 27
Das Törichte der Welt hat Gott auserwählt, auf dass er die Weisen zu Schanden mache, und das Schwache der Welt, auf dass er das Starke zu Schanden mache.

Der Höchste hat seine eigenen nur aus seiner Perspektive erkennbaren Wertvorstellungen. Die Weisheit dieser Welt hat keinerlei Gewicht bei ihm. Wer hingegen nicht nach dieser stolzen Welt weise, sondern in ihren Augen töricht oder schwach ist, gerade solche hat Gott auserwählt und stärkt sie von innen durch Glauben und neues Leben.

Jetzt wird alles menschlich Starke und alle Macht dieser Vergänglichkeit im Umfeld solcher Menschen zu Schanden gemacht.

Versuchen Sie, diese grundsätzliche Verschiedenheit göttlicher und irdischer Realitäten zu erkennen und zu beachten, dann gewinnt der Geist Gottes Raum in Ihnen und Sie werden oder sind bereits ein Kind des Höchsten.

Jetzt vermögen Sie, Ihr Leben und Ihr Umfeld aus der Perspektive Gottes zu beurteilen.

14. Dezember

> **1. Korinther 6, 2 + 3**
> **Wisst ihr nicht, dass die Heiligen die Welt richten werden? Wisst ihr nicht, dass wir Engel richten werden?**

Hier spricht Paulus eine Tatsache aus, die seine Briefempfänger nach seiner Meinung eigentlich wissen sollten. So lässt es diese Fragestellung vermuten. Offenbar hat er mehrfach und immer wieder Glaubende gelehrt, dass sie als Glieder am Leibe des Christus zu seiner Zeit die Aufgabe haben, nicht nur diese irdische Welt und alle ihre Bürger, sondern auch die sie beherrschenden Geistesmächte, also Engel, zu richten. Kennen Sie diese biblische Aussage?

Die irdische Torheit unseres alten Menschen vermag eine solche Aufgabe niemals zu erfüllen. Der neugezeugte innere Mensch und die in ihm wohnende Weisheit Gottes hingegen sind zu dieser Aufgabe hervorragend geeignet.

Lassen Sie also immer mehr Ihren inneren Menschen schon in dieser Welt Ihren Weg und Ihr Verhalten bestimmen, dann sind Sie für Ihre Umgebung und für die Gemeinde zu jeder Zeit und in jeder Situation ein Segen.

Werden Sie täglich mehr brauchbares Glied am Leibe Christi.

⸻ ✝ ⸻

15. Dezember

1. Korinther 12, 12
Gleichwie der Leib einer ist und doch viele Glieder hat, alle Glieder des Leibes aber, obgleich viele, nur ein Leib sind, also auch der Christus.

Wie schön, dass hier eindeutig bezeugt wird, welches übernatürliche Abbild göttlicher Weisheit in der Gesamtschöpfung unser Leib mit seinen Gliedern darstellt. Selbst die inneren Organe, die von außen nicht gesehen werden, haben ihre genetisch vorbestimmte Aufgabe am Gesamtleib, stets gesteuert vom Haupte durch Nervenbahnen.

Auch wenn sich Teile dieses Leibes untereinander noch nicht erkennen oder gar verstehen, so hat der Schöpfer dieses Leibes sie doch alle zu bestimmten Funktionen gezeugt und unter die Führung des einen Hauptes gestellt.

Dieser Leib ist genau ein Abbild des Christus und wir wollen an ihm lernen. Versuchen Sie es auch und werden Sie sich im wachsenden Glauben klar, ob Sie die Weisungen des Hauptes erkennen und befolgen wollen.

Sind Sie bewusst ein Glied am Leibe des Christus? Wachsen Sie im Glauben durch den Umgang mit Gottes Wort und durch Gemeinschaft, dann wächst die Gewißheit.

16. Dezember

1. Korinther 15, 45 + 47
Es steht geschrieben: Der erste Mensch, Adam, wurde eine lebendige Seele, der letzte Adam aber wurde ein lebendig machender Geist. Der erste Mensch ist von der Erde, vom Staube, der zweite Mensch aber ist vom Himmel.

Hier finden wir unmissverständlich ausgedrückt, dass nach dem Fall Adams der erste Mensch nicht mehr geistgeleitet war, sondern seine lebendige Seele dominierte.

Etwas ungewöhnlich wird dann Jesus Christus der zweite Adam genannt, der nicht nur ein lebendiger Geist war, sondern andere lebendig machen konnte.

So ist der erste oder alte Mensch ein Gebilde dieser Erde nach Verlust des Geistes, Jesus Christus aber ist im Vollbesitz des Geistes der Herr im Himmel und auf Erden. Von ihm haben wir im Glauben sein Gottesleben als Geistesgeschenk durch einen geistlichen Zeugungsakt übernommen und sind Kinder des Höchsten und Glieder am Leibe des Christus geworden.

Solches darf nie aus unserem Wissen entschwinden.

17. Dezember

2. Thessalonicher 2, 3 b + 4 a
Der Tag Christi Jesu kommt nicht, es sei denn, dass zuerst der Abfall komme und offenbart worden sei der Mensch der Sünde, der Sohn des Verderbens, welcher sich selbst erhebt über alles, was Gott heißt.

Wie gut, dass Gottes Wort uns warnt vor kommendem Geschehen, damit wir uns nicht durch Unachtsamkeit in Gefahr bringen.

Die Wiederkehr Jesu ist nicht zu erwarten, bevor es einen weltweiten Abfall vom Glauben und ein Sich-Gründen auf Politik und Wissenschaft gegeben hat. Diese Entwicklung ist zur Zeit im Gange.

Außerdem muss eine besondere politische Führungsgestalt erscheinen, die hier als „der Mensch der Sünde" angekündigt ist und als „der Sohn des Verderbens". Der wird sich „erheben über alles, was Gott heißt", und die heimliche Führungsgestalt in Politik und Produzent extremer diesseitiger Freude sein.

Bleiben wir wachsam und lassen uns nicht durch irdische, dämonische Raffinesse verführen.

18. Dezember

2. Korinther 11, 14 + 15
Satan selbst nimmt die Gestalt eines Engels des Lichtes an. Es ist daher nicht erstaunlich, wenn auch seine Diener die Gestalt von Dienern der Gerechtigkeit annehmen.

Wie können wir die Gestalt eines Engels des Lichtes bezüglich der Echtheit dieses Lichtes beurteilen? Hier gibt es nur eine Antwort: Das wahre Licht ist immer Jesus Christus als Person und als Geistleib. Alle anderen Lichter können Irrlichter sein.

Je mehr wir in die Endzeit kommen, desto wichtiger wird es darum, auf Jesus Christus als dem Herrn und Schöpfer dieser Welt im Auftrag des Höchsten für uns und die Gemeinde zu bestehen. Wir wollen nichts als wahrhaftig und grundsätzlich annehmen, was er nicht gesagt hat oder uns über ihn und die göttliche Heilswahrheit in Gottes Wort berichtet ist.

Eigentlich ist es nicht schwer, auf dem Boden göttlicher Wahrheit in aller dämonischen Verführung zu beharren. Allein Gottes Wort und sein Geist müssen die Basis bleiben. Versuchen Sie es, und Jesus Christus wird mit oder sogar in Ihnen sein!

19. Dezember

Epheser 3, 19
Ihr sollt erkennen die alle Erkenntnis übersteigende Liebe des Christus, auf dass ihr erfüllt sein möget zu der ganzen Fülle Gottes.

Nichts kann die höchste Erkenntnis übersteigen außer der Liebe des Christus und seines Vaters. Hier ist eine für uns Gläubige wichtige Grundwahrheit ausgesprochen: Erkenntnis auch der höchsten Heilsaussagen in Gottes Wort ist nur vollkommen in Verbindung mit der gelebten und weitergegebenen Liebe des Höchsten und seines Sohnes.

Sobald sich Ihnen diese Erkenntnis aufs Herz legt, werden Sie Ihr praktisches Leben in Erkenntnis der riesigen Zuschauerschaft der Geisteswelt immer auf den Boden der Gottesliebe gründen.

Wirklich selbstlos und grenzenlos lieben kann nur ein vom Höchsten in sein Gottesleben mit einem Lebenskeim aus Jesus Christus gezeugter Mensch. Jetzt stellt sich auch alle geistliche Erkenntnis ein, selten umgekehrt.

Nur dann sind wir – wie obiges Wort es ausdrückt – „erfüllt zur ganzen Fülle Gottes"!

20. Dezember

Kolosser 1, 24
Jetzt freue ich mich in den Leiden für euch und ergänze in meinem Fleisch, was noch rückständig ist von den Drangsalen des Christus für seinen Leib, das ist die Gemeinde.

Alle Menschen dieser Welt werden verständnislos den Kopf schütteln, wenn sie hören, dass sich einer freut in seinen Leiden. Nur wir Gotteskinder, die wir das Heilshandeln des Höchsten kennen und aufmerksam verfolgen, wissen, dass es rückständige Leiden des Christus gibt, die seinen Gliedern zugeteilt werden.

Jetzt kann selbst für einen Menschen, wenn er tief im Glauben steht, sein Leiden sogar beglückend werden, weil er ahnt, dass er die Leiden des Christus ergänzen darf. Eins zu unendlich wird ihm wiedererstattet werden, was er gelitten hat, so steht es geschrieben. Darum wird seine Vorfreude immer größer.

Stehen Sie vielleicht auch in solchen Leiden des Christus? Wird die Vorfreude darum auch immer größer?

21. Dezember

Epheser 5, 1
Seid Nachahmer Gottes als geliebte Kinder und wandelt in Liebe, gleichwie auch der Christus euch geliebt und sich selbst für uns hingegeben hat.

An allen zentralen Stellen in Gottes Wort ist von selbstloser und hingebender Liebe die Rede. Wir Gläubigen sind vielgeliebte Kinder des Höchsten und werden aufgefordert, in dieser Liebe, die wir von ihm empfangen, seine Nachahmer zu sein.

Auch Jesus Christus hat allein in solcher Gottesliebe den Weg ans Kreuz nicht bedauerlicherweise erlitten, sondern erwählt und daher gewollt. Denn in ihm sind alle Gotteskeime durch Tod und Auferstehung gegangen, die der Höchste für die Neuzeugung aller seiner Lebewesen in den kommenden Äonen gebrauchen will.

Gottes Wort bezeugt genau diese Pläne des Höchsten. Seine Absicht und sein Ziel sind uns nicht verborgen. Wir können darum schon in dieser gottfernen Erdenwelt beginnen, seinem Denken und Wollen gemäß zu leben und so beginnend echtes Leibesglied des Christus zu sein.

22. Dezember

Epheser 5, 8 + 11
Einst waret ihr Finsternis, jetzt aber seid ihr Licht in dem Herrn. Wandelt als Kinder des Lichts und habt nicht Gemeinschaft mit den unfruchtbaren Werken.

Nicht oft genug kann uns Gottes Geist in seinem Wort auf die Tatsache hinweisen, dass auch wir einmal als Kinder der Finsternis in diese Welt geboren wurden. Durch die Auswahl Gottes und unsere Hingabe im Glauben sind wir durch einen geistlichen Zeugungsakt Kinder des Lichts geworden.

Jetzt ist finstere und lichte Erbmasse streng getrennt in uns. Darum fordert uns der Höchste in diesem Wort auf, keine Gemeinschaft mit den unfruchtbaren Werken dieser Welt zu pflegen, sondern in der Hingabe an ihn Glieder am Leibe des Christus und damit Fremdlinge auf dieser Erdoberfläche zu sein.

Nehmen Sie sich täglich vor, diese Aufforderung Gottes zu befolgen, dann wandeln Sie stets in der Vorfreude auf das Vaterhaus.

23. Dezember

Philipper 2, 6 + 7
Jesus Christus, als er noch in Gestalt Gottes war, achtete es nicht für einen Raub, Gott gleich zu sein, sondern machte sich selbst zu nichts und nahm Knechtsgestalt an, indem er den Menschen gleich wurde.

Wie wichtig zu wissen, dass Jesus, bevor er als winzige, von Gott befruchtete Eizelle in der Maria lag, im Vaterhaus in der Gleichgestalt des Höchsten lebte. Wahrlich steht hier geschrieben, dass er „sich selbst zu nichts machte, Knechtsgestalt annahm" und den gefallenen „Menschen gleich wurde", die im Herrschaftsbereich Satans existierten.

In Wirklichkeit war es ein Akt für uns unvorstellbarer Liebe, dass er diesen Weg ging, um den Tod am Kreuz zu erleiden und die vom Vater verheißene Auferstehung zu erleben.

Jetzt macht er alle Gotteskeime in sich dem Höchsten verfügbar zur Neuzeugung von Menschen. Zu seiner Zeit werden dann alle Neugezeugten, also auch wir, zur Weitergabe von Gottes Leben befähigt. Tun Sie das, wenn Sie Gotteskind sind!

24. Dezember

Johannes 1, 14 a
Das Wort ward Fleisch und wohnte unter uns und wir sahen seine Herrlichkeit.

Für uns ist das Wahrnehmen und Erkennen von Gottes Wahrheiten während wir noch in unserem gefallenen Leib leben kein Akt des Schauens, sondern ein Lesen und glaubendes Wahrnehmen von Gottes Wort und von den uns darin mitgeteilten Heilszielen des Höchsten.

Um den endgültigen Tod nicht erleiden zu müssen, den die von Gott abgefallene Menschheit als Folge ihres Ungehorsams zu erwarten hat, musste „das Wort" in der Gestalt des Gottessohnes „Fleisch werden". Die Jünger um ihn erkannten zwar seine Herrlichkeit im Geiste, aber die gefallene Völkerwelt erkannte ihn nicht.

Dennoch wurde sein Kreuzestod und seine Auferstehung die Rettungstat des Höchsten. Jetzt konnte dieser aus ihm Lebenskeime gewinnen, mit denen er zu seiner Zeit und in seiner Weise diese Völkerwelt, jeden einzelnen für sich, in sein Gottesleben zeugen wollte.

Der heutige Tag erinnert an Jesu Geburt als Mensch und künftiges Liebesopfer des Höchsten.

25. Dezember

Johannes 1, 9
Er war das wahrhaftige Licht, welches in die Welt kam und jeden Menschen ins Licht stellen wird.

Dem kleinen zarten Kind Jesus, das nur einen Tag alt in dem Schoß der Mutter lag, war noch nicht mit menschlichem Auge anzusehen, welchen Auftrag Gott seinem Sohn mit diesem Weg in menschliches Fleisch gegeben hatte.

Die ganze unsichtbare Engelwelt blickte höchstwahrscheinlich atemlos auf das Phänomen, dass der, welcher sie im Auftrag des Vaters geschaffen hatte, sich jetzt selbst in die Gestalt eines geschaffenen und gefallenen Menschen begab. Wohl war er geistlich vom Höchsten und nicht menschlich gezeugt. Aber über seine Mutter Maria kam auch menschliche, von Gott abgefallene Erbmasse in ihn, mit der er nach dem Auftrag des Vaters später umgehen sollte.

In seinen Tod und in seine Auferstehung nahm Jesus alle diese Lebenskeime mit. Jetzt konnte der Vater mit diesen Keimen sein ganzes Universum zu seiner Zeit, uns als Erstlinge, ins Leben zeugen.

Versuchen Sie eine solche Perspektive zu verstehen mit Hilfe von Gottes Geist.

26. Dezember

Johannes 1, 10 + 12
Er war in der Welt, und die Welt wurde durch ihn, aber die Welt kannte ihn nicht. So viele ihn aber aufnahmen, denen gab er das Recht, Kinder Gottes zu werden, denen, die an seinen Namen glauben.

Hier wird bestätigt, dass er zwar in Absprache mit dem Vater in die von ihm geschaffene Welt kam, die Welt aber nicht weise gemacht wurde, um ihn zu erkennen. Darum verurteilte sie ihn zum Tode, weil er sich als Gottessohn ausgab.

Genau das war aber die geheime Absprache zwischen Vater und Sohn. Sein Kreuzestod sollte alle Lebenskeime für das ganze Universum, die er ins sich trug, mit in den Tod und in die Auferstehung nehmen. Wer nun mit einem dieser Keime gezeugt wird, der hat den Tod hinter sich und ist in göttliches Leben gezeugt.

Wenn Sie dies glauben können, dann sind Sie einer der Erstlinge. Danken Sie dem Höchsten und werden Sie Helfer seiner weiteren Heilsabsichten.

27. Dezember

Hebräer 10, 10
Nach Gottes Willen sind wir geheiligt durch das ein für allemal geschehene Opfer des Leibes Jesu Christi.

An vielen Stellen der Bibel, hier im Hebräerbrief, wird immer neu bezeugt, dass wir nach dem Willen und Plan des Höchsten durch das leibliche Opfer des Gottessohnes geheiligt, also auf dem Boden des Glaubens in das gleiche Gottesleben gezeugt sind.

Wer diesen Vorgang einmal erkannt und im Glauben übernommen hat, der liest alle darüber berichtenden Schriftstellen in neuer göttlicher Erkenntnis. Er weiß sich selbst jenseits des Todes.

Das Sterben von uns Gläubigen ist also niemals ein Anheimfallen dem Fürsten der Finsternis im Reich des Todes, sondern nach der erfolgten Zeugung neuen Lebens eine Geburt dieses neuen inneren Menschen als Leibesglied in den Leib des Christus und damit ins Vaterhaus.

Todesangst sollten Sie, wenn Sie glauben, also nie mehr empfinden.

28. Dezember

Jakobus 1, 18
Nach seinem eigenen Willen hat er uns durch das Wort der Wahrheit gezeugt, auf dass wir eine gewisse Erstlingsfrucht seiner Geschöpfe seien.

Fast verwundert es uns, dass Gottes Wort an den verschiedensten Stellen die gleiche Aussage immer wiederholt. Offenbar ist sie dem Höchsten so wichtig, dass er sie jedem Schreiber seines Gotteswortes mehrfach eingegeben hat.

Wir lesen hier, dass er uns durch das Wort der Wahrheit, also die Bibel, in sein Gottesleben „gezeugt" hat. Wir, die wir durch unsere Hingabe nach diesem Wort von ihm Erwählte dieses Äons sind, stellen die von ihm gewollte „Erstlingsfrucht aller seiner Geschöpfe" dar.

Mögen wir stets dankbar und ihm hingegeben in dieser Welt Fremdlinge, aber Familienmitglied des Höchsten bleiben.

29. Dezember

Offenbarung 20, 2 + 3 a
Und der Engel griff den Drachen, die alte Schlange, welche Teufel und Satan genannt ist, und er band ihn tausend Jahre und er warf ihn in den Abgrund und schloss zu.

Nach der Wiederkehr Jesu zu Beginn des Tausendjährigen Reiches bekommt einer der Engelfürsten des Herrn den Auftrag, Satan selbst zu ergreifen und ihn mit seinem gesamten Gefolge ins Innere der Erde zu verbannen. Jetzt ist die Menschheit zwar noch mit satanischer Erbmasse belastet, solange keine Neuzeugung von Gott erfolgt, aber nicht mehr durch Satan und seine Dämonen von außen täglich verführt.

Warum nicht alle Menschen die Macht und Herrlichkeit des ihnen nun sichtbaren und über die ganze Erde herrschenden Gottessohnes erkennen und sich zu einer Neuzeugung hingeben, ist für uns heute noch unverständlich. In jedem Fall aber ordnen sie sich für tausend Jahre Jesus und seinen Leibesgliedern unter.

Das so genannte Tausendjährige Reich ist daher ein Herrschaftszeitraum des Christus mit seinen Leibesgliedern auf Erden, wo Licht und Liebe regieren und Finsternis und Bosheit ins Erdinnere verbannt sind.

30. Dezember

2. Petrus 3, 10
Es wird der Tag des Herrn kommen wie ein Dieb, an welchem die Himmel vergehen werden mit gewaltigem Geräusch, dabei werden die Elemente im Brand aufgelöst werden, und die Erde mit allen Werken auf ihr wird verbrennen.

Wie klar lässt uns der Höchste durch sein Wort erkennen, auf was wir zugehen. Nach der Wiederkehr Jesu und seiner Machtübernahme auf dieser Erde wird am Ende der tausend Jahre Satan und sein Dämonenheer aus dem Erdinnern freigelassen. Er darf versuchen, die Menschheit wieder zu verführen, was ihm in kürzester Zeit gelingt.

Damit ist der „Tag des Herrn" gekommen, an welchem die umgebenden Himmel und die Erde im Feuer elementaren Vergehens aufgelöst werden und „die Werke auf ihr verbrennen".

Die irdische verbliebene Menschheit wurde durch die Herrschaft Jesu nicht neugezeugt, sondern nur zu Gehorsam und Hingabe geführt.

Jetzt ist offenbar, dass nur Neuzeugung wahrhaftig rettet. Wo die Hingabe fehlt, wird jetzt alles alte Wesen im Brand vernichtet.

31. Dezember

Johannes 14, 19
Noch ein Kleines, und die Welt sieht mich nicht mehr. Ihr aber seht mich; weil ich lebe, werdet auch ihr leben.

Jesus selbst lebte nur gut drei Jahrzehnte auf dieser Erde. Für die ungläubige Menschheit galt er nicht als Sohn des Höchsten und verschwand daher für sie bei seinem Tod.

Wir aber wissen, dass er auferstanden ist und zur Rechten des Vaters sitzt. Ja wir wissen, dass auch wir als seine Glieder leben werden wie er lebt.

Auch unser Platz wird nach unserem Heimgang im Vaterhaus in Christus zur Rechten des Höchsten sein, von wo wir als seine Beauftragten und Glieder des Christus ausgesandt in heiligem Dienste stehen werden.

Herrlicheres kann uns nicht verheißen werden: Wir dürfen als Leibesglied Christi an der Neugestaltung und Neuzeugung des ganzen Universums beteiligt sein, erfüllt von den göttlichen Fähigkeiten unseres Herrn und Hauptes. Halleluja!

Hartmut Maier-Gerber
Der Glaube verändert die Seele

12 x 18,5 cm, 68 Seiten,
Kartoniert

ISBN 978-3-940438-09-6

Wie kann der Unterschied zwischen Seele und Leib dargestellt werden?

In diesem Buch wird die Sonderstellung der Seele und die Bedeutung des Abbaus ihres Gewichtes beim gleichzeitigen Wachstum des Geistes herausgestellt.

Interessante gezeichnete Skizzen liefern wertvolle Einblicke und Erklärungen.

*Bitte fragen Sie in Ihrer Buchhandlung nach diesem Buch.
Oder schreiben Sie an:
Basisfakten Verlag D-76307 Karlsbad;
verlag@basisfakten.de
www.basisfakten.de*

Hartmut Maier-Gerber
Natürlich bin ich Christ!
Aber - wozu eigentlich?

12 x 18,5 cm, 56 Seiten,
Kartoniert

ISBN 978-3-940438-16-4

Hinter diesem Kosmos muss ja irgendeine Macht stehen, die übermenschlich ist. Sie hat wohl den Menschen und sein Umfeld geschaffen. Von allein kann das alles nicht entstanden sein. Irgendwann stehen wir vor dieser Allmacht und haben die Zeit einer inneren Reifung verschlafen.

Ein Abriss über die Heilsgeschichte dieser Welt.

Bitte fragen Sie in Ihrer Buchhandlung nach diesem Buch.
Oder schreiben Sie an:
Basisfakten Verlag D-76307 Karlsbad;
verlag@basisfakten.de
www.basisfakten.de

Hartmut und Inge Maier-Gerber
**Von Gott geführt
weg von uns - hin zu IHM**
29,7 x 21 cm, 164 Seiten,
Kartoniert,
76 farbige 4 sw Fotos
ISBN 978-3-940438-16-4

Deutschland war nach einem verlorenen Krieg gekennzeichnet mit den Worten: Schuld, Schutt und Asche. Diese Dokumentation bildet das Stück der Zeitgeschichte ab, wo Trümmer als Grundstock für Neues gebraucht wurden. Unsere heutige Infrastruktur und unsere soziale Marktwirtschaft sind möglich geworden, weil es Menschen gab, die mit einem starken Pioniergeist immer vorwärts dachten und Verantwortung übernahmen. Dies gilt nicht nur in der Wirtschaft, sondern auch im Besonderen für das Entstehen geistlicher Werke.

Dr. med. Hartmut Maier-Gerber lässt uns hineinblicken in sein Leben. Das Ehepaar hat bis heute seine Ausstrahlungskraft nicht verloren und lässt auch das Thema Mann und Frau in ihrer Ergänzung auf eine würdige Weise sichtbar werden. So ist diese Dokumentation menschlich und geistlich eine Sichtbarwerdung der Gnade und Größe Gottes.

*Bitte fragen Sie in Ihrer Buchhandlung nach diesem Buch.
Oder schreiben Sie an:
Basisfakten Verlag D-76307 Karlsbad;
verlag@basisfakten.de
www.basisfakten.de*